Principios Generales De Geografía Matematíca [sic] Ó Cosmografía ......

Ortaffá (Barón de.)

PRINCIPIOS GENERALES

DE

GEOGRAFIA

MATEMATÍCA

ó

COSMOGRAFÍA.

Sacados de los mejores Geógrafos modernos: con una lámina.

POR

EL BARON DE ORTAFFÁ,

BRIGADIER DE INFANTERÍA CON USO DE UNIFORME DE MARISCAL DE CAMPO.

CON LICENCIA.

En la librería de J. Solá, plazuela de los *Ciegos*.
Barcelona: Marzo 1832.-Imprenta de Mayol y C.ª

ADVERTENCIA.

Los números del índice se refieren á los párrafos y nó á las páginas: los que están entre paréntesis en el cuaderno, son llamadas para acudir á los párrafos que designan.

PRINCIPIOS GENERALES
DE
COSMOGRAFÍA

1. La Geografía, que es la descripcion de la tierra, se divide en tres partes principales, segun los diversos aspectos que presenta el globo terrestre. La primera es la *Cosmografía*, ó *Geografía matemática* que tiene por objeto las relaciones de la tierra con lo restante del universo: la segunda es la *Geografía física* que trata de la configuracion del globo, dividido en tierras y en aguas, circundado por la atmósfera: la tercera es la *Geografía política ó civil*, que considerando la tierra como mansion de los hombres, enseña que divisiones han establecido en ella, y que ciudades han fundado.

De la primera parte darémos noticia en este tratado, reservando las dos últimas para otros separados.

COSMOGRAFÍA.

2. Basta la mas simple observacion para mostrarnos que todos los astros ó puntos luminosos, esparcidos por el cielo, giran al rededor de la tierra en el espacio de un dia y de una noche, que consta de veinte y cuatro horas. Vemos en efecto al mas aparente de todos, el *Sol*, salir de un lado llamado *oriente* ó *levante*, y ponerse en el opuesto llamado *occidente* ó *poniente*, para aparecer nuevamente despues en el oriente. Lo mismo sucede á todas las estrellas que en un mismo espacio de tiempo, aparentan describir círculos al rededor de la tierra; ejecutándose al parecer este movimiento general sobre un punto que permanece fijo como un eje, y que se llama *polo*, cuya posicion se conoce por médio de una estrella muy próxima á él, á la que por esta razon se dá el nombre de *estrella polar.*

3 Una observacion igualmente sencilla hace ver que el sol y la luna, los dos primeros astros del cielo, no conservan constantemente el mismo lugar con respeto á los demas. El Sol se adelanta cada dia un poco ácia el oriente por un movimien-

to contrario al movimiento general, de modo que no sale ni se pone siempre con las mismas estrellas. Ademas los puntos de su salida ó de su puesta mudan continuamente de posicion aproximándose ó alejándose del polo segun la época del año: pero estas mudanzas de posicion están contenidas en unos límites que este astro nunca traspasa; circunstancia que induce naturalmente a creér que el sol, á mas del movimiento diario, que le es comun con todo el cielo, tiene un *movimiento própio* que se ejecuta en sentido inverso. Las mudanzas de posicion de la luna con respeto á las estrellas y al sol muestran tambien que tiene un movimiento *própio*.

4. Basta la mas leve atencion para convencerse de que el mayor número de astros de que está sembrado el firmamento, conservan siempre la misma posicion relativa; á estos se les llama *fijos*. Otros hay que viajan por el cielo, describiendo una ruta casi circular, cuyo centro es el sol: dáseles el nombre de *planétas*, esto es, *cuerpos errantes*. Algunos de esta clase aparecen ó desaparecen en unas épocas que al parecer nada tienen de fijo, y se les llama *cométas*, esto es, *cabelludos*; porque

van regularmente acompañados de una espécie de cabellera luminosa. Por médio de buenos instrumentos y de numerosas observaciones se ha logrado adquirir la certeza de que los planétas son redondos, y tienen un movimiento de rotacion sobre ellos mismos, á mas del que ejecutan al rededor del sol: muchos de ellos aun sirven de centro al movimiento de otros cuerpos que giran al rededor de ellos, asi como ellos giran al rededor del sol, y á estos se les llama *satélites.*

5. Por lo dicho hasta aqui se concibe facilmente que el movimiento de todo el cielo al rededor de la tierra puede esplicarse de dos maneras.

Ó bien el cielo con todas las estrellas fijas, con el sol, los planétas y sus satélites gira al rededor de la tierra en el espacio de veinte y cuatro horas; ó bien es la tierra que, redonda como los demas planétas, gira como ellos al rededor del sol, y al própio tiempo sobre si misma. Es evidente que, en este último caso, presentando la tierra sucesivamente todos los puntos de su superficie á las diferentes partes del cielo, los fenómenos se reproducirán, como si el cielo mismo girase al rededor de ella.

6. Pero queda demostrado por el atento exámen de todos los fenómenos, que la tierra es en efecto un *planéta* (cuerpo errante) como los demas; que es redonda; que gira sobre ella misma en poco menos de 24 horas, y al rededor del sol en 365 dias ¼, ó un año; enfin que la luna es un satélite; de modo que el movimiento diario del cielo y el movimiento anual del sol son apariencias, errores de nuestros sentidos, que la razon debe rectificar.

Segun la definicion de la Cosmografía (1), se comprende que esta ciencia debe considerar la tierra bajo dos puntos de vista: 1º en si misma: 2º con respeto á los demas cuerpos celestes.

CAPITULO Iº

DE LA TIERRA CONSIDERADA EN SÍ MISMA.

§ 1º *Figura y magnitud de la Tierra.*

7. La Tierra es pues de figura poco mas ó menos esférica: su movimiento de rotacion se ejecuta de E en E' (fig. 4.), esto es, de occidente á oriente, al rededor de una línea imaginaria PP', que se llama *eje*, cuyos dos estremos llamados *polos*, están dirigidos ácia dos puntos del cielo que

parecen inmóviles (2): uno de estos polos P, colocado del lado de la estrella fija nombrada *estrella polar*, se llama *polo ártico*, esto es, *polo de la osa*, porque esta estrella es parte de la constelacion ó grupo de estrellas llamado *osa menor*: el otro polo P' se llama *polo antártico*, esto es, *opuesto á la osa*.

8. Para indicar la posicion relativa de los diferentes lugares de la tierra, se han imaginado cuatro puntos *cardinales* (esto es *principales*), que son: el *norte* ó *setentrion*, ácia el polo ártico; el *sur* ó *medio dia*, ácia el polo antártico; el *oriente*, *levante* ó *este*, ácia el punto en que parece que sale el sol; el *occidente*, *poniente* ú *oeste*, ácia el punto en donde parece que se pone. Entre estos cuatro puntos principales se suponen otros cuatro: el 1º entre el sur y el oeste, es el *sudoeste*; el 2º entre el norte y el oeste, es el *noroeste*; el 3º entre el norte y el este; es el *nordeste*; el 4º entre el sur y el este, es el *sudeste*. Se han imaginado aun 8 ocho puntos intermedios, que son, empezando á contar desde el sur: *sudsudeste*, *estesudesté*, *estenordeste*, *nornordeste*, *nordnoroeste*, *oestenoroesté*, *oestesudoeste*, *sudsudoeste*. Enfin 16

puntos intermedios forman en totalidad 32 puntos diferentes, cuya reunion constituye la *la rosa de los vientos*, ó *rosa náutica* (fig. 1.) Se dice pues que un lugar está al norte, al este, al oeste, al noroeste de otro, cuando está situado con respeto á aquel lugar como los puntos norte, sur, este, oeste, noroeste, nordeste &c. lo están con respeto al centro de todas estas líneas.

9. Muchas pruebas atestiguan que la tierra es redonda. Cuando uno en el mar se aproxima á una costa ceñida de montañas (fig. 2.), empieza á divisar la cumbre *f* de aquellas montañas, luego el médio, luego el pié, luego enfin la llanura; y recíprocamente, cuando uno se aleja, la llanura es la primera que se pierde de vista, luego el pié de las montañas, el médio y enfin la cumbre; cuyo fenómeno solo puede tener por causa la redondéz de la tierra, cuya superficie curva *c h* se interpone entre el objeto y el ojo del observador. Si al contrario la tierra fuese llana, como *a b* (fig. 3.), la montaña *a f c*, de la que se alejaria uno en *e h i b*, se veria cada vez mas pequeña por el efecto de la perspectiva; pero se la veria siempre entera hasta que se volviese tan pequeña que

no pudiese ya percibirla el ojo.

Una segunda prueba muy sensible de la redondéz de la tierra, es la progresion sucesiva del dia y de la noche para cada pais del globo. Si la tierra fuese llana, el sol al salir sobre el orizonte, iluminaria al mismo tiempo todas las partes de su superficie.

10. Esta misma curvatura (fig. 2.) hace que nuestra vista esté ceñida al rededor de nosotros por un círculo que ataja nuestras miradas: llámase este círculo *orizonte*, de una palabra griega que significa *limitador*; y este orizonte se estiende por un lado, se encoge por otro, segun que variamos mas ó menos de posicion, de modo siempre con todo que ocupemos su centro. El punto Z del cielo correspondiente á este centro, y por consiguiente perpendicular encima de nuestras cabezas, se llama *cenit*; y el punto diametralmente opuesto se llama *nadir*.

11. Otra prueba se halla de la redondéz de la tierra en la mudanza de posicion de las estrellas que advierte el viajero que marcha en la direccion del norte ó del sur. En efecto si se adelanta ácia el norte, vé la estrella polar, por ejemplo, que está

muy cerca del polo, elevarse mas sobre el orizonte y siempre proporcionalmente á la ruta que sigue: si al contrario marcha ácia el sur, va poco á poco declinando; y si prosigue su ruta la verá al fin desaparecer enteramente. Este segundo fenómeno, enteramente análogo al primero, atestigua tambien que la superficie de la tierra es una curva, cuya redondéz se interpone entre la estrella y el viajero.

12. Estos dos fenómenos, (la mudanza del *orizonte* y la variacion de posicion de las estrellas) de los cuales el primero se verifica en todas las direcciones, sea del este al oeste, sea del norte al sur, y el segundo unicamente del norte al sur, se reproducen siempre del mismo modo: ademas como los objetos al elevarse ó bajarse se descubren, ó se ocultan siempre á poca diferencia de un modo uniforme y proporcionado á la variacion de posicion del observador, se há debido sacar por consecuencia que la curvatura de la tierra es en todas partes casi la misma: opinion que ha sido confirmada, 1º por los viajes ál rededor del mundo, pues que partiendo del oriente ó del occidente, se vuelve por el lado opuesto: 2º por la figura de la som-

bra de tierra en los eclipses parciales de la luna: ya se sabe que estos eclipses se efectuan cuando la luna pasa detrás de la tierra, de modo que esta impide que la luz del sol llegue á una parte cualquiera de la luna: la sombra de la tierra trazada sobre la luna se muestra entonces siempre circular, sea cual fuere la parte de la superficie terrestre opuesta á este astro: es una prueba cierta de que la tierra es redonda.

13. Obtenida ya la certeza de la redondéz de la tierra, es fácil concebir como pueden medirse sus dimensiones. Se la supone dividida, como todo lo es que circular, en 360 partes iguales llamadas grados; los grados están divididos en 60 minutos; los minutos en 60 segundos; los segundos en 60 tercias (*): y como la elevacion ó declinacion de los astros está siempre, con cortísima diferencia, en razon del camino que se anda sobre la tierra, se comprende facilmente que la bóveda estrellada, en apariencia circular, es susceptible de la misma division en 360 grados, en exacta proporcion:

(*) *El grado está representado por una pequeña °, el minuto por ', el segundo por'', la tercia por'''. Asi para espresar 2 grados, 4 minutos, 6 segundos, 3 tercias, se figura 2°, 4', 6'', 3'''.*

con los de la tierra. Luego se tiene la certeza de que cuando la estrella polar se eleva ó declina de una 360ª parte del cielo, es que uno se ha aproximado ó alejado del polo de una 360ª parte de la circunferencia de la tierra.

14. Sentado esto se concibe igualmente que si de una parte es posible, con un instrumento cualquiera, asegurarse de que cantidad se eleva ó declina una estrella, y de la otra medir sobre la tierra el intervalo que ha sido preciso recorrer para que la posicion de la estrella variase de igual cantidad, se conocerá la magnitud de la tierra; porque no falta ya sino multiplicar la medida hallada por la razon de la parte medida á la circunferencia de la tierra. Asi, por ejemplo, un viajero, que se ha asegurado bien de la posicion del polo en Madrid, va caminando ácia el norte hasta que vea el polo mas elevado de un grado; y habiendo llegado á aquel punto ha recorrido la 360ª parte de la tierra, ó un grado terrestre. Mide con una cadena, ó valiéndose de cualesquiera otros medios de cuya exactitud está bien asegurado, el espacio comprendido entre aquel punto y Madrid,

y le halla ser de 57,012 toesas, (*) sacando de aqui la consecuencia de que la circunferencia entera es de 7200 leguas de 2,850 toesas, contenidas cada una veinte veces en un grado. (**) Se han medido arcos del meridiano muy estensos, pero ninguno mayor que el que está comprendido entre Formentera, la mas meridional de las islas Baleáres en España, y Dunkerka en Francia, pues abraza mas de doce grados.

15. Acabamos de ver que la curvatura de la tierra es poco mas ó menos uniforme en todas sus partes (12): si fuese *enteramente* uniforme seria indispensable hacer precisamente siempre el mismo camino del norte al sur para que la posicion de los astros variase de igual cantidad. Al contrario, si existen partes de la tierra mas ó menos curvas, será preciso hacer mas ó menos camino para que la estrella se eleve ó decline de igual cantidad, pues que la curvatura de la tierra es la causa de la variacion de posicion de las estrellas: es

(*) *Cada toesa equivale á siete piés castellanos.*

(**) *Usarémos en este tratado de la legua marina de cinco cuartos de hora de camino y de 20 al grado.*

claro que cuando la superficie será mas aplastada, será preciso hacer mas camino para que la misma variacion de lugar se verifique ; y *viceversa* será preciso hacer menos cuando la superficie será mas curva.

16. Pero se ha notado que á medida que se adelanta ácia el norte, los grados se van haciendo cada vez mayores ; ó, en otros términos, que es preciso recorrer un espacio cada vez mayor para ver una estrella elevarse ó declinar de un grado ; de lo que resulta necesariamente que la tierra está aplastada ácia los polos, y combada ácia la parte que atraviesa el *ecuador*, línea imaginaria que abraza la tierra á igual distancia de los polos. Se ha hallado que el grado en la Lapónia al norte de la Europa, es de 57,192 toesas ; que el grado médio, esto es, medido en médio del intervalo que separa el ecuador del polo, es de 57,012 toesas ; y enfin que el grado en el ecuador es de 57.650 toesas.

17. La comparacion de las medidas tomadas en las diferentes partes del globo, ha hecho ver que el achatamiento de la tierra en los polos es de poco mas ó menos un 308°; esto es, que si se supone el diámetro del ecuador compuesto de 308

partes, el eje de la tierra no tendrá mas que 307: luego la diferencia de los dos diámetros es de 21,000 toesas, ó de unas ocho leguas sobre poco mas ó menos. Por grande que sea es dificil hacerla sensible en los globos artificiales (*), por razon de su pequeñéz; porque esta diferencia no pasaria de una línea en un globo de 2 piés 1 pulgada 8 líneas de diámetro. Se hacen pues estos globos exactamente esféricos, y las líneas que se trazan en ellos son circulares. Se dá á la figura de la tierra el nombre de *esferóide*, palabra á la que se dá la significacion de *figura que se aproxima á la esféra.*

18. Las asperezas de la superficie terrestre no alteran sensiblemente esta figura, como pudiera creerse, al pensar en las cordilleras de montañas con que está erizada: porque las mas altas que se conocen no pasan de 4,000 toesas, que son un 1,633º del diámetro de la tierra: de modo que no tendrian mucho mas de una línea de alto en un globo de cinco piés de diámetro. Estas desigualdades fueran pues á penas tan

(*) *Son unas bolas que presentan la imágen de la tierra.*

sensibles en el globo como lo son las rugosidades en la corteza de una naranja.

§ II.

CÍRCULOS TRAZADOS SOBRE EL *Globo.*

19. Para guiarse sobre el globo y poder marcar en él las diferentes posiciones segun las épocas del año, se ha dividido su superficie por médio de varios círculos, cuyo uso es muy frecuente. Como la bóveda esférica del cielo es en todas sus partes correspondiente á la superficie de la tierra (9), todos los círculos trazados sobre nuestro globo están reputados como correspondientes á semejantes círculos que dividen el cielo del mismo modo, bajo las mismas denominaciones.

Estos círculos son de dos clases: unos llamados *círculos mayores*, porque tienen toda la magnitud que puede tener un círculo sobre el globo: estos parten la tierra en dos partes iguales, y tienen por centro el centro mismo de la tierra: los demas se llaman *círculos menores*; dividen el globo en dos partes desiguales, y su centro está situado fuera del centro de la tierra, en cualquiera punto de su eje.

20 Los círculos mayores son el *ecuador* y el *meridiano*: los menores son los que son paralélos al ecuador. Llámase *ecuador* EE' (fig. 4.), el círculo que abraza la tierra á igual distancia de los dos polos, de modo que la divide en dos partes iguales llamadas *hemisférios*, esto es, *mitades de esféra*; el uno del lado del polo ártico, se llama *hemisfério boreal*; el otro se llama *hemisfério austral*. Se dá tambien al ecuador el nombre de *línea equinoccial*, porque el *equinoccio*, esto es, la *igualdad del dia y de la noche* se efectua cuando el sol se halla sobre esta línea. El *ecuador celeste* divide el cielo del mismo modo (13).

21. El meridiano de un lugar es una línea que va de un polo á otro pasando por aquel lugar: llámase *meridiano* porque el círculo que le corresponde en el cielo, pasa por el punto en donde se halla el sol cuando es médiodia para aquel mismo lugar.

El momento del médiodia varía segun la posicion de los lugares. Para un lugar situado al oriente de otro el sol se deja ver mas pronto y llega por consiguiente mas pronto á la mitad de su carrera aparente; el médiodia no llega pues al mismo tiempo á unos lugares situados al este ó al oeste los unos con respcto á los otros, y la diferencia de estos *médiodias* está en exacta proporcion con el intervalo que separa cada uno de estos lugares. Ya que la tierra gira en 24 horas, poco mas ó menos (1), y que su circunferencia está dividida en 360 grados (9), es claro que los 360 grados pasan sucesivamente delante del *sol* en el espacio de estas 24 horas; de modo que 15 grados pasan en una hora; asi pues para dos lugares distantes 15 grados uno de otro la diferencia de los médiodias será de una hora; esto es, que cuando será médiodia en el lugar situado al oriente, no serán mas que las once en el otro; de donde se sigue que para todos los lugares situados sobre el mismo meridiano, desde un polo hasta el otro, el médiodia será á la misma hora. Es fácil comprender que entre dos meridianos situados á una hora ó 15 grados uno de otro, puede haber gran número de meridianos diferentes; asi el número de estos círculos en toda la circunferencia del globo puede ser infinito.

*

22. Estando cada meridiano prolongado del lado opuesto, forma un círculo que divide, para el lugar por donde pasa, la circunferencia del globo en dos *hemisférios*, el uno *oriental*, y el otro *occidental*. Es claro que el prolongamiento de un meridiano está precisamente á 12 horas ó á 180 grados de este meridiano.

23 Entre los círculos menores ó *paralélos al ecuador*, se distinguen con nombres particulares los *dos trópicos* y los dos *círculos polares*.

Los *trópicos* son dos círculos colocados de cada lado y á igual distancia del ecuador; á saber, á 23 grados ½, ó mas exactamente á 23°. 27': están asi nombrados de una palabra griega que significa *regreso*, porque habiendo llegado el sol á cada uno de estos círculos, parece que retrocede ácia el ecuador. Uno de estos círculos, situado en el hemisferio boreal (21) se llama *trópico de verano*, porque el sol se halla en él en aquella estacion, ó *del cáncer*, porque en aquel momento del año nos parece que el sol corresponde á aquella constelacion (ó grupo de estrellas): el otro se llama *trópico de invierno*, ó del *capricórnio*, porque el sol corresponde entonces á la constelacion del *capricórnio*.

Los dos círculos polares están á la misma distáncia de los polos, que los trópicos lo están del ecuador: Sacan su nombre de su posicion, llamándose el uno *círculo polar ártico* (7), y el otro *círculo polar antártico*.

24. Los demas paralélos, que no tienen nombre particular, están en el mismo caso de los meridianos: su número puede ser *infinito* (22), porque desde un polo al otro se puede suponer, sobre el mismo meridiano, tantos paralélos como hay puntos diferentes en el. Estos paralélos sirven para indicar á que distancia se halla un lugar del ecuador.

§ II.

LONGITUD Y LATITUD.

25. Estos diferentes círculos, á saber el *ecuador*, los *meridianos* y los *paralélos*, suministran los médios de marcar con precision la posicion de los lugares sobre la tierra; y esto es tanto mas importante, cuanto que, en razon de la figura casi esférica (11) de la tierra, era indispensable

hallar algunos círculos fijos á los cuales pudiesen referirse los diferentes puntos del globo.

26. *El ecuador* es uno de estos círculos. El intervalo que le separa del polo y que forma la cuarta parte de la circunferencia entera, está dividido en 90 grados, marcados por otros tantos *círculos paralélos principales* ó *círculos de latitud*, los cuales se van achicando cada vez mas á medida que se va uno aproximando á los *polos*. El intervalo mismo de estos paralélos está subdividido en minutos y en segundos; con cuyo médio se puede indicar con precision á que distancia se halla un lugar del ecuador en cada uno de los dos hemisférios (21): esto es lo que se llama la *latitud de un lugar*. Como el ecuador es el punto comun al que esta se refiere, se divide la latitud en *boreal* y *austral*, segun el hemisfério en que está colocado el lugar de que se quiere hablar.

27. La latitud es pues *la distancia de un lugar al ecuador*. La mayor latitud posible está en los polos: es nula en el ecuador. La latitud indica meramente sobre que paralélo está situado un lugar: pero como los paralélos dan la vuelta al globo, nada

se llegaria á saber sino se pudiese indicar al mismo tiempo á que punto de cualquiera paralélo corresponde la posicion de este mismo lugar.

28. Para evitar este inconveniente se *elige* uno de estos *meridianos*, que se llama *primer meridiano* ó *meridiano convenido*, para valerse de él como de un punto fijo de donde se parte, segun se practíca con el ecuador. Se ha visto (23) que un meridiano cualquiera prolongado en el lado opuesto del hemisfério, forma un círculo mayor (20) que divide la tierra en dos hemisfèrios, el uno *oriental*, y el otro *occidental*: se supone á cada uno de estos hemisférios (que abraza 180 grados) dividido en 180 *meridianos principales*, cuyo intervalo, igual á un grado, está subdividido en minutos y segundos. Se indica á cuantos grados y porciones de grados está situado un lugar sea al oriente, sea al occidente del primer meridiano, y este intervalo es lo que llaman *longitud*, la que se divide en *oriental* y *occidental*, con respeto al meridiano convenido.

19. La *longitud* es pues la distancia *de un lugar al meridiano convenido*, la que no puede esceder 180 grados, y es nula

en toda la estension del meridiano. La *longitud* combinada con la *latitud* dá el médio de fijar exactamente la posicion de todos los lugares cuya longitud es conocida. En efecto, por un lado, la latitud dá á conocer en que paralélo está situado un lugar; y por el otro, por médio de la longitud, se sabe á que distancia está del primer meridiano, por consiguiente en que punto preciso de este paralélo: el punto en donde el paralélo y el meridiano se encuentran es con evidencia la posicion buscada.

30. Se empiezan á contar las *latitudes* partiendo del ecuador, círculo fijo y determinado: las *longitudes* no pueden contarse sino partiendo de un círculo arbitrariamente convenido. Por esto han variado los geógrafos en la eleccion del primer meridiano. Por un real decreto de Luis XIII, Rey de Francia, habia sido elegido el que pasa por la isla de Hierro, una de las Canárias, grupo de islas pertenecientes al Africa. Varias naciones, que al principio habian adoptado esta eleccion se han separado de ella, y algunas toman por primer meridiano el que pasa por su observatorio. Los Españoles toman el de Càdiz; los Franceses el de París;

los Ingleses el de Greenwich, observatorio cerca de Lóndres; &c.

31. Para formar una idea exacta de la posicion de un lugar, es preciso pues que el observador empiece á saber que meridiano ha sido empleado para indicar su longitud, y que la reduzca á la longitud del primer meridiano adoptado en su pais; cosa muy fácil cuando se conoce la diferencia de ambos meridianos. Si esta observacion se hace, por ejemplo, en París; se sabe que Greenwich está á 2.° 20' poco mas ó menos al occidente del meridiano de esta capital: demos pues que la longitud de Moscou sea de 37.°, 32.' al oriente de Greenwich, si se quiere reducirla à la longitud de París, es preciso rebajar 2.° 20.' de 37.° 32.', y quedaràn 35.° 12.' Si, al contrario, el lugar estuviese al occidente de Greenwich, seria preciso añadir los 2.° 20.' Asi pues estas operaciones se reducen à *añadir* ó *quitar* la diferencia de los meridianos.

32. Los paralélos ó *circulos de latitud*, se van cada vez achicando á medida que se aproximan à los polos (26); los meridianos ó *círculos de longitud*, trazados de de un polo á otro, son todos poco mas ó

menos de igual longitud, y todos los grados de los meridianos pueden considerarse como iguales, porque la diferencia que resulta del achatamiento (17) es demasiado corta para que se haga mérito de ella: asi pues como los grados de latitud se cuentan sobre el meridiano, se dice con verdad que los *grados del meridiano son todos poco mas ó menos iguales*.

33. No sucede lo propio con los grados de *longitud*: estos se cuentan sobre los paralélos. Cada paralélo, por pequeño que sea, está siempre dividido en 360 grados: estos grados se van pues achicando cada vez mas, á medida que se va uno aproximando á los polos; en los polos mismos el paralélo no es mas que un punto cuya latitud es 90 grados, y la longitud cero. Asi puede decirse con igual verdad que *los grados de longitud no son grados de círculos mayores sinó en el ecuador*; y *que van disminuyendo siempre desde el punto en que se van alejando de aquel círculo*.

He aqui el cuadro de esta diminucion de diez en diez grados, suponiendo á la tierra esférica.

	toesas.
En el ecuador el grado es de.	57,050.
á 10°.	56,163.
á 20°.	53,609.
á 30°.	49,406.
á 40°.	43,703.
á 50°.	36,671.
á 60°.	28,525.
á 70°.	19,612.
á 80°.	9,907.
á 90°.	0........

§ IV.

MÉDIOS DE DETERMINAR LA longitud y la latitud.

34. Siendo la longitud y la latitud la base de la geografía, importa conocer los procedéres que se emplean para determinarlas. Se conoce la latitud por médio de la aplicacion de este principio: *la distancia de un lugar al ecuador ó la latitud, es igual á la altura del polo sobre el orizonte de aquel lugar.* En efecto si se está en el ecuador EE' (fig. 5), el polo celeste *e* parece justo en el orizonte; asi la altura del polo *es nula*, porque la latitud *es nula.*

La variacion de posicion del polo (*) está en proporcion del camino que se anda sobre la tierra (11); con esto es evidente que si se adelanta de un grado àcia el polo P, partiendo del ecuador E, este polo que estaba en el orizonte parecerà elevado de un grado; si se adelanta de dos, tres, cuatro grados, se elevarà de 2, 3, 4 grados, y asi sucesivamente hasta el polo en donde se estará justo à 90 grados del orizonte, esto es: *á una altura precisamente igual á la latitud*. Asi la altura del

(*) *Se puede medir directamente la altura del polo, porque no hay ninguna estrella que lo señale, pues la estrella polar misma dista de él* 1.°, 46' *poco mas ó menos; de lo que resulta que describe al rededor del polo un pequeño círculo que tiene* 3 *grados* ½ *de diámetro, y corta el meridiano en dos puntos, el uno superior, el otro inferior, distantes uno de otro de* 3° ½. *El polo se halla evidentemente en medio de estos dos puntos. Se observan pues dos tránsitos consecutivos de la estrella al meridiano, y el medio de las dos alturas dá la del polo: por ejemplo si en el observatorio de París se halla que la estrella en el tránsito superior está á* 50° 36', 18" *sobre el orizonte, y en el inferior á* 47°, 4.' 5", *el mèdio de estos dos números, que es* 48°, 50', 11", *dá la altura del polo, y por consiguiente la latitud del observatorio de París*

pólo en un lugar es siempre igual *á la latitud de aquel lugar*.

39. Luego para conocer la latitud de un lugar basta poder medir la altura del polo sobre el orizonte con un instrumento llamado *cuadrante*, A B C (fig. 6), dividido en 90 grados, subdivididos en minutos y segundos. Por médio de un hilo á plomo se coloca el lado C A en una direccion bien vertical, de modo que este lado se dirija en derechura al cenit Z, y que el lado A B esté exactamente paralélo al orizonte A H; en este estado el cuarto de la circunferencia C B corresponde perfectamente al cuarto del cielo Z H, y los grados del cuadrante corresponderán á unas partes proporcionales del arco celeste Z H. Esto sentado el observador, teniendo el ojo en A, dirige una regla móvil A D, llamada *alidada*, ácia la estrella polar *e*, en el momento del tránsito inferior; luego ácia esta misma estrella *e* en el momento del tránsito superior; cuenta en ambos casos el número de grados que abrazan los arcos *e* H y *é* H: el médio le dá la altura del polo *p* y por consiguiente la latitud.

En vez de medir el arco comprendido entre la estrella y el orizonte, se prefiere (lo que viene á ser lo mismo) contar los grados comprendidos entre la estrella y el cenit Z, de donde se deduce la altura del polo: es evidente en efecto que este arco *Z p*, mas la altura *p* H, es igual á 90°, ó á la totalidad del cuádrante. Si, haciendo así la operacion, se halla que el polo está á 41°. 9' del cenit, se sacará por consecuencia que la altura del polo es de 48° 51', porque estos dos números sumados dan justo 90 grados.

36. La diferencia de los meridianos de dos lugares está determinada por la del médiodia ó de otras horas en aquellos mismos lugares: si distan 15° el uno del otro la diferencia de los médiodias es de una hora (21): de lo que resulta que todas las veces que se puede saber que hora es, en el mismo instante; en dos lugares distintos, se sabe cual es el intervalo en grados que separa sus meridianos, porque basta multiplicar por 15 la diferencia en horas: á esto se reduce el probléma de las longitudes.

37. Los dos médios que se emplean para conocer la diferencia de las horas son los *guarda tiempos*, y *la comparacion de las mismas observaciones astronómicas hechas en*

dos lugares, situados bajo diferentes meridianos.

38. Los *guarda-tiempos* son unos reloges perfectamente arreglados, que en muchos meses casi nunca se desbaratan. Se les pone á la hora sobre el sol en el momento del médiodia, en el lugar de donde se parte, (supongamos que este lugar sea Madrid) y siguen señalando la hora que es en aquel lugar, sea cual fuere el pais á donde los traslada el viajero. Cuando este ha llegado à un lugar cuya longitud quiere conocer, observa el momento del médiodia determinado en aquel mismo lugar, por el momento del tránsito del sol al meridiano (21), y lo compara con la hora que señala *el guarda-tiempo*, que es la de Madrid en aquel mismo instante; con lo que consigue saber la diferencia de las horas y por consiguiente la de los meridianos.

39. Supongamos, por ejemplo, que el viajero ha tomado la direccion del oriente: halla que á médiodia, en el lugar à donde ha llegado, su guarda-tiempo no señala mas que las nueve y treinta minutos, esto es 2.^{h}, 30.' *menos*; supuesto que una hora equivale à 15 grados (21), multiplica entonces 2.^{h}, 30.' por 15, lo que dá 37.º

30.' por la longitud al E. del meridiano de Madrid.

Se concibe facilmente que en el caso de haber tomado el viajero su direccion al occidente, el guarda-tiempo hubiera señalado la hora *en mas*.

40. Si fuese posible que los guarda-tiempos nunca se desbaratasen, darian el medio de conocer la longitud con la mayor exactitud: pero las variaciones inevitables que les ocasionan las vicisitudes del calor y del frio, no permiten poder fiar en ellos: con esto es preciso recurrir al mismo tiempo *á la observacion de los fenómenos celestes*, tales como *los eclipses*.

Estos fenómenos, por razon de la distancia de los cuerpos celestes con respeto à la tierra, se perciben en unos lugares muy distantes unos de otros, en los que se cuentan en aquel mismo momento unas horas muy distintas: de estas diferencias se deduce la longitud.

41. Supongamos en efecto que un eclipse de luna se perciba en tres puntos distintos, en Filadélfia, en Paris y en Moscou: los observadores de Paris han contado medianoche; los de Filadélfia 6 h, 39', 36" de la tarde, esto es que les ha fal-

tado. 5 *h*, 10.', 24." para que tengan médianoche; los de Moscou tienen 2 *h*, 20.' 48." despues de médianoche: se vé primeramente, que Filadélfia está al occidente de París, porque hay atraso en las horas; que Moscou está al oriente porque hay adelanto en las horas. ¿Pero de cuanto será este atraso ú este adelanto? Multiplíquense 5 *h*, 10.', 24.", y 2 *h*, 20.', 48.", igualmente por 15, y se hallará que la longitud de Filadélfia es de 77.° 36.' al oeste, y la de Moscou de 35.° 12,' al este de París.

42. Ademas de los eclipses de luna, sirven tambien para el mismo objeto otros fenómenos celestes, como los eclipses del sol, de los satélites de Júpiter (4), siempre segun los mismos principios.

Todos estos médios vienen pues á parar en lo mismo, esto es, *en hallar la diferencia de los meridianos en tiempos, para convertirla en grados.*

§ V.

GLOBOS Y MAPAS.

43. Asi es como se ha conocido la latitud y la longitud de los principales lugares

del globo: por médio de medidas tomadas sobre el terreno, se han enlazado á estas posiciones todos los lugares interinédios, como tambien la configuracion del pais, y el geógrafo se ha visto entonces en estado de trazar representaciones de la tierra.

Estas representaciones son *totales* ó *parciales*: á las primeras se dá el nombre de *globo* y de *mapamundi*; y á las segundas el de *mapas generales* ó *particulares*.

44. Hemos definido ya el globo (17), del que solo difiere el mapamundi en que la tierra está figurada en él sobre una superficie plana. Para indicar que la figura de la tierra es *esférica*, se curvan los paralélos y meridianos, como se verian si se hallase uno colocado á una distancia infinita. El diseño formado con estas curvas se llama *proyeccion*: esta espécie de mapamundi se llama *mapamundi en dos hemisférios*, porque en ella cada uno de los dos hemisférios (*occidental y oriental*) está separado. Existen diferentes métodos de *proyecciones*; pero todos vienen á tener poco mas ó menos el mismo resultado, que es el representar con la menor equivocacion posible una superficie esférica sobre una superficie plana.

45. Hay otra espécie de mapamundi, que es el *mapamundi plano* ó de *Mercator*, que es el nombre del matemático que lo inventó. Los meridianos son en él unas líneas rectas equidistantes, cortadas perpendicularmente por los paralélos en el ecuador; pero los intervális que separan estos paralélos van creciendo á medida que se acercan á los polos, en razon precisamente inversa de la que sigue sobre el globo la diminucion de los grados de longitud. De aqui resulta, que las dimensiones relativas de las diversas partes del globo se alteran á medida que se aleja uno del ecuador; y, por ejemplo, las regiones polares adquieren una considerable magnitud, pero sus contornos quedan perfectamente exactos; lo que basta á los marinos, para cuyo uso están destinados estos mapas.

46. Pero como fuera imposible representar en los mapamundis todos los pormenores de los paises, á no ser que se les diese unas dimensiones estraordinarias, se han delineado *mapas parciales* que ofrecen la imágen de partes mas ó menos considerables del globo. Los mapas, asi como los globos, están sujetos á la *proyeccion*; esto es, que los meridianos y paralélos son curvos,

segun unas reglas fundadas en el cálculo, afin de presentar una porcion de esferóide ó un esferóide entero, sobre una superficie plana; lo que solo puede hacerse aproximativamente.

Se dice que los mapas son *generales* cuando representan el conjunto de un pais dilatado; *parciales* ó *especiales* cuando sólo ofrecen una parte de él: estos toman el nombre de *corográficos* si representan una provincia con todos los sitios mas reparables, y de *topográficos*, y aun de *planos geométricos*, si el delineador ha trazado en ellos todas las habitaciones aisladas y la division de los campos. Se distinguen aun los mapas *hidrográficos* ó *náuticos*, destinados para los marinos, en los cuales están trazadas con curiosidad las costas, las sondas, esto es, la medida de profundidad, &c.; los mapas *mineralógicos*, en los cuales se indica la naturaleza de los terrenos, y las especies de minerales que en ellos se encuentran, &c.

§ 47. Cada mapa, sea cual fuere su dimension, está en una proporcion cualquiera con la magnitud real del globo: esta proporcion está indicada por lo que se llama una *escala*, que es una línea graduada, cuya longitud y divisiones manifiesta n á que espacio, tomado sobre el mapa, corresponde una cantidad cualquiera de leguas ó millas; lo que proporciona el poder graduar las distancias de los lugares.

48. Las medidas que sirven para graduar las distancias se llaman *medidas itinerarias*, La *legua marina* de España contenida poco mas ó menos 20 veces en un grado, y 7,200 veces en la circunferencia del globo, es de unas 2850 toesas (*); la *comun de Francia* antes de 1789 era de unas 2,300 toesas; es contenida poco mas ó menos 25 veces en un grado, y 9,000 veces en la circunferencia del globo. Lo que se llama *milla geográfica* es la 60.ª parte de un grado tomado sobre el meridiano, ó sobre el ecuador: es igual á un minuto.

Los Romanos usaban de una *milla*, que era casi la 75.ª parte de un grado; su longitud era de unas 757 á 760 toesas; constaba de 5.000 piés romanos. Los Griegos usaban del *estádio* medida de unos 680 piés castellanos. Habia muchas clases de *estádios*: el que con mas frecuencia citan los autores clásicos, es el *estádio olímpico*, igual á la

(*) *Ya dijimos que esta la que usabamos en esta obra.*

8ª parte de la milla romana, y á la 24ª parte de la legua de 25 al grado. Su longitud era de unos 560 piés castellanos.

CAPITULO 2º

DE LA TIERRA CONSIDERADA EN sus relaciones con los cuerpos celestes

49. Hemos visto ya que los cuerpos celestes pueden dividirse en dos clases distintas: las *estrellas fijas* distribuidas en cierto número de grupos ó *constelaciones*, y los *planétas* ó *cuerpos errantes*, que tienen al sol por centro de sus movimientos (4). Estos últimos forman con el sol el *sistéma planetario*; todos son opácos, ó no luminosos por si mismos.

Los *planétas* se subdividen en dos clases: 1º los *planetas propiamente asi nombrados* ó *primarios* y los *cométas*; 2º los *planétas secundarios* ó *satélites* (4).

Las matemáticas suministran los médios de cerciorarse de las dimensiones de la mayor parte de los planétas (*), y de las distancias que los separan de nosotros, al

(*) *Se verá en el párrafo 99, porque están esceptuadas las estrellas.*

paso que la observacion dá á conocer la duracion de sus movimientos.

§ I.º
DEL SOL.

50. El sol, el astro principal del sistéma planetario, aparenta ser de figura casi enteramente esférica: las manchas que cubren su disco dan á conocer, por su variacion de posicion aparente y su regreso periódico al mismo punto, que ejecuta un movimiento de rotacion sobre sí mismo en 25 dias y 12 horas. Su diámetro es igual, con muy corta diferencia, á 110 veces el de la tierra; lo que equivale á 255,290 leguas de 20 al grado: de modo que este astro viene á ser casi 1,330,000 veces mas grande que la tierra: y si nos parece tan pequeño, es que dista de nosotros mas de 12,000 veces la longitud del diámetro de la tierra, ó unas 27,200.000 leguas. Su luz llega á nosotros en 8.' 13." (65).

§ II.
NOMBRES DE LOS PLANÉTAS primarios.

51. Los planétas están sujetos à dos mo-

vimientos, el uno de *rotacion* sobre ellos mismos, del que se ha adquirido la certeza por los mismos médios que para el sol, esto es, por la variacion de posicion de los puntos sobre la superficie de estos dos cuerpos (50); el otro de *revolucion* ó de *traslacion* al rededor del sol (4).

Estos dos movimientos se ejecutan *sin escepcion* de occidente á oriente. Esta concordancia depende de las primeras causas, que, en la mano del supremo hacedor, han determinado los movimientos planetarios: y es uno de los fenómenos mas notables que presenta el sistéma del mundo.

El número de los planétas que hasta ahora conocemos es de once, en el órden siguiente: *Mercúrio*, *Vénus*, LA TIERRA, *Marte*, *Vesta*, *Júno*, *Céres*, *Pálas*, *Júpiter*, *Saturno* y *Uráno*. De estos planétas seis se conocen desde la antigüedad mas remota: los otros cinco se han descubierto unos cuantos años ha: *Uráno* por Herschell en 1781; *Céres* por Piazzi en 1801; *Pálas* por Olbers en 1802; *Júno* por Harding en 1803; *Vesta* por Olbers en 1807.

52. Unos son mas pequeños que la tierra, á saber: *Mercúrio*, que es la décima parte de ella; *Vénus*, los nueve décimos;

Marte, la quinta parte. En cuanto á *Vesta*, *Júno*, *Céres* y *Pálas*, son tan pequeños que no es posible conocer con exactitud sus dimensiones. Se les dá el nombre de telescópicos, porque no pueden percibirse sino con anteojos de estraordinario alcance.

Comparado con el diámetro de la tierra, el de *Júpiter* es 11 veces ½ mas largo; el de *Saturno* 9 veces ½ mas, y el de *Uráno* 4 veces y ¼; de modo que resulta que *Júpiter* es 1470 veces mas grande que la tierra, *Saturno* 887 veces y *Uráno* 77 veces ½.

Rotacion y figura.

53. Los planétas al girar sobre si mismos, presentan sucesivamente al sól las diferentes partes de su superficie, con lo que es evidente que tienen un *dia* y una *noche*, cuya duracion es proporcionada á la de su rotacion. La tierra gira sobre si misma en 23 horas 56', 4"; pero la duracion del dia es de 24 horas. Esta diferencia procede de que la tierra se adelanta de cerca de 59' sobre su órbita; de modo que un lugar del ecuador (fig. 14.), vuelto en 23 horas, 56', 4" al mismo punto con respeto á la estrella E", no ha vuelto aun

en conjuncion con el sol S, porque el centro de la tierra T se halla 59' mas léjos en T', de modo que á este lugar le falta aun recorrer un arco de 57' para hallarse en conjuncion. De esto resulta que una estrella vuelve al meridiano en 23 h., 56', 4", que es el dia *sideral*; pero que el sol necesita 24 horas para volver allí, que es el dia *solar*. En el espacio de un año el sol pasa una vez menos que la estrella al meridiano.

Mercúrio, Vénus y Marte giran sobre ellos mismos casi en el mismo tiempo que la tierra, esto es, en un dia; Júpiter y Saturno poco mas ó menos en 4 décimos de dia, ó cerca de 10 horas: y asi su rotacion se hace con suma velocidad, atendida su magnitud. Comparada con la de la tierra, la rotacion de Júpiter es 26 veces mas velóz; la de Saturno 22 veces mas; la rotacion de Uráno no es conocida.

54. La observacion ha demostrado que todos estos planétas tienen la misma figura que la tierra, esto es, que están combados en el ecuador y achatados en los polos. Se ha logrado al mismo tiempo la certeza de que este achatamiento está poco mas ó menos en razon de la velocidad del movi-

miento de rotacion. Así, por ejemplo, Júpiter, que gira 26 veces mas á priesa que la tierra, está achatado de un 12º, ó cerca de 26 veces mas que la tierra; de lo que es preciso deducir que el movimiento de rotacion es la causa de este achatamiento: luego el achatamiento de la tierra es una prueba directa de que gira sobre si misma.

Se sabe en efecto que todos los cuerpos que giran al rededor de un centro, tienen una tendencia á apartarse de él con tanta mas violencia, cuanto mas rápido es el movimiento; y esta tendencia es lo que llaman *fuerza centrífuga*, que está opuesta á la accion de la *gravedad* ó *fuerza centrípeta*, que vuelve á llevar las moléculas ácia el centro. Por esto es que en cada planéta, así como en la tierra, la region inmediata al ecuador, en donde es mas rápido el movimiento, ha debido apartarse del centro, esto es, combarse: esta alteracion de figura no ha podido efectuarse sino porque, en su orígen, la matéria de los planétas estaba en estado de liquidéz.

55. Estando la accion de la fuerza centrífuga opuesta á la gravedad, debe contrariar su efecto: asi los cuerpos deben pesar menos en el ecuador que en cualquiera otra

parte del planéta: de esta particularidad se ha adquirido la certeza por médio de la *péndola.* Puesta en movimiento y apartada de la vertical, la péndola, atraida por la gravedad, vuelve á caer ácia la tierra: cuanta la mayor es la gravedad, tanta mayor es la velocidad con que vuelve á caer. Se ha observado pues que en el ecuador una péndola de una longitud dada, anda mas lentamente que en las comarcas mas próximas al norte; de modo que es preciso darle diversas longitudes, segun los países, cuando se quiere obtener oscilaciones de igual duracion. Es preciso acortarlas á medida que se aproxima uno al ecuador.

Revolucion.

56. La revolucion de los planétas al rededor del sol se hace en mas ó menos tiempo segun su distancia de aquel astro: Mercúrio en 88 dias; Vénus en 224 dias; la Tierra en 365 dias, 6 horas, ó un año; Marte en un año y 321 dias; Vesta en 3 años y 240 dias; Júno en 4 años y 131 dias; Céres y Pálas en 4 años y 220 á 221 dias; Júpiter en 11 años y 315 dias; Saturno en 29 años y 164 dias; Uráno en 83 años y 52 dias.

57. La ruta ú órbita que estos planétas describen al rededor del sol no es circular; tiene la figura de un círculo prolongado ó de un óvalo llamado elipse (fig. 7). Este se describe colocando en dos puntos invariables nombrados *focos ff*, los dos estremos de un hilo que circula sobre un plano por médio de una punta que puede correr á lo largo de aquel hilo; la curva trazada por aquella punta, estendida en la direccion de la línea recta que junta los dos focos y prolongada por cada lado hasta la circunferencia forma el eje mayor S S', cuya longitud es igual á la del hilo. El eje menor A A, es la recta bajada perpendicularmente al eje mayor, pasando por el *centro e*, y prolongada de cada lado hasta la curva: la distancia del centro al foco se llama *excentricidad.* De esto resulta que los planétas no estàn siempre igualmente distantes del sol: la menor distancia se llama *perihélio*; la menor *afèlio*; la distancia média es la mitad de la suma de ambas distancias. La órbita sola de la tierra tiene un nombre particular y se llama *eclíptica.*

Estas órbitas no tienen mas realidad que la parábola descrita por una bala de cañon. Para representar el movimiento de un cuerpo en el espacio, se imagina una línea que pase por todas las posiciones sucesivas de su centro.

Distancias del Sol.

58. Al elegir por término de comparacion la longitud del diámetro de la tierra, se ha encontrado cuantos diámetros de esta sería preciso colocar unos tras otros para igualar la distancia de cada uno de estos planétas al sol; y como este diámetro es de 2298 leguas, se ha averiguado que la distancia de

	leguas.
Mercúrio al sol es de	10,400,000.
Vénus.	20,000,000.
La Tierra.	27,200,000.
Marte.	41,600,000.
Vesta.	64,000,000.
Júno.	72.000,000.
Céres.	76.000,000.
Pálas.	76,800,000.
Júpiter.	142,400,000.
Saturno..	261,600,000.
Uráno.	527,200,000.

Las distancias de los siete principales son pues, á corta diferencia, entre sí, como los números 4, 7, 10, 15, 52, 95 y 192.

59. Las órbitas (57) de los planétas no están todas en el mismo plano: están al contrario inclinadas las unas con respeto á las otras, como en la *figura* 12; los puntos en donde sus planos se encuentran se llaman *nudos*. Esta inclinacion (escepto en los planétas telescópicos, que están mas inclinados) no pasa de 8 grados de cada lado de la eclíptica; de modo que su revolucion se hace en una zona ó faja de unos 16 grados de ancho: está zona atravesada justo enmédio por la eclíptica, es lo que se llama el *zodíaco*.

Zodíaco.

60. Este nombre se deriva de la palabra griega (zodion) que significa *animal*, porque el zodíaco está ocupado por doce constelaciones ó signos (*), que, casi todos llevan nombres de animales (fig. 13). El sol F fijo en el foco de la eclíptica S E S' E' nos parece, en razon del movimiento de traslacion de la tierra, que pasa sucesivamente delante de cada una de estas doce constelaciones; y al fin del año nos

(*) *Existe entre las constelaciones y los signos del zodíaco una diferencia que se esplicará* (84, 85).

parece que ha recorrido toda la estension del zodíaco, y que ha vuelto al punto de donde habia salido el año anterior; pero la tierra es la que en realidad hace este movimiento.

52. Estando los signos del *zodíaco* en número de 12, asi como el de los meses del año, parece que el sol recorre uno de ellos cada mes, y tres en cada estacion. He aqui sus nombres con las estaciones á que corresponden:

Primavera. *Aries*, *Tauro*, *Geminis*.
Verano. *Cáncer*, *Léo*, *Virgo*.
Otoño. *Libra*, *Escorpion*, *Sagitário*.
Invierno. *Capricòrnio*, *Acuario*, *Piscis* (*).

§ III.

DE LOS COMÉTAS.

62. Los Cométas difieren de los Planétas primarios, en que sus órbitas forman elipses muy prolongados que se llaman *parábolas*, y en que recorren la estension del cielo en todas direcciones. Se aproximan

(*) *Los nombres y órden de los signos están marcados en estos dos versos*

Sunt Aries, Taurus, Gemini, Cáncer, Leo, Virgo,
Libraque, Scorpius, Arcitenens, Caper, Amphora, Pisces.

muchísimo al sol en su *perihélio*, y se apartan de él á distancias prodigiosas en su *afélio*. Cuando han llegado á su perihélio esperimentan un calor estraordinario, muchos millares de veces mayor que el de un hierrò candente: este calor debe vaporizarlos; y en efecto quieren suponer que existen cométas cuyo núcleò es vaporoso hasta el punto de percibirse las estrellas por médio de ellos: este hecho necesita comprobarse, però es cierto que las estrellas se perciben por médio de la cola ó cabellera que las mas veces acompaña á los cométas; la que se formará probablemente de la matéria misma de los cométas vaporizados por el escesivo calor del sol, y que estos se llevan despues trás ellos. Se puede en ciertos casos pronosticar cuando volverán; pero se crée que algunos describen *hipérboles* (curvas que no son reentrantes), y que por consiguiente nunca pueden volver.

§ IV.

DE LOS SATÉLITES.

63. Llámanse satélites unos cuerpos que giran al rededor de los planétas de occiden-

te á oriente, al mismo tiempo que estos giran al rededor del sol. No se conocen hasta ahora mas que cuatro planétas que tengan satélites, y son la *Tierra*, *Júpiter*, *Saturno* y *Uráno*.

El satélite de la tierra es la luna, de la que hablarèmos mas adelante con mas prolijidad.

Júpiter tiene cuatro satélites que solo con el telescópio pueden percibirse: tienen un movimiento de rotacion igual al de su revolucion; circunstancia que parece es comun á todos los satélites del sistema planetario. Este último no es de larga duracion, pues que la revolucion del satélite mas inmediato al planéta se hace en un dia y 18 horas, y la del mas distante en 16 dias y 16 horas.

64. A vista de esto se concibe facilmente que deben eclipsarse á menudo; y como los eclipses de luna son muy raros, los astrònomos y los viajeros hacen un uso muy frecuente de los satélites de Júpiter para calcular la longitud segun el método ya esplicado (40).

65. Las revoluciones de estos satélites han proporcionado igualmente á Rœmer, en 1675, el conocimiento de la velocidad con que llega á nosotros la luz de los cuer-

pos celestes; y hé aqui de que modo:

Estando bien conocido el tiempo de la revolucion de cada uno de estos satélites, es fácil anunciar la hora, el minuto y el segundo en que un satélite deberá entrar en la sombra del planéta, y por consiguiente quedar eclipsado. Pero se ha observado que todas las veces que Júpiter está en J', al otro lado del sol con respeto á la tierra (fig. 8), hallándose esta en t, los eclipses se efectuan mas tarde de lo que debiera suceder; y que, al contrario, cuando está en J, del mismo lado que la tierra t, se efectuan mas pronto. En el primer caso, el atraso es constantemente de 16' $\frac{1}{2}$; atraso que es natural pensar debe atribuirse al tiempo que tarda la luz en atravesar la órbita t' de la tierra. Mas el rádio de esta órbita, ó la distancia del sol á la tierra, es de 27.200,000 leguas (50) y el diámetro ó eje de 54,400,900, luego la luz del sol debe tardar 8' 13" para llegar hasta nosotros, recorriendo asi cerca de tres millones y doscientas mil leguas por minuto, ó cerca de cincuenta y cuatro mil por segundo: asi la velocidad de la luz es poco mas ó menos un *millon de veces* mayor que la de una bala de cañon, y 9.700 veces mayor que la de la tierra en su órbita.

66. *Saturno* tiene 7 satélites igualmente muy proximos á él: ademas está rodeado de un anillo que le abraza como un ceñidor, y que esteriormente aparenta formar dos asas (fig. 9). Este anillo es opáco como el planéta (49), pues que despide sobre èl una sombra que se distingue muy facilmente. Una faja oscura, que lo divide por su ancho, induce á créer que se compone de dos tiras separadas la una de la otra. No es adherente á Saturno, á cuyo rededor gira en 10 horas ¼; y como su diàmetro es 23 veces mayor que el de la tierra, resulta que gira 53 veces mas á priesa. Su anchura es igual, al parecer, á la tercera parte del diàmetro del planéta.

Uráno, descubierto por Herschell en 1781, tiene seis satélites que, sin escelentes telescópios, no pueden percibirse.

§ V.

REVOLUCION DE LA TIERRA AL REDEDOR DEL SOL.

Estaciones.

67. La Tierra gira al rededor del sol en

el espacio de un año (56), al mismo tiempo que gira sobre ella misma en el espacio de un dia: este segundo movimiento produce la alternativa del dia y de la noche: el primero causa la vicisitud de las estaciones y la desigualdad de los dias y de las noches.

Estos dos últimos fenómenos dependen de dos hechos principales:

1º El eje de la tierra (7) no es perpendicular sobre el plano de la ecliptica; su inclinacion se conserva siempre la misma, ó a lo menos si varía es de un modo muy poco sensible.

2º Los dos estrémos de este eje, ó los dos polos, miran siempre los mismos puntos del cielo (100): luego la direccion del eje es invariable con respeto al espacio absoluto; pero varía continuamente con respeto al sol al rededor del cual ejecuta la tierra su movimiento.

68. De todo esto resulta que hay dos instantes en el año en que los dos estrémos del eje están igualmente distantes del sol; y otros dos instantes en que uno de los polos está mas cerca del sol. Segun estos principios, sigamos la tierra en su movimiento al rededor del sol.

69. *Equinoccio de primavera* (fig. 10): En este momento del año los dos polos P P', aunque siempre inclinados con respeto á la eclíptica, ó á la órbita de la tierra E E', están igualmente distantes del sol S; los rayos de este astro cáen perpendicularmente al eje P P' sobre un punto *e'* igualmente distante de ambos polos, y describen, por la rotacion de la tierra, el círculo *e e'*, llamado *ecuador* (20): una mitad entera del globo, desde un polo hasta el otro, está en la luz, y la otra mitad carece de ella: luego el ecuador y todós sus paralélos están cortados en dos partes iguales por la línea P P' que termina la luz; por consiguiente debe haber sobre toda la tierra igualdad de dia y de noche: esto es lo que se llama *equinoccio*; se añade de *primavera*. si el sol aparece entoncès en el signo de *Aries* (61).

70. *Verano* (fig. 11). Partiendo del momento del equinoccio, el eje de la tierra, cabalmente porque conserva la misma posicion con respeto al espacio absoluto, se halla por su movimiento de revolucion cada vez mas variado de posicion con respeto al sol: el polo ártico P se vuelve cada vez mas ácia este astro, y el polo antártico

se aparta de él; los rayos del sol cesan por consiguiente de caer sobre el ecuador *e e'*, y parece que cada dia se van subiendo ácia el norte. Enfin describen el *trópico del cáncer t t'* á 23 grados ½ (ó hablando con mas exactitud á 23°. 27.' 51") al norte del ecuador (23). Este momento del año se llama *solstício*, porque el sol parece que se para, para volver al ecuador.

En esta posicion del año el polo àrtico se ha adelantado ácia el sol, de una cantidad igual á la que este astro se ha adelantado ácia él: la tierra tiene siempre una mitad suya alumbrada, pero no lo está ya de un polo al otro; la luz llega à 23° ½ mas allá del polo ártico, esto es, al círculo polar, que describe entonces por su rotacion diaria, se queda á los 23° ½ mas acá del polo antàrtico y se para en el círculo polar austral.

71. El hemisfério alumbrado *l l'* no corta ya los paralélos en partes iguales, de modo que alumbra mas de la mitad del hemisfério boreal *e P e'* y menos de la mitad del austral *e P' e'*. Los dias son pues mas largos que las noches; y esta diferencia para cada punto del hemisfério boreal, està evidentemente en razon de la distancia

á que se halla este punto del ecuador; porque en el ecuador *e e'*, que està cortado en dos partes iguales *e c* y *c e'* por la línea que termina la luz *l l'*, los dias son iguales á las noches; pero á medida que se aleja uno de este círculo, el intervalo entre la línea terminadora de la luz *l c* y la mitad del eje P *c*, se hace cada vez mayor; como *d f* es mayor que *h g*, es tambien claro que en un lugar situado bajo del trópico *t t'*, los dias serán un poco mas largos que en un lugar situado sobre el paraléło *h g*.

72. *Otoño.* Luego despues del momento del solstício el eje de la tierra empieza á variar de posicion, *solo con respeto al sol* (70); el polo ártico se aparta del sol, y el antàrtico se le acerca; la tierra enfin vuelve á la posicion correspondiente á la que ocupaba en el equinoccio de primavera (fig. 10); los mismos fenómenos se reproducen.

73. *Invierno.* La variacion de posicion del eje de la tierra con respeto al sol, atrae este planéta, al proseguir su ruta, á una situacion precisamente inversa de la que ocupaba en el solstício de verano. Los mismos fenómenos se reproducen, pero en sen-

tido inverso; de modo que todo lo que se ha dicho del hemisfèrio boreal se aplica al hemisfério austral y *vice-versa*: porque es evidente que los dos hemisférios tienen alternativamente el invierno y el verano.

74. El aumento ó diminucion del calor dependen de estas dos causas, que es fácil ahora concebir: 1º en verano los rayos del sol caen mas directamente en el hemisfério boreal, mientras que en invierno, hallándose el sol en el trópico del cáncer, sus rayos llegan mas oblicuamente á nosotros. 2º En verano, época en que los dias son mas largos, el sol permanece mas tiempo sobre el orizonte, y el calor no lo tiene suficiente para disiparse enteramente durante la noche; y esta acumulacion es causa de que el mayor calor del dia no coincida con la altura meridiana del sol, ni el mayor calor del año con el dia del solstício de verano. Los fenòmenos contrarios se efectuan, en invierno:

75. Con respeto al grado de calor que esperimentan las diversas partes del globo, se divide á veces la tierra en cinco zonas ó fajas: la *zona torrida*, ó quemada, entre los dos tròpicos; las dos *zonas templadas* entre los trópicos y los círculos pola-

res; y las dos *zonas heladas* ó *glaciales* mas allá de estos últimos círculos.

Duracion del dia.

76. Los dias aumentan á medida que se aparta uno del ecuador (71); de modo que la duracion del dia mas largo varía en cada latitud. En el ecuador es constantemente de 12 horas, porque este círculo está siempre cortado en dos partes iguales por la línea que termina la luz; y el círculo polar es de 24 horas, porque el dia del solstício los rayos del sol llegan à 23 $\frac{1}{2}$ grados mas allà del polo, de modo que el círculo está enteramente iluminado. En el polo el dia mas largo es de seis meses, por razon de que, desde el equinoccio de primavera hasta el de otoño, el polo boreal no cesa de ver el sol; y reciprocamente está sumergido en la noche por espacio de seis meses, desde el equinoccio de otoño hasta el de primavera.

Climas.

77. Por esta razon habian los antiguos geógrafos dividido el espacio contenido entre el ecuador y el polo en 30 partes, que llamaban *climas*, esto es, *inclinaciones*;

á saber, 24 entre el ecuador y el círculo polar, y 6 entre este círculo y el polo: los primeros se llaman *climas de média hora*, porque indican en la duracion del dia mas largo un aumento de média hora; los segundos se llaman *clímas de mes*, porque este aumento es de un mes.

Posicion de la Esféra.

78. Por una consecuencia natural de la inclinacion del eje, los astros, para las personas colocadas en diferentes puntos de la superficie del globo, no parecen seguir la misma direccion en su curso aparente; esto es lo que ha dado lugar á las espresiones de *esféra recta*, *esféra paraléla*, *esféra oblícua*.

Los pueblos que habitan en el ecuador tienen la *esféra recta*; porque como, para ellos, los dos polos parecen estar precisamente en el orizonte (35), vén los astros salir *recto* ó perpendicularmente á este orizonte: á estos pueblos se les ha dado el nombre de *Amfiscios*, porque tienen la sombra alternativamente en ambos lados.

Mas allá del ecuador uno de los dos polos celestes parece elevarse sobre el orizonte; el otro declina debajo de él, y á medida que se va uno aproximando á cualquiera de ellos, los astros parecen salir oblicuamente y describir líneas oblicuas con respeto al orizonte; con lo que la esféra está mas ó menos, pero siempre *oblícua*, entre el ecuador y los polos.

La esféra paraléla solo puede verificarse en los polos: allí describen los ástros unas líneas *paralélas* al orizonte.

Aquellos paises se llaman *periscios*, porque la sombra, en la época del solstício, gira al rededor de los objetos.

Duracion de las estaciones.

79. Estando la tierra situada en el foco de un elipse (57), se concibe naturalmente que la línea de los equinoccios no debe dividirse en dos partes iguales; de donde resulta que la duracion de las cuatro estaciones no puede ser igual. La tierra en verano está mas distante del sol de cerca de un 32º; en el momento del solstício de verano está en S' (fig. 13); el arco E' S', recorrido en la primavera, y el arco S' E recorrido en el verano, son mas largos que los arcos E S, S E'; por esto la primavera y el verano son las estaciones mas largas del año: en efecto se cuentan:

	dias.	hor.s	min.s
Del equinoccio de primavera al solsticio de verano. .	92.	22.	14.
Del solstício de verano al equinoccio de otoño. . . .	93.	13.	34.
Del equinoccio de otoño al solstício de invierno. . .	89.	16.	35.
Del solstício de invierno al equinoccio de primavera. .	89.	1.	47.

Lo contrario sucede en el hemisfério austral, lo que esplica porque, en latitudes iguales, está el aire mas templado en una que en otra: el verano es mas corto, el invierno mas largo, y ademas la tierra está entonces mas distante del sol.

80. Por lo demas, la diferencia en la duracion de las estaciones, depende no solo de la que existe en la longitud de los dos arcos E S E' y E S' E', sino tambien de que es esencia del movimiento elíptico de los cuerpos celestes, el que este movimiento se ejecute mas cerca del foco: de modo que un arco de igual dimension tomado á un tiempo sobre E S, y sobre E' S, será recorrido mas á priesa en E S, y mas despacio en E' S.

81. De aqui resulta que la marcha del

sol no parece uniforme en todas las estaciones, y que la combinacion del movimiento de rotacion con el de revolucion no presenta siempre la misma relacion: esta es la causa principal de que sucede algunas veces que el médiodia llega un poco mas pronto, y en otros tiempos un poco mas tarde. Los reloges de muelles, cuya marcha es uniforme cuando están bien hechos, no siempre se avienen con los reloges de sol. El tiempo que señalan los primeros se llama el *tiempo médio*; el de los segundos es el *tiempo verdadero*; la diferencia se llama *ecuacion del tiempo*: la mayor diferencia es de cerca de unos 16'.

Duracion del año.

82. Se vé por lo que antecede que el *año es el tiempo de la revolucion de la tierra al rededor del sol.*

Se distinguen dos espécies de años;

1º El año *sideral*: es el tiempo que invierte la tierra en volver precisamente en conjuncion con el sol, y con la misma estrella, esto es, al punto de donde habia salido el año anterior, como de E en E (fig. 13), punto que está en conjuncion con el sol F y la estrella E'': la duracion de este año es de $365^{d}\ 6^{h}\ 9'.\ 12''$.

2º El año *trópico* ò *equinoccial*: es el tiempo que transcurre en dos equinoccios y dos solsticios: es de $365.^{d}\ 5.^{h}\ 48'.\ 48''$. Llámase tambien *año civil*, porque es el que sirve para el uso regular.

83. Esta diferencia de 20'. 25''. en la duracion de los dos años dimana de que el momento del equinoccio sucede un poco antes que la tierra, que ha salido del punto E, vuelva precisamente á este punto: esto es lo que se llama *precesion de los equinoccios*. Si el equinoccio se ha efectuado este año cuando la tierra estaba en E', el año que viene se efectuará cuando la tierra estará en *c*, despues en *b*, despues en *a*, y asi consecutivamente; luego la tierra va retrogradando insensiblemente sobre su órbita; esta retrogradacion es de 50'' por año, ó de cerca de un grado en 72 años: asi la tierra invertiria unos 2160 años para retrogradar de un signo, y 26.000 años para recorrer su òrbita en sentido inverso.

Retrogradacion de las Fijas.

84. Por lo que acabamos de decir se comprenderá, que la posicion de las estrellas del zodíaco parece variar cada año con res-

peto al sol y quedarse atràs de este astro. En efecto si la tierra, en el equinoccio E', ha visto este año el sol correspondiendo á la estrella E''' del zodíaco, esta estrella marcaba en la eclíptica el lugar del punto equinoccial; pero el año siguiente, como estará en *c* en el momento del equiquinoccio, la tierra verá el sol correspondiendo á la estrella *c'*, luego la verá en *b'*, &c. La estrella E''' le parecerà pues entonces quedarse atrás del sol de la misma cantidad que se queda ella atrás del punto E' de su órbita. Cuando se hallará en *a*, despues de haber retrogradado de una duodécima parte de su órbita, verá el sol en *a'*, y la primera estrella E''' le parecerá haber retrogradado de todo el àrco comprendido entre E''' y *a'*, igual á la estension de un signo. Asi en el espacio de 30 veces 72 años, ò de 2160 años, el punto equinoccial se adelantará de un signo entero sobre la estrella E'''; y suponiendo que estuviese al principio en el primer gràdo de Aries, se hallará al cabo de este tiempo en el primer grado de Piscis.

85. Este fenómeno ha dado lugar à que en el zodíaco, se distinguiesen los *signos* de las *constelaciones*. Los nombres de los pri-

meros siguen la marcha del sol, y se adelantan como él con respeto á las estrellas. Los nombres de las segundas, al contrario, están afectos á las mismas estrellas, y por consiguiente retrogradan. Se sigue pues diciendo, como en el orígen de la astronomía, *el equinoccio de primavera se efectua cuando el sol está en el primer grado* del SIGNO de Aries; pero, en realidad, corresponde al primer grado de la CONSTELACION Piscis; y la diferencia se irá haciendo cada dia mas grande.

La posicion de los signos con respeto á los puntos equinocciales y solsticiales, forma un carácter cronológico que ha servido muchas veces para determinar la fecha de ciertos acontecimientos: y por este mismo médio pudiera fijarse la de los zodíacos descubiertos en los antiguos templos de Egipto, si fuese posible distinguir de un modo cierto, sobre estos monumentos, el punto por donde pasan las líneas de los solstícios y de los equinoccios: pero como no se ha podido conseguir hasta ahora, los vários sistémas á que han dado lugar no tienen fundamento alguno verdadero.

§ VI.

DE LA LUNA Y DE SUS MOVIMIENTOS.

Revolucion.

86. La Luna es el satélite de la tierra, al rededor de la cual describe un *elipse* (57). El punto de este elipse en que la luna se halla mas cerca de la tierra se llama *perigéo*, y aquel en que se halla mas distante se llama *apogéo*. Este satélite dista de nosotros como unas 68,800 leguas; su diámetro escede un poco la cuarta parte del de la tierra: y en suma es 49 veces mas pequeña que este planéta, y 765 millones de veces mas pequeña que el sol: repetidas esperiencias han acreditado que la luz que despide ácia nosotros es 360,000 veces mas débil que la del sol.

La luna tiene, como los satélites de Júpiter, un movimiento de rotacion, cuya duracion es igual á la de su revolucion; asi es que presenta siempre la misma cara à la tierra, salvo un leve bamboléo que se llama *libracion*.

87. Segun bajo que punto se considera la luna, su revolucion es *periódica* ó *sinòdi-*

ca, La *periódica* es el tiempo que invierte para volver en conjuncion con una estrella y el sol; por ejemplo, para volver (fig. 14) al punto L en conjuncion con el sol S y la estrella E'', despues de haber recorrido la órbita LT'E; este tiempo es de 27 dias 7 horas: pero como durante 27.^{d} 7.^{h} la tierra se ha adelantado en su órbita de T á T', la luna vuelta á L, no está ya en conjuncion con la tierra y el sol; para volverse á hallar en esta situacion, debe recorrer el arco LL', lo que exige dos dias cinco horas mas, los cuales añadidos á los 27 dias 6 horas, dan un total de 29 dias 12 horas: esto es la *revolucion sinódica* ó el *mes lunar*.

Fáses.

88. La luna recibe su luz del sol: al girar al rededor de la tierra presenta á esta bajo diversos aspectos su parte alumbrada: de aqui dimana lo que se llama *fáses* ó (apariencias); esto es, las diversas figuras bajo las cuales vemos á la luna. Ocho son los principales fáses, que se suceden á cerca de tres dias y médio de distancia uno de otro.

89. Sean por ejemplo, (fig. 15) S el

sol, T E, la tierra, N O Q O' P O'' Q' O''' la órbita de la luna: cuando la luna, estando en el punto N, se halla entre la tierra y el sol, la mitad oscura *a b c* está vuelta ácia la tierra. No podemos percibir la luna: es el momento del *novilunio* (luna nueva), ó de la *conjuncion*. Dos dias despues, ácia puesta de sol, se empieza á distinguir una pequeña parte de la mitad alumbrada, bajo la figura de una creciente muy delgada.

90. Pocos dias despues habiendo llegado la luna á O, una porcion de la parte alumbrada se percibe desde la tierra, bajo la figura de una creciente mas ancha: es el *primer octante* ó primer octavo, porque se vé la octava parte de la luna, ó la cuarta parte de la porcion alumbrada.

91. Siete dias despues de la conjuncion, habiendo la luna discurrido la cuarta parte de su órbita, llega á Q: la mitad de la porcion alumbrada está vuelta ácia la tierra: es el *primer cuarto* ó la *cuadratura*.

92. En O' la luna presenta los ¾ de la porcion alumbrada: se la vé entera en P: es el *plenilúnio* (luna llena) ú *oposicion*.

93. En la segunda mitad de la revolucion P Q' N, los mismos fenómenos se re-

producen; pero en sentido inverso: esto es, que en O'', *tercer octante*, no se vén mas que los cinco octavos de la porcion alumbrada: en Q', no se vé mas que la mitad: es el *último cuarto*: en O''', ó *último octante*, no se vé mas que la cuarta parte, la cual disminuye de dia en dia, hasta que la luna vuelva al punto N, en donde nuevamente se deja de percibirla. Desde el punto de la oposicion los cuernos de las crecientes parecen vueltos ácia levante, cuando antes lo están ácia poniente: la razon se concibe fácilmente mirando la *figura* 15.

94. Al describir la luna su órbita de oriente á occidente, nos parece que cada dia se atrasa sobre el sol; así, en la época del *novilunio*, se pone al mismo tiempo que este astro. Algunos dias despues se la vé un poco mas arriba del orizonte en O, en el momento en que el sol se pone. En el *primer cuarto* Q, está justo en el meridiano, y nos alumbra aun por espacio de 6 horas. En el plenilunio, sale cuando el sol se pone, y luego no parece hasta despues de haberse puesto este astro. En el último cuarto, no sale hasta media noche; y en-

fin en el último octante O", sale poco antes de salir el sol.

Eclipses.

95 Si la órbita de la luna estuviese en el mismo plano de la eclíptica, es evidente que, en el tiempo de la conjuncion (89), este astro nos ocultaria siempre el sol; y que, en el tiempo de la oposicion (92), entraria en la sombra de la tierra. Habria pues en el primer caso *eclipse de sol*, y en el segundo *eclipse de luna*; y cada una de estos fenómenos se reproduciria una vez en cada revolucion de la luna.

96. Pero como la órbita de este satélite está inclinada de cerca de cinco grados siete décimos con respeto à la eclíptica, resulta que este astro se encuentra unas veces mas arriba, y otras veces mas abajo de ella; de modo que la luz del sol puede llegar sin obstáculo á la luna y á la tierra. Asi (fig. 16) la luna L está un poco mas abajo de la línea ST, de modo que la sombra LO' no puede caer sobre la tierra T; y L' está un poco mas arriba que T, asi que la sombra TO' de la tierra no puede alcanzar la luna. Los eclipses no pueden pues efectuarse sino en

el caso en que la luna, en el momento de la *conjuncion* ó de la *oposicion*, se halla sobre la órbita de la tierra. Estos puntos se llaman *nudos*, y es lo que ha hecho dar á la órbita de la tierra el nombre de *eclíptica*. Esta circunstancia sucede algunas veces porque estos nudos tienen un movimiento retrógrado, ó contrario al de la luna; de modo que la *conjuncion* ó la *oposicion* ocurren algunas veces en el momento en que la luna se halla en uno de estos nudos: entonces es cuando hay *eclipse*. La retrogradacion de los nudos se completa en el espacio de 223 lunaciones, ó de 18 años 10 dias: entonces vuelven á hallarse en la misma situacion con respeto á la luna y al sol; y los eclipses se reproducen, poco mas ó menos, en el mismo órden, lo que dà un médio sencillò para pronosticarlos, que emplearon los astrónomos antíguos. Pero las desigualdades de los movimientos del sol y de la luna producen á la larga diferencias sensibles. El período de 223 lunaciones es lo que se llama ciclo lunar.

97. Los eclipses de luna son *totales* ó *parciales*: *totales* cuando la luna está enteramente ocultada por la sombra terrestre, que, á la distancia á que está la luna, es

casi 2 veces $\frac{1}{2}$ mas ancha que el diámetro de este astro: *parciales* cuando solo una parte entra en aquel cono de sombra (fig. 17).

Los eclipses de sol son *totales*, *parciales* ó *anulares*. Los eclipses *totales* y los *anulares* se efectuan igualmente cuando la tierra, la luna y el sol están situados en una misma línea; con la diferencia empero de que, en el primer caso, la luna está en el perigéo (86), y la tierra en el afélio (57); el sol parece entonces mas pequeño, porque está mas distante, y la luna mas grande porque está mas cerca, de modo que puede ocultar enteramente el disco del sol, y su sombra se estiende hasta la tierra. En el segundo caso, al contrario, la tierra está en el perihélio, la luna en el apogéo; el sol parece mas grande y la luna mas pequeña, de modo que no puede ocultarlo enteramente; el sol sobresale al rededor y forma una espécie de anillo luminoso: esto es el *eclipse anular*.

§ VIII.

DE LAS ESTRELLAS Y DE LA ESTENSION DEL UNIVERSO.

98. Se dá á las estrellas la denomina-

cion de *fijas*, porque nos parece que variaban de posicion las unas con respeto á las otras (4). Su número es infinito; y á pesar de que con la simple vista no se perciben mas allá de 2,000, las que se divisan con el ausilio de buenos instrumentos, en el espacio de algunos grados, hacen presumir qne pudieran verse 75 millones de ellas en todo el ámbito del cielo: se distinguen, segun su resplandor, en estrellas de 1.ª 2.ª 3.ª 4.ª 5.ª 6.ª 7.ª y 8.ª magnitud. Se observan ademas, en el espacio, muchos puntos blanquecinos, llamados *nebulosos*; siendo algunos de ellos unos conjuntos de pequeñas estrellas muy cerca unas de otras. Aquella faja, ó zona irregular que parece que abraza el cielo en forma de ceñidor, y que se llama *via-láctea*, es un conjunto de nebulosas.

Todo induce á presumir que las estrellas son, como el sol, unos cuerpos luminosos por si mismos; pues, á no ser asi, su luz, atendida su enorme distancia, no pudiera llegar, hasta nosotros. Un ejemplo muy sencillo sirve para demostrar su mucha distancia.

99. Supongámonos (fig. 18) en una llanura en el punto *t*, desde donde divisa-

mos á distancia de seis leguas las torres elevadas de las iglesias de dos lugares *e é*: estas torres nos parecerán bastante cerca la una de la otra por razon de la distancia á que se hallan de nosotros; pero á medida qae nos irémos acercando á ellas, el intervalo que separa una de estas torres de la otra parecera que cada vez se va haciendo mayor; y este aumento será en razon del camino que andarémos ácia ellas. Si nuestra variacion de posicion sobre esta línea es muy poca, como, por ejemplo, de un pié, esto es, de cerca de un 84,000.º de la distancia total, es claro que el apartamiento de los puntos *e é*, será muy corto é insensible para nosotros: si nuestra variacion de posicion fuese infinitamente menor, como de una línea (un 12.000,000.º), el apartamiento seria tambien infinitamente menor. Substituyamos ahora, en la misma figura, otros objetos á estos: imaginemos que los puntos *e é* son dos estrellas fijas, que *t* es la posicion de la tierra en uno de los estremos de su órbita *t t*. Teniendo esta órbita 54,400,000 leguas de diámetro (65), cuando la tierra estará en *t*, se hallará 54,400,000 leguas mas cerca de las estrellas *e é*, que cuando estaba en *t'*; por consiguiente el intervalo que separa una de estas estrellas de la otra deberá parecer mas grande, á no ser que el diámetro *t t'* sea infinitamente pequeño con respeto á las líneas *te té*; y es lo que sucede; porque si, cuando la tierra estaba en el punto *t*, se ha hallado a grados por la medida del intervalo entre las dos estrellas en *e é*, cuando la tierra llega al punto *t'*, se encuentra aun precisamente el mismo intervalo; de lo que debe deducirse que la línea *t t'* es infinitamente pequeña con respeto á *t e*, *t é*; ó en otros términos, que 54.400,000 leguas no son mas que un punto con respeto á la distancia á que nos hallamos de las estrellas: si la diferencia fuese solamente de *médio segundo*, las estrellas estarian 430,000 veces mas distantes de nosotros que el sol; esto es, que estarian á 24 mil millones de leguas. Pero la diferencia no llega ni á médio segundo; luego su distancia es aun mucho mas considerable.

100. He aqui porque, sea cual fuere la posicion de la tierra en su órbita, sus dos polos están siempre vueltos ácia los mismos puntos del cielo. En efecto si en el punto *t* (fig. 19), el polo *a* de la tierra es-

tá vuelto ácia la estrella polar *e*, cuando este planéta estará en *t* el polo *a'* deberia estar vuelto ácia *è*, y la estrella polar deberia parecer haber variado de posicion de todo el espacio *e é*; pero como el diámetro de la órbita terrestre *t t'* es un mero punto con respeto á la distancia *t e*, el polo de la tierra no cesa de dirigirse ácia la estrella *e*, y esta estrella no muda de posicion.

Concibamos ahora un globo cuyo diámetro, igual al de la órbita de la tierra, tuviese 54,400.000 leguas de largo; su volúmen seria 14,000 millones de veces mas considerable que el de la tierra, ó cerca de 11 millones de veces mas que el sol; y con todo semejante globo, visto desde las estrellas, seria un punto sin estension, y no pudiera percibirse sino en el caso de ser el foco de una luz viva. Esto es lo que prueba que las estrellas no pueden ser sino cuerpos luminosos por si mismos: son verdaderamente otros tantos soles que sirven sin duda de centro á los movimientos de otros tantos sistémas planetarios.

Asi, el globo que habitamos, y cuyas dimensiones, á primera vista, nos habian parecido tan considerables, no es mas que un punto en médio del espácio en el cual la omnipotencia de Dios ha sembrado el número infinito de cuerpos celestes.

ÍNDICE DE LA COSMOGRAFÍA.

Nota: Los números indican el párrafo y nó la página.

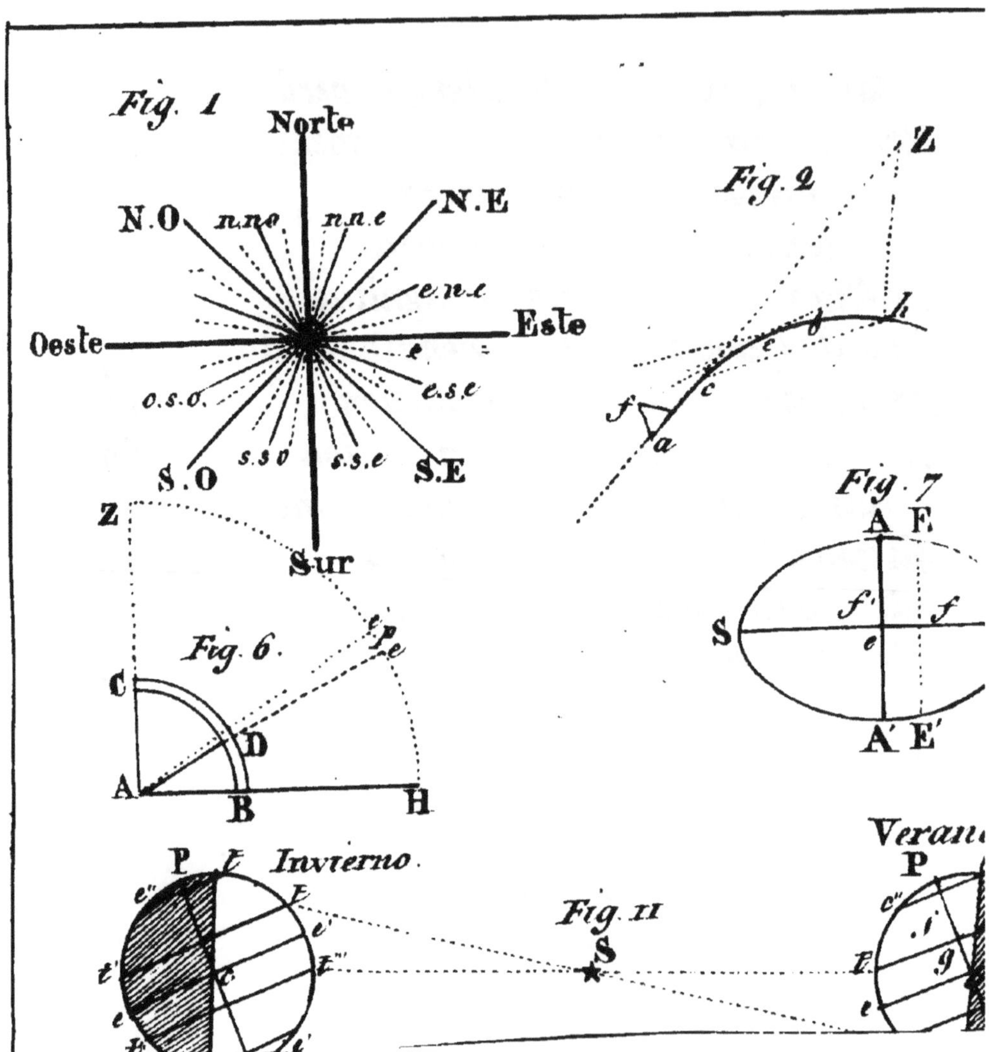
Fig. 1
Norte
N.O
n.n.o
n.n.e
N.E
e.n.e
Oeste
Este
o.s.o.
e.s.e
S.O
s.s.o
s.s.e
S.E
Sur
Fig. 2
Z
h
a
c
f
Fig. 7
A
E
S
f'
f
e
A'
E'
Z
Fig. 6.
C
D
A
B
H
P
Invierno
Fig. 11
S
Verano
P

NOCIONES

DE

GEOGRAFÍA FÍSICA

Y DE

GEOGRAFÍA POLÍTICA,

SACADAS DE LOS MEJORES GEÓGRAFOS Y QUE MAS MODERNAMENTE HAN ESCRITO.

POR

EL BARON DE ORTAFFÁ,

BRIGADIER DE INFANTERÍA CON USO DE UNIFORME DE MARISCAL DE CAMPO.

CON LICENCIA.

En la librería de J. Solá, plazuela de los *Ciegos*.

Barcelona: Enero 1832.—Imprenta de Mayol y C.ª

ADVERTENCIAS

de los Editores.

1ª *La falta de puntualidad en la ejecucion de una lámina que debia acompañar al cuaderno de Cosmografía, que se habia resuelto publicar antes de este, ha sido causa de que se pasase adelante en la impresion del actual y de la Geografía antigua que le sigue: despues de cuyas publicaciones saldrá á luz el primero con la lámina correcta cual se desea.*

2ª *Los números del índice se refieren á los párrafos y no á las páginas: los que están entre paréntesis ó con señales particulares, se refieren ó á algun párrafo anterior, ó á las notas que están al fin de las páginas.*

GEOGRAFIA FISICA.

CAPITULO 1º

Division general de la superficie del Globo.

1. Cuando se pone la vista en un mapamundi se vé á la tierra dividida desigualmente en *tierras* y en *aguas*. Las tierras no ocupan mas que la tercera parte escasa de la superficie del globo: las aguas ocupan lo demas.

De los dos hemisférios, el boreal solo contiene los cuatro quintos de las tierras; el austral, casi enteramente cubierto de agua, contiene la quinta parte restante.

2. Las tierras forman grandes espacios no interrumpidos por mares, á los cuales se dá el nombre de *continentes*; ó bien son partes rodeadas de agua por todos lados, que

se llaman *islas*. Una reunion de islas es un *archipielago*.

A veces en medio de los mares hay sitios de poca profundidad, que se llaman *bancos de arena* y *bajíos*; rocas á flor de agua, contra las cuales pueden estrellarse las embarcaciones ó barar, son llamadas *escollos*; otras rocas inmediatas á la costa, en las que vienen las olas á romperse con violencia, reciben el nombre de *arrecifes* ó *placéles*.

3. Ciertas partes de las tierras y de las aguas llevan diversos nombres, segun la figura que tienen. Un *cabo* es una porcion de tierra que se adelanta en el mar; llámase *punta* cuando es bajo y agudo; *promontorio* cuando es alto. Una *península* es una isla unida al continente por una lengua de tierra llamada *istmo*.

4. Cuando una grande estension de mar penetra en los continentes, se le dá el nombre de *mar mediterráneo* ó *interior*; cuando esta estension es menor, se llama *golfo*, luego *bahia*, despues en fin *rada*, *ensenada*, *puerto*, *abra*, si puede dar asilo á las embarcaciones. Un *estrecho*, es un espacio de mar estrechado entre dos tierras: á veces se dice un *canalízo*, un *boquete*.

§ I. CONTINENTES.

5. Los continentes *principales* están en número de tres, el *Antiguo*, el *Nuevo*, y la *Nueva Olanda*.

6. El antiguo Continente, asi llamado porque ha sido la cuna del genero humano, contiene tres partes distintas, la Europa, el Asia al E., y el Africa al S., unida á la segunda por el istmo de Suez.

7. La Europa se divide en catorce partes.

Cuatro al N., las *islas Británicas*, que contienen la *Inglaterra*, la *Escócia*, la *Irlanda*; el reino de *Suécia* que contiene la *Noruega* y la *Suécia*; la *Dinamarca*, la *Rúsia Européa*, que se estiende de N. á S. en toda la latitud de la Europa: seis al centro, la *Francia*, el reino de los *Países bajos*, la *Suiza*, la *Prúsia*, la *Alemánia*, el *Austria*: cuatro al S. la *España*, el *Portugal*, la *Itália*, la *Turquía Européa*.

8. El Asia comprende al O. la *Turquía Asiática*; al S. la *Arábia*, la *Persia*, el pais de los *Afghanes*, el *Indostán*,

el imperio *Birman*, el reino de *Siam*, el de *Camboya*, el *Tonquín*, la *Cochinchina*; al E. la *China* y la *Tartária Chinesca*; al N. la *Rûsia Asiática*: al centro la *Bukária*, el *Tibet* ó *Bután*, y muchas naciones errantes.

9. El África contiene al N. el *Egipto*, el pais de *Barca*, las regencias de *Trípoli*, *Túnez*, y *Argél*, el imperio de *Marruecos*; al centro el *Desierto* ó *Sahrah*, la *Nigricia*. la *Nûbia*, la *Abisinia*, la *costa de Ajan*, la *costa de Guinéa*; al S. el *Congo*, el *Angola*, el pais de los *Otentotes*, el *Monomotapa*, la *Cafrería*, las *costas* de *Mozambique* y de *Zanguebàr*.

10. El nuevo continente, asi llamado porque permaneció desconocido hasta 1492, se compone de la *América* dividida en *meridional* y *setentrional*, unidas las dos por el istmo de Panamá. Tomó este nombre del Florentino Américo Vespucci, que descubrió algunas costas de la América meridional: pero como el Genovés Cristobal Colón fué el primero que descubrió aquella region, hubiera sido mas justo que se le hubiese dado su nombre.

11 En la Amèrica setentrional se encuentran los *Estados unidos*, el *Canadá*, el

Labrador, la *Groenlándia*, la *Florida*, la *Nueva España*, el *Nuevo Méjico* y la *Califórnia*; lo demas está habitado por pueblos salvages. La América meridional contiene la *Tierra firme*, el *Perú*, el *Chile*, la tierra de los *Patagones*, el *Brasil*, el *Paraguay*, el pais de las *Amazonas*, la *Guayana* española, francesa y olandesa.

12. La Nueva Olanda es una isla tan grande como la Europa, á la que, por su estension, se dá el nombre de *continenta*. Unida á las islas situadas al S. del Asia y en el grande Océano, compone una quinta parte del mundo denominada por unos *Oceánica*, y por otros *Mundo marítimo*.

13. Las costas de los continentes forman en ciertos puntos *cabos ó promontorios*, cuyos principales son los siguientes:

14. En Europa: cabo *Norte*, en Noruega; *Lizurdo* en Inglaterra; la *Hogue*, en Francia; *Finisterra*, en España; *San Vicente*, en Portugal; *Passaro*, en Sicilia; *Matapán* en Turquía.

15. En Asia: *Ras—el—Gat*, en Arábia; *Comorin*, en el Indostan: *Loputka*, en la Rúsia Asiática.

16. En Africa: *Bueno*, en Berbería; *Bojador*, *Blanco*, en Sahrah; *Verde*, de *Palmas*, de las *Tres puntas*. de *Lopez Gonzalvez*, en Guinéa; de *Buena Esperanza*, y de *Agujas*, el mas meridional; *Gardafui*, el mas oriental.

17. En América: *Farewell*, en Groenlándia; de la *Florida*, *Catoche*, en Nueva España; de *Hornos*, el mas meridional; de *San Lucar*, en California.

§ II.

DE LOS MARES Y DE LAS ISLAS

18. Estos tres continentes son como otras tantas islas grandes, bañadas por todos lados por el Océano, que se divide en cinco océanos ó mares esteriores. El *Océano Atlántico*, entre la Europa y el Africa al E., y la América al O.: el *Grande Oceano*, entre la América al E. y el Asia al O.: es el mar mas considerable del mundo, y se llama tambien *Mar Pacífico* y *Mar del Sur*: el *Océano Indico*, inmenso receptáculo, contenido entre el Asia al N., el Africa al O. y la Nueva Olanda al E.: los dos *Mares hela-*

dos, en la proximidad de los dos polos; el mar helado boreal se comunica con el Océano Atlántico, al N. de la Noruega, y con el grande Océano por el estrecho de *Behring*, que separa la América del Asia. Cada uno de estos mares esteriores forma en cada continente cierto número de mares interiores ó golfos.

19. El Océano Atlántico forma: 1º en Europa, por el estrecho llamado *Sund*, el mar *Báltico*, que encierra los golfos de *Bóthnia* y de *Finlandia*; el *Zuiderzéo*, en Olanda; el mar *Germánico* ó del *Norte*, èntre Inglaterra, Olanda y Alemánia; la *Mancha*, entre la Inglaterra y la Francia, que separa el *Paso de Calés*: 2º entre Europa y Africa, por el estrecho de Gibraltar, el *Mediterráneo*, que contiene el *golfo de Venécia* ó *Mar Adriático*, los *golfos de Gábes* y de la *Sidra*; este mar se comunica, por el estrecho de los *Dardanélos*, con el Mar de *Marmará*; por el estrecho de *Constantinopla*, con el *Mar Negro*; por el estrecho de *Caffa*, con el mar de *Azof*: 3º en América, el *golfo de Méjico*, y al S. el *Mar de las Antillas*, entre las dos Américas; el *golfo de San Lorenzo*, los *Mares de Baffin*, de *Hudson* al N.

20. El grande Océano forma, en América, el *mar Vermejo*, entre la Califórnia y el Nuevo Méjíco, el *Golfo de Panamá*; en Asia el *Mar de Kamtschatka*, la *Mancha de Tartária*, el *Mar de Coréa*, el *Golfo de Tonquin*, el de *Siam*.

El Océano Indico forma por el estrecho de *Bab—el—Mandeb*, el *Mar Rojo* ó *Golfo Arábigo*, entre la Arábia y el África; el *Mar de Oman*, sobre las costas de Arábia; por el estrecho de *Ormúz*, el *Golfo Pèrsico*; enfin el *Golfo de Bengála*, entre las dos penínsulas de la India.

El Océano boreal forma en Europa el *Mar Blanco*; en Asia el *Golfo del Oby*.

En médio de estos mares se elevan una multítud de islas, unas àisladas, otras reunidas en grupos bajo la denominacion de *Archipiélagos*.

21. En el Océano Atlàntico se hallan, partiendo del N., las islas de *Faroer*, pertenecientes á la Dinamarca; las de *Shetland*, las *Orcadas*, las *Westernas*, la *Gran Bretaña*, la *Irlanda*, &c., reunidas bajo el nombre de *Islas Britànicas*; las *Azóres* al O. de la España; las *Canárias*; las islas de *Cabo Verde*, la *Ascension*, *Santa Elena*. Al O. y cerca de la Amèrica,

Terranova, *Isla real*, las *Lucayas*, *Santo Domingo*, *Cuba*, la *Jamáica*, *Puerto rico*; las *Bermudas*, en alta mar.

22. El Grande Océano está sembrado de una infinidad de grupos ó Archipiélagos; los principales son: el *Archipièlago peligroso*, las *Islas de la Sociedad*, *de los Amigos*, la *Nueva Zelándia*, la *Nueva Caledónia*, las *Mulgraves*, las *Marianas*, las *Carolinas*, las *Sandwich*; las *Aleutianas*, cerca de la costa N-O. de la América; las *Kuriles*, las *Islas del Japon*, sobre la costa del Asia.

23. El Océano Índico contiene *Madagascár*, las *Comóres*, la *isla de Borbón* y la *isla de Francia* ó *Mauricio*, cerca de las costas de África; las *Laquedives*, las *Maldives*, *Ceilán*, sobre las de Asia.

24. Entre el Océano Índico y el grande Océano, hay una espesura de islas, la mayor de las cuales es la Nueva Olanda, separada de la tierra de *Van-Diemen* al S., por el estrecho de *Bass*. Al N. están las *islas Molúcas*, de la *Sonda* y *Filipinas*; la tierra de *Papous* ó *Nueva Guinéa*, la *Nueva Irlanda*, las islas de *Salomon*.

25. En el mar Helado, se encuentran

la *Islandia*; el *Espitzberg*, á 80 grados de latitud; la *Nueva Zembla* al N. del Asia.

Asi pues el globo se halla compuesto de dos partes principales; la una *sólida*, que es la tierra, y la otra *líquida*, formada por los mares. Antes de hablar de cada una de ellas, es preciso decir algo de la *atmósfera* que tiene á las dos circuidas.

CAPITULO II.

De la Atmósfera.

26. La atmósfera (esto es, la esféra de los vapores) es la reunion de todos los fluidos que rodean el globo: estos pueden dividirse en tres clases: el *aire* propiamente dicho, los *vapores*, y los *fluidos aeriformes*. Los fenómenos que nacen de la atmósfera toman en general el nombre de *meteóros*, que se dividen regularmente en *ígneos*, *acuosos* y *luminosos*: la ciencia que trata de ellos se llama *meteorología*.

Aire.

27. El aire, que forma la mayor parte de la atmósfera, se compone regularmente de dos sustancias que entran en él en muy diferentes proporciones; á saber:

el gaz *oxígeno*, que es la parte respirable, forma los 27 centésimos; y el gaz *azóe* forma los 73 centésimos restantes: á veces el aire atmosférico no contiene mas que 71 centésimos de gaz azóe y 2 de gaz ácido carbónico, que tampoco es respirable.

28. El aire es un fluido diáfano ó transparente y sin color; aunque, cuando su masa es grande, refleja el color azul, por cuya razon el cielo nos parece de este color: este se hace mas subido á proporcion que uno se eleva, de modo que en la cumbre del Monte blanco, parece absolutamente negro. El aire es ademas comprimible, elástico y pesado: el peso del aire atmosférico seco, observado en la orilla del mar á la temperatura del hielo que se derrite, es 770 veces menor que el del agua; asi media azumbre de aire pesa poco mas ó menos 24½ granos: el peso de una coluna de aire desde la estremidad de la atmósfera hasta el mar, es igual á una coluna de agua del mismo espesor y alta de mas de 37 piés castellanos, ó á una coluna de azogue de 32½ pulgadas idem de alto....

Esto se comprueba por medio de un tubo de vidrio que se llena de azogue, cerrando con el dedo una de sus abertura, se invierte despues el tubo, el azogue baja, pero se para á la altura de 32 $\frac{1}{2}$ pulgadas, porque el peso de lo coluna de aire que gravita sobre la abertura inferior, equilibra el peso de la coluna de azogue. Este esperimento, hecho por primera vez en 1643 por el Florentino Torricelli, discípulo de Galiléo, ha acarreado la invencion del barómetro, que sirve para medir las variaciones en el peso de la atmósfera. Cuando se eleva uno sobre una montaña, la longitud de la coluna de aire, y por consiguiente su peso, disminuye; gravita menos sobre la abertura, y el azogue baja á 31 pulgadas, á 30, 29 &c., á proporcion de la altura á que se llega. Cerca de las costas del mar baja de una línea en cada 78 pies.

La aplicacion de este principio es uno de los medios que se usan para conocer la altura de las montañas; pero no es posible obtener un resultado exacto, si con la indicacion del barómetro no se combinan otros elementos, porque la densidad y temperatura del aire no son las mismas en todas las alturas.

29. El aire en efecto es comprimible y

elástico, esto es, que puede ocupar mas ó menos lugar, segun que está comprimido ó abandonado á si mismo. Mas estando las capas inferiores de la atmósfera comprimidas por las superiores, deben ser mas densas y mas pesadas; pero á medida que uno se eleva, se van haciendo mas ligeras; luego para que la altura del barómetro varie de una misma cantidad, es preciso variar tanto mas de posicion, cuanto mas arriba se ha llegado.

30. Esta diferencia de densidad es una de las principales causas del frio que se esperimenta á grandes alturas: estando alli mas raro el aire, deja pasar los rayos del sol sin calentarse sensiblemente; y en efecto se ha observado que la temperatura va bajando á medida que se va uno elevando. En verano el termómetro baja de un grado (centesimal) por cada 824 pies castellanos; en invierno de un grado por cada 570 pies; con cuyo antecedente es fácil concebir que llega un punto en que la temperatura es al igual del hielo. He aqui porque los montes mas altos, aun en el ecuador, están cubiertos de nieves, y de hielos (llamados *ventisqueros*) que nunca se derriten, cuando pasan de cierta

altura. Los límites de las nieves perpétuas van bajando en razon del aumento de latitud. En el ecuador estos límites se elevan hasta cerca de 2,400 toesas: á 3 grados, están á 1,900 toesas; á 38 grados, á 1,700; á 42 grados, á 1,500, ó 1,600; á 45 grados, á 1400; á 60 grados, á 850; á 72 grados á cerca de 300 toesas.

31. La atmósfera obliga los rayos del sol á desviarse: estos rayos divididos y separados de la via recta, llegan á nosotros cuando el sol no está aun encima del orizonte, ó cuando está ya debajo de él; de lo que resulta un aumento accidental de dia, que se llama *auróra* y *crepúsculo*. A la duracion de este aumento debemos el haber podido saber que la altura total de la atmósfera no pasa de 15 á 16 leguas. La refraccion de los rayos del sol es tambien la causa de varios fenómenos tales como las *parélias*, que nos presentan varios soles al lado, y muchas veces encima ó por debajo de este astro; las *paraselénas ó lunas aparentes*, fenómeno análogo al primero; el *arco iris*, formado por los rayos del sol descompuestos ó refractados y reflejados por las gotas de lluvia que caen; en fin el fenómeno llamado *mi-*

rage, que consiste en que, en alta mar, ó en una llanura perfectamente llana como las de Egipto, se perciben dos imágenes de un mismo objeto, una de las cuales está invertida por la reflexion de los rayos luminosos.

Las moléculas del aire, conmovidas por las vibraciones de cuerpos sonóros, comunican insensiblemente al órgano del oido la conmocion que han recibido: esto es lo que constituye el *sonido*. Observaciones recientes prueban que, á los 9 grados de temperatura del termómetro de Reaumur, el sonido recorre 173 toesas por segundo.

Vapores.

32. Los vapores se componen de emanaciones que el calor del sol arrebata á los diferentes cuerpos de la tierra, particularmente al fluido acuoso. Estos se elevan en el aire, porque pesan menos que él, poco mas ó menos en razon de 5 á 8. Cuando su aproximacion las ha hecho visibles y se estienden sobre la superficie de la tierra, forman las *nieblas*; y cuando se mantienen suspendidas á cierta altura forman las *nubes*.

Aproximándose mas estos vapores, se

reunen en gotas líquidas, caen y forman la *lluvia*: cuando la precipitacion se hace con una temperatura baja, el vapor se convierte en pequeños cristales conocidos por el nombre de *nieve*; ó bien forma bolitas de hielo, compuestas de anillos concéntricos, llamadas *granizo*. No se sabe á punto fijo como se hace la precipitacion de los vapores bájo estas diversas formas; pero se sabe que la electricidad es uno de los principales agentes. La formacion del *granizo*, que es mas comun en verano que en invierno, es sobre todo muy imperfectamente conocida.

El *rocío* es vapor condensado sobre un cuerpo frio: si este cuerpo es muy frio, el rocío se hiela, y es la *escarcha*.

33. La cantidad de agua que se resuelve en lluvia varía segun los climas. En Paris cae cada año comun sobre 26 dedos de agua; esto es, toda la precisa para para cubrir la tierra á 26 dedos de altura, si estuviese reunida toda la que cae en el año: en Santo Domingo caen 104 dedos, ó seis veces mas.

En general la cantidad de agua que cae aumenta á proporcion de la mayor proximidad al ecuador. Entre los Trópicos caen lluvias *periódicas* que duran 4, 5 y 6 meses: estas producen crecientes *periódicas* en los rios de la Zona torrida, tales como el *Nilo*, el *Gánges*, &c.

Vientos.

34. La atmósfera esperimenta movimientos que desalojan ciertas partes de ella, ocasionados por la interrupcion del equilibrio en algunos puntos; ó porque el frio ha condensado vapores en lluvia, ó bien porque la temperatura de una coluna de aire ha variado, de modo que ha resultado un vacío cualquiera; entonces otra coluna se mueve para llenar este hueco, y este desalojamiento es el que causa el *viento*.

La impetuosidad del viento es tanto mayor, cuanto mas á priesa se mueve el aire desalojado. Cuando recorre unos 28 á 29 piés castellanos por segundo, el viento es fuerte; hay *tempestad*, cuando recorre de 57 á 58 pies: en un *uracán* recorre 108, 144 y hasta 180 piés por segundo; pero entonces arranca los árboles y derriba las casas.

Cuando los vientos han atravesado vastos desiertos de aréna escesivamente calentados por el sol, se vuelven abrasadores y funestos, y toman nombres particulares; como son el *Samiel*, en Arábia, y el *Khamsin*, en Egipto, que ahogan á los hombres y á los animales.

35. Los vientos son *constantes* y *generales*, cuando la causa que los produce es constante, y que abrazan una grande estension de terréno: no siendo asi se les llama *variables* y *parciales*. Los dos principales vientos constantes son los *vientos alísios* y las *monzones*.

36. Los primeros soplan entre los trópicos de E. á O. Son producidos por el aire que llega de los polos para llenar el vacío que el escesivo calor del sol hace esperimentar en la atmósfera entre los trópicos. El aire de los polos no tiene mas que una velocidad de rotacion muy ténue, que es la del paraléio terrestre que abandona; por cuya razon obedece con dificultad al movimiento de rotacion tan rápido en el ecuador. Al principio se mueve muy lentamente, y asi nos parece que se dirige del E. al O. en una direccion contraria á la rotacion del globo, porque le herimos con el esceso de la velocidad á la que aun no obedece. La traslacion anual

del sol á una y otra parte del ecuador, impide que los vientos alísios estén, durante todo el año, dirigidos en el plano de este círculo, por cuya razon existe un rodéo de cerca de 4 grados.

Las *monzones* reinan en el Océano Indico: soplan por espacio de seis meses del S-O., y los restantes seis meses del N-E, pero en órden inverso al N. y al S. del ecuador, salvo muchas leves variaciones. La causa general es el movimiento del E. al O., que está diversamente modificado por los obstáculos que oponen los continentes y las islas: lo que produce efectos muy complicados.

Fluidos aeriformes.

37. Estos fluidos invisibles, diseminados en la atmósfera y en los diferentes cuerpos terrestres, producen fenómenos dignos de atencion: pero no hablarémos mas que del *fluido eléctrico* y del *fluido magnético*, que interesan mas particularmente á la geografía física.

38. El primero manifiesta su superabundancia en la atmósfera por el *rayo*, que no es mas que el resultado de una esplosion eléctrica: la luz de esta esplosion

es el *relámpago*; el ruido es el *trueno*.

Otros fenómenos, cuya causa se ha creido tambien residia en la electricidad, son los *globos de fuego*, meteóros espantosos, que se dejan ver algunas veces á una altura de mas de 80 leguas, y se mueven á menudo con una velocidad de 4 á 5 leguas por segundo, esto es, igual á la de la tierra en su órbita: su marcha va acompañada de detonaciones, y de una caida de piedras llamadas *bólidas*, *meteorolítos*, *aerolítos*, &c. Lo que distingue estos aerolítos, es que su composicion presenta las mismas sustancias, y siempre en las mismas proporciones. La mineralogía del globo terrestre no ha ofrecido hasta aqui cosa ninguna análoga á estas piedras. Se crée generalmente que son fragmentos muy diminutos de pequeños planetas que circulan en el espacio: pero el orígen verdadero de estas piedras es aun sumamente incierto. Los sabios han recogido en la historia mas de 200 ejemplares de caídas de aerolítos.

39. El *fluido magnético* solo se conoce por sus efectos, de los cuales el mas útil es la propiedad del imán. Se sabe que una aguja de acéro *imantada*, colocada

orizontalmente sobre un estilete de metal no magnético, y que puede girar libremente, dirige siempre una de sus puntas ácia el polo boreal, y la otra ácia el polo austral; esta aguja puesta en una caja, sirve á los marinos y á los viajeros, bajo el nombre de *brújula*, para dirigirse en la ruta que siguen. Esta aguja presenta dos fenómenos, la *declinacion* y la *inclinacion*. La *declinacion* consiste en que la aguja no se dirige siempre exactamente ácia el polo, ó en la direccion del meridiano: su direccion ora occidental, ora oriental, varía en diversos parages, y en diversos tiempos del año, y aun en diversas horas del dia. Se hallan puntos en el globo en que es nula la declinacion.

La série de estos puntos forma las *líneas sin declinaciones* ó *meridianos magnéticos*: estas líneas no siguen los meridiános geográficos, antes al contrario están muy oblicuas para con ellos, y esperimentan inflexiones muy irregulares. Se conocen cuatro líneas de esta clase.

La *inclinacion* consiste en que la aguja inclina una de sus puntas ácia la tierra. Al N. del ecuador el estremo boreal es el que se inclina á medida que se va uno aproximando al polo ártico de modo que en el polo mismo llegaría á ser vertical. Al S. del ecuador la punta austral es la que se inclina; por esto los marinos, afin de conservar á la aguja su posicion orizontal, se ven precisados, cuando pasan por latitudes muy diferentes, á mudar proporcionalmente el estremo opuesto. En ciertos puntos del globo la aguja se sostiene por si misma orizontal: la série de estos puntos forma sobre la tierra una línea curva, inclinada en el ecuador, y que parece cortarlo en tres puntos: es lo que llaman *ecuador magnético*. Otros puntos hay aun en que la influencia magnética es enteramente nula para la inclinacion y la declinacion. El Capitan Parry, en su viaje al N., acaba de descubrir uno de ellos,

Un fenómeno cuya causa no es menos desconocida es la *aurora boreal*, muy frecuente particularmente en las regiones del N. Se presenta como un segmento de círculo luminoso, cúya cuerda es el orizonte; salen de ella chorros y rayos de luz que van acompañados de una detonacion, si se ha de dar crédito á ciertos observadores: pero este hecho necesita comprobarse. Las observaciones mas exactas manifiestan que este fenómeno tiene una relacion directa ó indirecta con el fluido magnético; porque se ha notado, cuando se deja ver, que la agnja imantada esperimenta agitaciones repentinas é irregulares; y ademas la parte superior del arco formado por la aurora boreal, parece en cada lugar dirigida en el meridiano magnético de aquel mismo lugar.

CAPITULO III.

Disposiciones de las tierras.

40. La superficie de las tierras es muy desigual, pues presenta cavidades, llanuras y alturas, Las eminencias mas elevadas se llaman *Mesas* y *Montañas*.

Las Mesas son grandes masas de tierra elevadas, que forman comunmente el núcleo de un continente, de una comarca dilatada, ó de una isla grande, con cuestas largas y suaves. De estas mesas la mas vasta es la del *Tibet*, al centro del Asia, de la que manan los rios mas caudalosos de aquel continente. En América la mesa de *Pasto* es la mas digna de atencion.

41 Las montañas, al contrario, tienen cuestas rápidas y mas ó menos escarpadas, à cuyas partes mas elevadas se dan diversos nombres, como los de *agujas*, *dientes*, *cuernos*, *picos*, *cerros* &c. A veces están aisladas; pero suelen mas comunmente formar ora grupos, ora cordilleras no interrumpidas, que, en cada continente, parece van á parar á un centro comun. Estas cordilleras, y cada montaña en particular, están separadas unas de otras por *valles*, que cuando tienen poca profundidad se llaman *vallecitos* ó *cañadas*. Los estrechos ó gargantas entre las montañas toman el nombre de *desfiladeros*, *pylas*, ó bien *puertos* cuando están muy elevados. Una montaña poco elevada se llama *loma* ó *collado*: un *ribazo* ó *costanéra* es un terreno inclinado que se estiende en una llanura.

42. Las llanuras son *bajas* cuando se elevan muy poco sobre el mar; tales son las *Savánas* de la América: se dice que son *altas* cuando se hallan sobre una mesa elevada, como los llanos de Quito, situados á 1,500 toesas sobre el nivél del mar: tales son tambien las *Steppas* en lo interior del Asia, llanuras arenosas, sin

árboles, ó cubiertas de plantas bajas y desmedradas.

Cordilleras de montañas.

43. En Europa: los *Alpes*, mesa considerable situada entre la Suiza, la Francia y la Italia, cuyo pico principal es el *Monte Blanco*; su altura es de unos 17,500 piés castellanos: es la montaña mas alta de Europa; el *Jura*, los *Vosges*, las *Cevénas*, en Francia; los *Pirinéos*, entre Francia y España, cuyo pico mas elevado es el *Monte Perdido* (12,184 piés castellanos); en España la *Sierra Morena*, la *Sierra de Cuenca* y la *Sierra Nevada*, cuya montaña mas alta es el *Mulahacén* (12,542 piés castellanos); los *Apeninos* en Italia; los montes *Krapcks*, en Austria; los *Dofrines*, en Suécia; los montes *Poyas* y *Urals*, que separan el Asia de la Europa.

44. En Asia el *Cáucaso* y el *Tauro* en la Turquia asiática; los *Gattes* en el Indostán; el monte *Imao* y el *Tibet* en el centro del Asia; alli están los montes *Himalaya*, los mas altos del globo, elevados de cerca de 28,000 piés castellanos; los montes *Altaís*, en la Rúsia Asiática.

45. En Africa: el monte *Atlas*, siguiendo la costa del Mediterráneo; los montes de *la Luna*, al S-O. de la Abisinia; las montañas de Guinéa. El supuesto monte *Lupata*, que se calificó la *espina del mundo*, no existe. Viajes recientes han demostrado que no son mas que una larga selva sobre una mesa elevada.

46. En la América setentrional; los *Apalaches* y las *Montañas Azules*, en los Estados unidos; las *Montañas Cascajosas*, ó del Oeste, á la orilla del Grande Océano. En la América meridional: el *Matto-Grosso*, en el Brasil; las *Cordilleras de los Andes*, siguiendo la costa del Grande Océano: la mas alta es el *Chimborazo* que pasa de 23,330 piés castellanos.

Volcánes.

47. Entre las montañas las hay que son *ignivomes*, esto es, vomitando fuego de cuando en cuando, y humo en todos tiempos. Dáseles el nonbre de *Volcánes*, del Dios Vulcáno que presidia al fuego. Cuando hacen sus erupciones arrojan fuego, cenizas, piedras calcinadas, lavas, matérias en fusion, que bajan como rios inflamados de la cumbre ó del flanco des-

garrado de aquellas montañas. Estas erupciones suelen ir con frecuencia acompañados de *temblores de tierra*, fenómeno ocasionado por los vapores encerrados en las cavidades interiores, que el calor dilata.

Los principales volcánes son el monte *Etna*, en Sicilia, alto de 11,466 piés castellanos; el monte *Vesúvio* en Italia, su altura 4,300 piés idem; el monte *Hekla*, en Islandia, isla dependiente de la Dinamarca; el *Cotopaxí* y el *Antisana*, que tienen de 20,425 á 20,783 piés castellanos, y forman parte de la cordillera de los Andes, en la que se encuentran mas de 50 volcánes; el monte *San Elias*, en la costa N. O. de la América, alto de 19,700 piés castellanos; el *pico de Teide*, en la isla de Tenerife, alto de 13,258 piés idem.

48. Los picos mas elevados de las montañas altas, están cubiertos de nieves perpétuas (30): en la primavera una parte de estas nieves se desploma con estrépito en los valles, y, bajo el nombre de *Alúdes*, todo lo arrasan y derriban por donde pasan. La intensidad del frio (30) y la raridad del aire (29) á grandes alturas, impiden que se formen alli habitaciones:

así el punto mas alto habitado en Europa es el hospicio del Grande San Bernardo, en los Alpes, á 8,600 piés castellanos sobre el mar: en América es el caserío de *Antisana*, en los Andes, elevado de 14,690 piés castellanos.

Producciones.

49. Las producciones de la tierra se dividen en dos grandes clases, á saber: los *cuerpos organizados*, compuestos de un tejido de sólidos que contienen fluidos en movimiento: nacen de cuerpos semejantes á ellos y perecen en ciertas épocas determinadas; y los *cuerpos no organizados ó toscos*, formados de moléculas que no tienen mas relacion entre sí que las de cohesion y adherencia. La ciencia que abraza el conocimiento de todas estas producciones es *la historia natural*, dividida en varios ramos.

50. La clase de los cuerpos organizados se compone de dos partes ó reinos, el reino *animal* y el reino *vegetal*. El primero es el objeto de la ciencia llamada *zoología*: comprende á los *mamíferos*, ó animales *vivíparos*, que producen cachorros vivos y los amamantan; á las *aves*,

animales *ovíparos*, esto es, que producen huevos de donde nacen los polluelos; están cubiertas de plumas, y dotadas de la facultad de elevarse en el aire; á los *anfibios*, que viven á un tiempo en la tierra y en el agua, de los cuales unos son ovíparos, y otros vivíparos y mamíferos como las *focas* y las *morsas*; en la misma clase se coloca tambien á los *cetáceos*, grandes animales igualmente vivíparos, como las *ballenas*, los *manatís*, los *cachalotes*; á los *réptiles*, de los cuales unos, como las sierpes, tienen un cuerpo cilíndrico y se mueven arrastrándose; y otros tienen piececitos, y casi se arrastran por el suelo, como los *lagartos*, las *tortugas*, las *ranas*; á los *animales de sangre blanca*, á saber: los *insectos* con alas ó sin ellas; las *lombrices*, los *moluscos* ó *mariscos*; á los *zoofitas* enfin, ó *animales plantas*, que viven en el agua: estos forman el último escalon del reino animal.

El *reino vegetal* es el objeto de la ciencia llamada *botánica*.

51. La clase de los cuerpos *no organizados* ó *minerales*, comprende todas las sustancias que componen la corteza sólida del globo; se dividen en cuatro clases princi-

pales: las *sustancias acidíferas*, entre las cuales se distinguen las sales como el amoniáco, el salitre, la sal comun, que cuando se estrae del mar se llama *sal de mar* ó *marina*, y *gema*, cuando se encuentra en las minas; el alumbre, la cal, el mármol, el alabastro, &c.: las *sustancias terrosas*, que comprenden entre otras las piedras preciosas: las *combustibles*, como la ulla ó carbon de piedra, la turba, el betún, el ámbar amarillo, el azufre, el diamante, &c.: los *metales*, en número de 28, divididos en metales y semimetales: los principales son el oro, la platina, la plata, el hierro, el cobre, el plomo, el estaño, el zinc, &c.

52. De estas producciones algunas se encuentran indistintamente en toda la superficie del globo; otras son peculiares de ciertos paises, y no se estienden mas allá de ciertos límites. En general las regiones mas calurosas producen los vegetales mas aromáticos, tales como la pimienta, la nuez moscada, la canéla, el gengibre, el alcanfór, el cacáo, la caña de azucar, el café, la mirra, &c.; las aves de plumage mas vistoso y brillante, como los papagayos, las aves del paraíso, &c.; los animales mas fie-

ros, ó de mas abultadas dimensiones, como el leon, el tigre, la zebra, el cameleon pardo, el camello, el elefante, el rinoceronte, la avestruz, el cocodrilo, &c; las sierpes mas ponzoñosas, como la de cascabél, &c.

El insecto que produce la seda, y la abeja, no pueden vívir sino en latitudes médias; al contrario del oso blanco, el rangífero, el alce, que habitan las regiones setentrionales. El arroz deja de crecer al pasar del 47º grado; la vid no madura mas arriba del 50º grado, á escepcion de las orillas del Rhin, en que crece un poco mas allà; el trigo no se cria en pasando de los 55 grados; pero la cebada y la avéna prosperan en latitudes superiores.

Espécies de Terrénos.

53 Al penetrar por debajo de la superficie del globo, se encuentra á los terrénos formados por *capas* de diferente naturaleza, las que suelen con frecuencia prolongarse en una grande estension de pais, aunque con mucha variedad en el grueso de ellas.

54. Los terrenos sean llanuras, sean mon-

tes se dividen, segun su naturaleza, 1º en *primitivos*, formados en general de la sustancia muy dura llamada *granito*, de la que están principalmente formadas las montañas mas altas y mas dilatadas: estos terrenos primitivos no encierran ningun destrozo ó resto de animales ó de vegetales: 2º en *secundarios*, dispuestos en capas regulares, ó hiladas, que encierran muchos destrozos de los indicados, especialmente de mariscos: estos secundarios se encuentran colocados sobre los terrénos primitivos: 3º en *terciarios* que se encuentran casi siempre al pié de las montañas de segunda formacion; estos se componen de los escombros ó destrozos de las otras dos clases de terrénos dispuestos por capas: 4º en *volcánicos* compuestos de matérias arrojadas por los volcánes, primitivamente líquidas y en confusion, bajo el nombre de *lavas*. que se endurecen al enfriarse y toman diversas formas. Estas diversas clases suelen, por lo regular, estar cubiertas del *humus ó tierra vegetal*, propia pàra la vegetacion.

55. Los destrozos de las sustancias animales llamados *fósiles*, que se estraen de los terrenos secundarios y terciarios, ofre-

cen fenómenos muy singulares: se encuentran bancos de mariscos ó de péces sobre montañas de 14,000 piés castellanos de elevacion; lo que prueba que las aguas han llegado á aquella altura: algunos animales de estas clases viven actualmente en unos mares muy distantes de los sítios en donde se les encuentra sepultados. Lo mismo sucede con los vegetales, que las mas veces, pertenecen á espécies perdidas, ó que solo existen en otra parte del mundo: enfin los animales, como el elefante fósil, ó *manmuth*, y otros muchos, han desaparecido enteramente de la superficie de la tierra. Todos estos fenómenos atestiguan las revoluciones que ha sufrido nuestro globo.

CAPITULO IV.

De las Aguas.

56. Tales son las disposiciones generales de la parte sólida de la tierra. La parte líquida la ocupa el *agua*, sustancia trasparente, dotada de una gran mobilidad, y que se presenta bajo tres aspectos: *sólido*, cuando está privada de calor; es el hielo: *líquido*, cuando contiene bastante

calor para que sus partes estén divididas; es el agua propiamente dicha: *fluido*, cuando está reducida en vapor ligero por efecto del calor.

57. El agua en su estado *líquido*, busca siempre los sitios bajos, esto es, mas próximos al centro de la tierra: puesta en un terreno inclinado, abandona el lugar que ocupaba y baja; es lo que llaman *manar*: cuando no encuentra ya declive se para: entonces su superficie es precisamente orizontal ó paralela al orizonte: es lo que llaman *estar á nivel*.

Las aguas del globo se dividen en *aguas marinas* y *aguas continentales*.

Aguas marinas.

58. Estas forman un líquido contínuo que circuye todos los continentes, bajo el nombre genérico de *Océano*, dividido en varios mares. (18.)

El carácter distintivo de las aguas del mar es el *estar saladas*; circunstancia que varía con todo segun los paises, y que siempre es menor en los mares interiores, por razon de los rios que reciben: á veces contienen un décimo de su peso de sal, otras veces no llega mas que á un quinquagesimo. La sal de que está cargada el agua de mar la hace ser mas pesada que el agua comun en razon aproximativamente de 103 á 100, esto es que 100 cuartillos de agua de mar pesan tanto como 103 cuartillos de agua dulce. El origen de este sabor salado no és conocido; pero su utilidad es bien obvia, pues que impide que se corrompan las aguas del mar.

59. La temperatura de las aguas del mar no es igual en todas sus partes, pues difiere primeramente segun los paises, y luego segun la profundidad. Las sondas mas fuertes no han bajado á mas de 780 toesas, y se ha averiguado por el cálculo que la mayor profundidad del mar no puede esceder 4,000 toesas. Se cree haber observado que las aguas se enfrian á proporcion de su profundidad en una progresion sensible; de modo que se ha conjeturado que el fondo de los mares sumamente profundos estaba congelado en todas sus partes; pero el calor propio que parece tiene el globo, debe suplir al que las aguas cesan de recibir de los rayos solares al pasar de cierta profundidad. De los 60 grados de latitud en adelante todos los golfos se hielan completamente en invierno;

á los 70 grados los témpanos de hielo andan por encima del agua en todos tiempos; á los 80 grados el mar no es mas que una llanura de hielo.

60. La sustancia líquida del agua está sujeta á varios movimientos que afectan unos su superficie solamente, otros alguna porcion de su masa, otros enfin la masa entera.

Los primeros son causados por los movimientos de la atmósfera que agita la superficie del agua: una agitacion débil y constante, hace que las capas superiores de este fluido pasen sucesivamente, por un movimiento circular, las unas por encima de las otras; estas ondulaciones se llaman *olas*; si son mas fuertes y mas rápidas se convierten en *oleadas* ó *tumbones*; una grande agitacion momentánea ocasiona una *tempestad*, durante la cual las olas suben á veces á una grande altura; pero se ha adquirido la certeza de que, aun entonces, el agua está tranquila á la profundidad de unos cien piés.

61. Los segundos se llaman *corrientes*, divididos en *generales* y *particulares*. Las corrientes generales son dos: la corriente *polar*, que lleva las aguas de los polos ácia el ecuador; su existencia está de-

mostrada por la direccion de los hielos de los polos, que van nadando de norte á sur hasta que el calor los haya derretido: la corriente *trópica ó ecuatorial*, que consiste en un movimiento del E. al O. entre los trópicos, contrario á la rotacion del globo: su causa es análoga á la de los vientos alísios (36); es producida por las aguas de la corriente polar, que habiendo llegado entre los trópicos, no obedecen inmediatamente al movimiento de rotacion: aparentan pues entonces dirigirse ácia el O. porque permanecen algun tiempo casi estacionarias.

62. Esta grande corriente se rompe en diferentes puntos contra continentes y grupos de islas, formando una multidud de corrientes *particulares*, de las que las principales son; 1º en el Océano Atlántico la *corriente del golfo*, que corre del S. al N. siguiendo la costa oriental de la América setentrional; la *corriente del Brasil*, que corre al S. siguiendo las costas orientales y hasta la punta S. de la América meridional; 2º en el Grande Océano una grande corriente que se dirige del S. al N. siguiendo las costas orientales del Asia: 3º en el Océano Indico una corriente si-

guiendo la costa occidental de la Nueva Olanda; y otra del N. E. al S. O., siguiendo la costa oriental del Africa.

63. Cuando dos corrientes opuestas se encuentran, ambas giran sobre una curva y forman un *remolino* ó *rebeza*: tales son *Caribdis*, un poco al S. del estrecho que separa la Sicilia de la Italia, muy nombrada y citada por los antiguos, pero que en el dia casi no se mienta; el *Euripo*, en Grecia, y el *Maelstrom* en Noruega. Sucede á veces que diferentes capas de una masa de agua tienen una direccion contraria, de tal modo que el agua de la superficie corre al E., mientras que á 20 ó á 30 piés mas abajo existe una corriente ácia el O. ó el N.: es lo que se llama *contra corriente*.

64. Los movimientos que afectan la masa entera de las aguas se llaman *maréas*; son unas oscilaciones regulares que se repiten dos veces cada dia. Las aguas se elevan durante la cuarta parte de un dia y cubren las playas; es el *flujo*. Cuando han llegado á su mayor altura permanecen solo algunos instantes en este estado; es el momento de la *pleamar*: despues vuelven á bajar poco á poco; es el *reflujo*.

Cuando han llegado á su mayor descenso, permanecen allí muy poco tiempo: es la *bajamar*: luego los movimientos vuelven á empezar en el mismo órden. Su regularidad manifiesta que dependen de una causa constante: forman una duracion média de 1 dia, 50 minutos, precisamente igual al tiempo que la luna invierte para volver al meridiano: y como las desigualdades que esperimentan estos movimientos son todas semejantes á las del movimiento de la luna, no puede dudarse que este astro es la causa de ellos. Se vé pues que si la *pleamar* se efectua hoy à medio-dia, mañana se efectuará á medio dia y 50 minutos, pasado mañana à la 1 y 40 minutos, y asi sucesivamente.

65. Pero la luna no influye sola sobre las maréas, el sol ejerce tambien sobre ellas una influencia sensible: se nota en efecto que las maréas mas grandes se efectuan en las sizigias ú *oposisiones* y *conjunciones*; porque entónces la accion del sol está combinada con la de la luna; las maréas menores se efectuan en las *cuadraturas* ó *cuartos*, porque la accion de uno de estos astros se opone á la del otro.

66. La regularidad de las maréas no se

verifica sino en los mares vastos y libres; diferentes obstáculos pueden trastornar este orden. En el grande Océano las maréas se elevan de algo mas de dos piés, mientras que en ciertas costas, como las de Francia y de Inglaterra, en la Mancha, suben á veces hasta 47 y aun 59 piés castellanos. Llamanse *estuarios* las roturas ó hendiduras de la costa, que se llenan con la pleamar, al penetrar el mar en lo interior de las tierras. En los mares poco dilatados, como el Mediterráneo, las maréas son muy poco perceptibles.

67. Un fenómeno muy singular es el de la *fosforescencia* del mar, que se observa singularmente entre los trópicos. La superficie del agua parece reluciente como un tejido de plata; cada golpe de remo ó el roce de la embarcacion contra las olas, hace brotar una multitud de centellas; en otras ocasiones el mar parece *blanco* como la leche, *rojo* como el fuego, *ceniciento* como el polvo. Estos diversos fenómenos proceden en gran parte de una infinidad de animalejos dotados, como nuestras luciérnagas, de la propiedad de reflejar una luz viva; ó que arrojan de sus cuerpos un licor reluciente, que forma al rededor de

ellos unas llamitas; ó bien en fin que por sus diferentes colores, alteran el de la superficie del mar.

CAPITULO V.

Aguas continentales.

68. Estas aguas son producidas por las del Océano que, reducidas al estado de vapor (32), se elevan en el aire en forma de nubes, las que luego despues se resuelven en agua. Se ha observado que las montañas altas atraen las nubes, y como la cumbre de ellas se halla en una region muy fria de la atmósfera (30), los vapores se resuelven alli con mas abundancia, sea en agua, sea en nieve, formando en aquellos mismos sitios *ventisqueros*, acopios de hielos y de nieves endurecidas, que derritiendose y renovandose sin cesar, suministran constantemente una gran cantidad de agua. Así estas montañas son los principales depósitos de las aguas continentales.

69. Las aguas se infiltran en las tierras, se reunen alli en unos receptáculos, luego vuelven á aparecer y salen á fuera para formar *fuentes* ó *manantiales*. Estas

fuentes son *permanentes* ó *perénes*, si manan constantemente; *intermitentes*, si en su curso esperimentan variaciones periódicas; *minerales* si sus aguas están cargadas de sustancias estrañas en suficiente cantidad para comunicarles algun sabor, y tener accion sobre la economia animal. Las aguas minerales se llaman *medicinales*, cuando están apropiadas contra ciertas enfermedades; estas aguas son frias ó calientes. Cuando su temperatura es superior á la de la atmósfera se llaman *termales*; estas últimas no siempre son minerales, porque existen aguas de la mayor pureza, cuya temperatura média es de 70 grados de Reaumur.

70. Como las aguas no manan sino porque obedecen al declive (57), los sitios bajos son el receptáculo de muchas fuentes: la débil corriente producida por una ó varias fuentes, es un *arroyo*: muchos arroyos forman un *riachuelo*; muchos riachuelos forman una corriente grande de agua, que toma el nombre de *rio*, y muchos rios reunidos forman aquellos *rios caudalosos*, que generalmente conservan su nombre hasta el mar. Estas espresiones la *derecha*, la *izquierda* de un rio, son rela-

tivas al individuo que baja por él, ó está vuelto ácia su embocadero. La reunion de todos los declíves de las aguas que se reunen en un rio se llama *hoya*.

La hoya de un rio que desagua en el mar se llama *principal*; *secundaria* la de otro rio que desagua en este; y *terciaria* enfin la de un rio mas pequeño que este último. Los límites que separan las hoyas se llaman *puntos de particion*.

Llamase *confluencia* el punto de reunion de dos rios; *embocadero*, el punto en donde un rio desagua en el mar: á veces un poco antes de llegar á su embocadero, un rio se divide en dos brazos, como el *Nilo* en Egipto: al espacio comprendido entre estos brazos se le dá el nombre de *Delta*.

71. Cuando las aguas corrientes se hallan en un fondo capaz de contener una cantidad bastante grande de ellas, forman un acópio que, segun su magnitud, toma el nombre de *estanque* ó de *lago*: de estos lagos hay algunos que reciben uno ó varios rios sin rebosarse jamas; porque en razon de su estension, es suficiente la evaporacion para quitarles el esceso de las aguas. Otros hay que un rio atraviesa, los-

pantános son recépios de agua menores y de poca profundidad, formados por las aguas que no tienen por donde escurrirse.

72. Los principales rios son: en Europa, el *Rhin*, entre la Francia y la Alemánia; el *Danúbio*, en Alemánia, Austria y Turquía; el *Ródano*, el *Sena*, el *Loire*, el *Garona*, en Francia; el *Ebro*, el *Dueró*, el *Miño*, el *Guadiana*, el *Tajo*, el *Guadalquivir*, en España; el *Pó*, el *Arno*, el *Tiber*, en Itàlia; el *Weser*, en Alemánia; el *Oder*, en Prúsia; el *Vístula*, en Polónia; el *Dwina*, el *Newa*, el *Wolga*, el *Don*, el *Dnieper*, el *Dniester*, en Rúsia.

73. En Asia, el *Eufrátes* y el *Tigris* en la Turquía asiática: el *Indo* y el *Ganges* en el Indostán; el rio de *Ava*, el de *Camboge*, en el pais de los Birmanes y en el reino de Siám; el *Kiang-hó*, el *Hoang-hó*, en la China; el *Sagalien* ó *Amur*, en la Tartária Chinesca; el *Lena*, el *Yenísei*, el *Oby*, en la Rúsia asiática; el *Gihun*, y el *Sir* en el interior.

74. En Africa, el *Nilo*, que atraviesa la Abisínia, la Núbia y el Egipto; el *Niger*, que corre del O. al E. en el interior; el *Senegal* y el *Gambia*, en la costa O; el

Cuanzo, el *Zairo*, en el Congo; el *Cuama* ó *Zambeso*, el *Quilimancí*, en la costa E.

75. En la América setentrional, el *Misisipi*, que recibe el *Misurí*, cuyo curso es de 1100 á 1200 leguas; el *Rio Bravo*, el *Rio de San Lorenzo*, en el Canadá; el *Rio de Hudson*, el *Delaware*, en los Estados unidos.

En la América meridional, el *Rio de las Amazonas*, que tiene de curso mas de 1200 leguas; el *Orinóco*, que se comunica con él por el *Casiquiari*; el *Rio de la Plata*, en el Paraguay y el Brasil.

76. Los lagos principales son; en Europa, el de *Ginebra*, atravesado por el Ródano; de *Constancia* atravesado por el Rhin: *Mayor*, atravesado por el Tesino que desagua en el Pó; de *Como*, atravesado por el *Adda*; de *Perugia*, de *Celano*, en Itália; *Balaton*, en Austria; *Meler* y *Wener*, en Suécia; *Onéga*, *Ladoga*, *Ilmen*, en Rúsia.

77. En el Asía; el Mar *Cáspio*, que recibe el Volga y el Jaik, y que está cerca de 144 piés castellanos mas bajo que el Océano; el Mar *Muerto*, en Palestina, que recibe el Jordán; el lago *Aral*, que recibe el Gihun y el Sir; el lago *Baikal*,

en la Rusia asíatica. En el Africa, el lago *Dĕmbea*, atravesado por el Nilo cerca de su nacimiento; el *Moravi* en la Cafrería. En la América setentrional, los lagos *Superior*, *Huron*, *Michigan*, *Ontario* y *Erié*, que desaguan unos dentro de otros, y forman el rio de San Lorenzo; los lagos *Onipeg*, de las *Montañas*, del *Esclavo*, al N.

78. Aunque los rios mas caudalosos bajan generalmente de las cordilleras de montañas mas altas, (68) no deja de haber algunas escepciones, siendo la mas notable la del Wolga, en Rúsia, el rio mas grande de Europa, que sale de unos colladós de poca elevacion, de los que manan tambien los demas rios de la Rúsia(73).

79. Una corriente de agua muda á veces repentinamente de nivél; el agua entonces se precipita con violencia, y forma un *salto*, una *catarâta*, ó una *cascada*, si hay varios saltos unos tras de otros.

Los mas celebres son el *salto del Rhin* en Suiza; el de *Velino*, cèrca de Terni en Italia; en América el salto ó catarata de *Niágara*, entre el lago Erié y el lago Ontario (77). Cuando la mudanza de nivél es menos repentina, el salto toma el nombre de *rápido*; tales son las catarâtas del Nilo en Asuán.

GEOGRAFÍA

POLÍTICA Ó CIVIL.

La Geografia política considera nuestro globo como la mansion de la espécie humana; por lo tanto importa empezar por algunas nociones sucintas acerca de las diferentes castas que la componen.

Castas de hombres.

80. El hombre no presentó al principio en su posteridad ninguna diferencia notable: todos los individuos que componian las primeras poblaciones se asemejaban bajo todos aspectos. Con el tiempo la influencia del clima, de la civilizacion, del alimento y de las dolencias han originado diferencias sensibles sea en el color, sea en la configuracion del cuerpo, las que con todo nada tienen que sea primitivo ú original, y no por esto deja el hombre de formar una sola y misma *espécie*, que se divide en cinco variedades.

81. La primera ocupa las partes centrales del antiguo continente: es la casta

blanca, cuyos caractéres consisten en tener el cùtis blanco, el cabello largo, la cara oval.

La segunda es la casta *tártara*, que se compone de todos los asiáticos que habitan mas allá del Gánges. Tiene el color amarillo, el cabello negro y rècio, la cabeza cuadrangular, la cara ancha, las mejillas proeminentes.

La variedad *américana*, de color atezado, ocupa toda la América: es errónea la opinion de que esta variedad carece de barba.

La variedad *malaya*, que habita las Islas de la Sonda, las Molúcas, las Filipinas, muchas islas del Ocèano Indico y todas las del Grande Ocèano.

La variedad *negra*, cuyos caractéres son el color negro ú amarillo muy subido, el cabello negro y crespo, la frente convexa, la nariz abultada, los labios gruesos. Esta variedad, que ocupa casi toda la estension del Africa, vuelve á encontrarse en Madagascár, en la Nueva Olanda, en la Tierra de Van—Diemen &c; mas contodo los negros de estas dos últimas comarcas difieren de los demas en ciertos caractères, principalmente en el cabello que tienen largo y rizado, pero no crespo.

82. Estas diferentes variedades forman una poblacion total de 900 millones de individuos, de los cuales 200 para la Europa, 550 para el Asia, 80 para el Africa, 50 para la América, 20 para las islas del Grande Océano.

De las Lenguas.

83. Las diferentes variedades de la espécie humana están dotadas todas de la admirable facilidad de articular sonídos, y de comunicarse sus idèas y sus necesidades por médio del lenguaje. Las lenguas que se hablan en nuestro globo se dividen en dos clases, lenguas *madres* y lenguas *derivadas.*

84. La lengua *griega* fué antiguamente estendida en todo el ámbito del mundo conocido por las colónias griegas, luego por Alejandro y sus sucesores; la lengua *latina*, nacida de uno de los dialectos de la griega, adquirió igualmente una grande estension por las conquistas de los Romanos.

Del latin se han formado el *castellano*, el *francés*, el *italiano* y el *portugués*. Del aleman se derivan el *inglés*, que ademas es un mixto del celto antiguo y del francés, el *olandés*, el *dinamarqués*, el *sueco* : el *ruso* y el *poláco* deben su origen á la lengua de los Eslavos.

85. El *arábigo*, de cuyo idioma han tomado muchos vocablos el turco y el persa, está estendido en una gran parte del Asia y del Africa. Estas lenguas, ási como las antiguas del Oriente tales como el *hebréo*, el *siriáco*, el *fenício*, y el *caldéo*, pertenecen al mismo tronco.

El *sanscrito*, ó lengua erudíta de la India, tiene muchísimas relaciones con el persa, el turco. el alemán, el griego, el latín, el islandés; lo que prueba que todos estos idiomas proceden de un tronco comun. Las lenguas que se hablan en la India se derivan principalmente del sanscrito.

La lengua *malaya* se habla en todas las islas de la Notásia y del Grande Océano.

Los diversos dialectos tártaros, particularmente el *aigúr*, del que ha salido el Turco, el *mantchú*, el *tibetano* se hablan en toda el Asia central: el *chino* y el *japonés* son dos lenguas diferentes que se escriben con los mismos caractéres.

Religiones.

86. Las Religiones son los diversos modos con que los hombres manifiestan su

agradecimiento al Ser suprémo y superior á la naturaleza humana. Los actos esteriores de los cuales cada una de ellas se compone, se llaman *cultos*. Las Religiones pueden dividirse en dos grandes clases, á saber, el *politeismo*, y el *monoteismo*.

87. El *Politeismo* consiste en reconocer muchos Dioses. En él se distinguen, 1º el *fetichismo*, ú adoracion de las cosas animadas é inanimadas que se consideran como sères divinos: de todos los politeismos es el mas grosero, y reina en la casi totalidad de los pueblos salvages; 2º el *sabeismo*, ú adoracion de los cuerpos celestes, que en el dia solo existe en algunas tribus aisladas: en los tiempos antiguos era mucho mas estendido; 3º el *politeismo mitológico*, era la religion de los antiguos Egipcios, Griegos, Romanos y Celtas; 4º el *bramismo*, admitido en la India; 5º el *budhismo*, ó el culto de Budha, domina en Siam, en Ceilán, entre los Birmanes y en la China; 6º el *chamamismo*, que tiene por gefe al *Dalai lama*, está estendido en la Tartària y en la Rúsia.

87. El *Monoteismo*, que no admite sino un Dios: tiene las divisiones siguientes: 1º el *judaismo*, fundado en el anti-

guo Testamento, contiene dos sectas: los *Koraitas* que no reconocen mas autoridad que la de este libro; los *Rabbanistas*, que miran como auténtico y dan autoridad al libro llamado *Talmúd*: 2º el *cristianismo*, ó la religion revelada por N. S. Jesu-Cristo. el hijo de Dios. Esta religion ha estendido su benéfico influjo á todas las comarcas mas civilizadas, á saber, á toda la Europa menos la Turquía, y á todas las colónias europèas en las diversas partes del mundo, &c.

88. El cristianismo està dividido en dos ramas principales; la iglesia *griega oriental*. dominante en Rùsia, tolerada en Turquía, y la iglesia *latina* ú *occidental*, dividida en dos partes: á saber;

La iglesia *catolica*, *apostolica y romana*, única verdadera, que domina en Itália, en Austria, en Polónia, en Baviera, en Bélgica, en Francia, en España, en Portugal, en Irlanda, en algunos cantones de la Suiza, en las colónias españolas, portuguesas y francesas: el Papa es su gefe espiritual.

El *protestantismo*, que no reconoce la supremacía del Papa, se subdivide en tres ramas, el *luteranismo*, que domina en

Prúsia. en Alemánia, en Dinamarca y en Suécia; el *calvinismo*, en Suíza, en Alemánia, en Olanda; la iglesia *anglicana*, en Inglaterra: esta no se distingue de las demas comuniones protestantes, sino en la gerarquía episcopal que ha conservado. Ademas de esto, cada una de estas tres ramas se subdivide en otras muchas.

89. El *Mahometismo* ò *Islamismo*, fundado por el falso proféta Mahoma en 620, domina en Africa, en la Turquía européa, y en una gran parte del Asia.

90. Segun cálculos aproximativos, hay motívos para créer que de los 900 millones de hombres (82) que pueblan la tíerra 230 millones son cristíanos, 140 millones mahometanos, 3 millones judios, y 530 millones polìteistas, entre bramistas, budhistas, chamanistas, fetichistas, &c.

Gobiernos.

91, Una reunion de hombres sujetos á las mismas costumbres, forma una *sociedad*; si estàn sujetos á las mismas leyes, al mismo gobierno, forman un *estado*. Las diversas formas de gobierno se dividen en tres clases: 1.º la *democracia*, cuando la nacion misma ejerce inmediatamente el poder: este gobierno no puede existir en una nacion grande, y en las pequeñas va siempre acompañado de disturbios y desórdenes: 2º la aristocracia, cuando los magistrados se toman, no entre todos los ciudadanos indistintamente, sino en una clase privilegiada llamada *nobleza*, ó cuando la autoridad está confiada à un cuerpo sacado de esta clase: 3º la *monarquìa*, cuando el poder reside en la mano de un solo individuo. La monarquía es *hereditaria*, si el monarca se toma de derecho en una misma familia, y las mas veces por orden de primogenitura: *electíva*, si puede ser elegido indistintamente en muchas familias; pero la monarquía electiva està infaliblemente espuesta á continuos disturbios, cuando el *derecho hereditario*, al contrario, es la ùnica garantía de la tranquilidad pública.

La monarquía es *templada*, cuando la autoridad del monarca está contrapesada por cuerpos intermediarios entre èl y el pueblo, ó bien cuando los intereses de todos están fijados sobre ciertas bases determinadas, y discutidos por unas juntas legislativas, unas hereditarias y otras electivas, como en Inglaterra y Francia.

La monarquía es *despótica*, cuando la

voluntad del monarca es la ley supréma; como en Turquía, y en la mayor parte de los estados del oriente.

4º El *federalismo*, consiste en la reunion de varios estados independientes, bajo una autoridad superior elegida por ellos; tales son los Estados unídos y la *Suiza*.

Poblacion.

92. La fuerza de los estados es el resultado del valor de las producciones de la industria fabril y comercial, y de la poblacion; pues la estension sola del pais no constituye su poder. Un pais que contiene de quinientos á seiscientos habitantes por legua cuadrada, se tiene por bien poblado; todo lo que escede este número se considera como una poblacion crecida.

93. Se ha observado en general que, en todos los países en donde la poblacion puede aumentarse sin obstáculo, esta se duplica en 35 ú 40 años; pero que se mantiene casi estacionaria, ó á lo menos que aumenta muy poco en aquellos puntos en donde ha llegado à estar en equilibrio con los recursos que puede proporcionar el pais. En París el esceso de los nacidos sobre los muertos es de casi

un noveno: nacen mas varones que hembras en la proporcion poco mas ó menos de 21 á 22: pero como las enfermedades, las guerras, los viajes dilatados destruyen mas hombres que mugeres, existe siempre un numero algo mas crecido del sexo femenino.

94. La vida humana parece limitada á 80 ó 90 años, aunque haya ejemplares poco comunes de hombres que han vivido 120, 130 y hasta 150 años. En general, sobre un número de individuos nacidos el mismo dia, la cuarta parte muere el primer año, y la mitad antes del vigesimo; de modo que la duracion média de la vida es de menos de 30 años.

Grados de civilizacion.

95. Con respeto al grado de civilizacion, ó á su modo de vivir, los pueblos se distinguen por diversas calificaciones. Llámanse *salvages*, si no conocen el arte de escribir, y si su indústria se ciñe á la caza, ó á la pesca; *bárbaros ó semicivilizados*, si al arte de escribir no agregan cierto conjunto de conocimientos y de luces; *civilizados*, si han coordinado sus conocimientos de modo que formen *ciencias*,

si han perfeccionado todas las artes mecánicas, y si practican las bellas artes. Con respeto á su modo de vivir los pueblos son *pastores ó errantes*, si viven divagando de una parte á otra, ocupados en apacentar y cuidar sus ganados; *agricultores*, si se entregan al cultivo de las tierras en los mismos sitios en donde han establecido su morada; *pescadores*, si unicamente se ocupan en la pesca; *ictiófagos*, si viven de pescado; *troglodítas*, si habitan en cuevas, en vez de edificar casas.

96. La Geografía política considera las diferentes sociedades formadas sobre la superficie del globo, no solo en su estado actual, sino tambien en su estado anterior; por cuya razon, al igual de la historia, se divide en *Geografia antigua*, ó descripcion de las partes de la tierra conocidas de los antiguos Griegos y Romanos, muy útil para la lectura de los historiadores de la antigüedad; y en *Geografia moderna*, que nos presenta el globo, con todos los nuevos descubrimientos hechos hasta el dia de hoy.

ÍNDICE.

LA
GEOGRAFÍA

MODERNA

ó

Descripcion de las cinco partes del mundo, con una noticia de las épocas en que se hicieron los principales descubrimientos; sacada de los mejores Geógrafos modernos:

POR

EL BARON DE ORTAFFÁ,

BRIGADIER DE INFANTERÍA CON USO DE UNIFORME DE MARISCAL DE CAMPO.

CON LICENCIA.

En la librería de J. Solá, plazuela de los Ciegos.
Barcelona: Abril 1832.-Imprenta de Mayol y C.

ADVERTENCIAS.

1ª Los números del índice se refieren á los párrafos y nó á las páginas.

2ª Todas las distancias están reducidas á leguas de cinco cuartos de hora de camino, ó de 20 al grado.

3ª Los nombres antiguos de algunos puntos ó lugares mas clásicos se espresan entre paréntesis, y se han añadido algunos que se habian omitido en el cuaderno de Geografía antigua que se publicó en el mes anterior.

GEOGRAFÍA MODERNA.

Los Geógrafos dividen el Globo terrestre en cinco partes, llamadas Partes del Mundo, que son *Europa*, *Asiá*, *África*, *América*, y *Oceánica*.

CAPITULO I°

EUROPA.

1. La Europa está dividida en catorce partes: cuatro al N., las *Islas Británicas*, la *Suécia*, la *Dinamarca* y la *Rúsia*: seis al centro, la *Fráncia*, el *Reino de los Paises bajos*, la *Suiza*, la *Prúsia*, la *Alemania* y el *Austria*: cuatro al S., la *España*, el *Portugal*, la *Itália* y la *Turquía européa*. Esta parte del mundo es la menor de todas, pues no compone mas que la décima parte del mundo habitable; pero ella sola contiene 200,000,000 de habitantes, esto es, la cuarta parte de toda la poblacion del globo.

Tiene por límites al N. el mar Glacial

ó Helado; al O. el Océano Atlántico; al S. el mar Mediterráneo, el mar Negro y el mar de Azof; al E. el Asia, de la que la separan los montes Urals y el Don.

§ I°

Países del Norte.

2. LAS ISLAS BRITÁNICAS. Se componen; 1° de dos islas grandes, la *Gran Bretaña*, que comprende la Inglaterra y la Escócia, y la *Irlanda*: 2° de muchas islas pequeñas. El total de su poblacion asciende á unos 22 millones de habitantes, distribuidos en esta forma: 16 millones para la Gran Bretaña y las islas menores, y 6 millones para la Irlanda.

3. La *Inglaterra* ocupa la parte meridional de la Gran Bretaña. En general es un pais llano, escepto en la parte del S. O. y del N., que es montuosa. Sus pastos son abundantes y alimentan gran cantidad de bueyes y de carneros que producen hermosas lanas: el trigo y los demas granos crecen alli en abundancia; pero la vid madura con dificultad, y no se coge vino, el que se suple con la cerbeza, de la que se hace un inmenso consumo. Su riqueza mi-

neral consiste particularmente en el estaño de Cornualles, y en el carbon de piedra, que en todas partes se encuentra.

Riegan este pais los rios *Támesis*; *Saverna*, que corre al S. O.; *Humber* engrosado por el *Trent* y el *Ouse*; *Tweed*, en la frontera de Escócia. Divídese en *Inglaterra própia* y *Principado de Gales*, subdivididos ámbos en 52 condados, llamados *Shires*, de los cuales 40 pertenecen á la Inglaterra, y 12 al Principado de Gales, y están comprendidos en siete distritos al cargo de unos jueces que los recorren cada año para administrar la justicia. La religion del estado es la Anglicana.

4. Ciudades principales: *Lóndres*, capital, sobre el Támesis, que se pasa por cinco puentes, siendo los mas hermosos los de Westminster y de Waterloo: es, despues de Pekin, la ciudad mas poblada del mundo, y encierra un millon de almas; *Yorck*, la mas considerable de la Inglaterra setentrional; *Liverpool*, puerto de mar, uno de los mas comerciantes; en la costa N. O. *Manchester* y *Birmingham*, ciudades del interior enteramente fabricantes; *Bristol*, puerto al S. O., cerca del embocadero del Saverna; en la costa S. *Falmouth*, *Exeter*,

Plymouth y *Portsmouth*, los dos puertos mas famosos para la marina de guerra; *Cambridge*, y *Oxford*, célebres por sus universidades; *Douvres*, en frente de Calés.

5 La *Escócia*, separada de la Inglaterra por el Tweed y el golfo de *Solway*, es un pais muy montuoso, lleno de lagos y de rios. Los principales de estos últimos son, el rio de *Forth*, que desagua en el golfo de su nombre; el *Tay*; el *Clyde*, unido al Forth por un canal navegable. La naturaleza ha dividido este pais en dos partes distintas, las *montañas* y las *llanuras*, cuyos habitantes difieren de costumbres é idioma.

6. La Escócia está dividida en 33 Condados, 15 de los cuales están al N. del Forth, y 18 al S. Cada Condado está subdividido en bailiages, al frente de cada cual hay un *Sherif*. La poblacion consta de un millon y médio de habitantes: parte de ellos habitan la region de las montañas, y hablan aun la lengua *Ersa*, en la que fueron escritos los poémas de Ossian.

7. Ciudades principales: *Edimburgo*, capital, sobre el Forth, con 103,000 habitantes; *Glascow*, sobre el Clyde, conocida por su colegio, y sus hermosas imprentas; su poblacion es de 108,000 almas; *Perth*,

sobre el Tay; *Aberdeen*, puerto; *Berwick*, la última del lado de Inglaterra.

8. La *Irlanda* está separada de la Inglaterra por el canal de san Jorge y el estrecho de Irlanda: se le dá de seis á siete millones de habitantes. La abundancia de las lluvias mantiene allí una gran cantidad de lagos y de rios: los principales de estos últimos son el *Shannon*, que atraviesa casi toda la Irlanda de N. á S., y desagua en el mar por un embocadero muy ancho; el *Bann*, el *Boyne*; el *Liffey*. Entre varias curiosidades naturales se nota la *calzada de los Gigantes*, que es una mole enorme de rocas basálticas.

9. Esta isla se divide en cuatro grandes provincias; el *Ulster ó Ultónia*, al N.; el *Connaught ó Connácia*, al O.; el *Leinster ó Lagénia* al E.; el *Munster ó Momónia*, al S. La religion Católica es la dominante.

10. Ciudades principales: *Dublin*, capital, sobre el Liffey, la segunda del reino Británico, con una poblacion de 170,000 almas; *Cork*, ciudad al S. E., con un buen puerto; *Limerick*, al O., sobre el Shannon; *Galway*, *Kilkenny*, la ciudad mas considerable del interior.

Las islas pequeñas son:

11. 1.º al N. y al O. de la Escócia: las *Shetland*, grupo compuesto de 46 islas, de las cuales algunas son desiertas; la principal es *Mainland*: las *Orcadas* ú *Orkney*, poco distantes de la Escócia; la mayor se llama *Pomona*: las *Westernas* ó *Hebridas*, cuyas principales son: *Lewis*, *Sky*, *Mull*, *Staffa*, célebre por la gruta basáltica llamada de *Fingal*.

12. Al O. de la Inglaterra están las islas de *Man* y de *Anglesey*; al S. O. las *Sorlingas* ó *Scylly*; al S. *Wight*; cerca de las costas de Francia *Jersey*, *Guernesey*, *Alderney*.

13. Pero los estados de Europa no componen mas que una débil parte del poder de la Inglaterra. Sus colónias en las demas partes del mundo contienen 4 millones de habitantes; y la compañía de las Indias poseé las dos terceras partes del Indostán, con una poblacion de 46 millones de hombres. Su marina se compone de 1044 buques de guerra, llevando 21,000 cañones y 125.000 marineros; á los que es preciso añadir de 15 á 16,000 buques mercantes que transportan á todos los puntos de la tierra habitable sus artefactos y las producciones de

sus colónias: esto es lo que constituye la fuerza colosal de la Inglaterra.

El gobierno es de aquellos que llaman constitucionales. El Rey tiene el poder ejecutivo; pero el de hacer las leyes y de votar los impuestos pertenece á dos cámaras, la una llamada *alta* ó de los *pares*, y la otra de los *comunes*, compuesta de 513 diputados elegidos por la nacion.

14 EL REINO DE DINAMARCA. Se compone de varias partes: la *Jutlándia*, el *Holstein*, las *islas del Báltico*, la *Islándia* y las *islas de Farner ó Feroé*. Su poblacion no pasa de 1,800,000 habitantes; su fuerza armada asciende á 30,000 hombres; su marina consta de 3 navios de línea y 4 fragatas; sus rentas no producen mas allá de 108 millones de reales.

15, La *Jutlándia* es la península llamada por los antiguos *Chersonéso címbrico*, pais llano, arenoso, que abunda bastante en pastos, cortado por rios y lagos, dividido en cuatro diócesis, de *Aalborg*, *Wiborg*, *Aarhus* y *Ripen*, cuyas capitales tienen los mismos nombres. La parte meridional se llama Ducado de *Sleswick*, con capital del mismo nombre. El ducado de Holstein, al S., tiene por capital *Kiel*: es un pais abundante en pastos, en el que se crian escelentes caballos. El ducado de *Lawenburg*, mas al S. sobre el Elba, tiene una capital del mismo nombre: como soberano de estos dos últimos Ducados hace parte el rey de Dinamarca de la confederacion germánica.

16. Las islas principales del Báltico son dos; *Seeland*, que contiene á *Copenhague*, capital de toda la Dinamarca; poblacion 80,000 almas; y *Elseneur* al N.: está separada de la Suécia por el estrecho llamado *Sund*: *Fiónia*, separada de Seeland por el gran *Belt* y de la Jutlándia por el pequeno *Belt*; su capital es *Odensea*. Ademas de estas islas hay otras menos considerables, como: *Falster*, *Laland*, *Alsen*, *Heligoland*: de esta última se apoderaron los Ingleses en 1808.

17. La *Islándia*, cuyo nombre significa *isla de hielo*, atravesada por el círculo polar, tiene unas 96 leguas de largo, 44 de ancho y contiene 40,000 habitantes: su poblacion se distingue por su industria, la pureza de sus costumbres y su aficion á las letras y á las ciencias. Este pais está lleno de montañas: la mas notable es el *Hekla*, volcán en actividad, aunque enteramente cubierto de nieve. *Rickavick*, lu-

gar al S. O. tiene el título de capital. Los habitantes no tienen mas leña que la que lleva allí el mar; tráenla las corrientes sin saberse á punto fijo de que parte. Se saca de esta isla pescado, pieles, y aquel plumón conocido por el nombre de *Edredon*.

Al N. E. de la Islándia un grupo de tres islas grandes y de un crecido número de pequeñas, todas inhabitadas, lleva el nombre de *Spitzberg*. Allí tuvieron los Olandeses algunos establecimientos para la pesca de la ballena.

Las islas de *Faroer* ó *Feroé* al S. O., son 24, todas ellas estériles y poco habitadas.

La religion dominante de la Dinamarca es la Luterana.

18. EL REINO DE SUÉCIA ocupa toda la península comprendida entre el mar Báltico, el mar Glacial, el mar Blanco y el Océano Atlántico. Es un pais en estremo montuoso, atravesado en toda su longitud por los *Dofrínes* ó *Alpes escandínavos*, bañado por una multitud de rios, y que contiene muchos lagos considerables; es el pais mas vasto de la Europa despues de la Rúsia, porque su estension es de 44,000 leguas cuadradas; pero su poblacion es muy corta con respeto á su estension, pues que

solo contiene 3,300,000 habitantes. Su fuerza naval consiste en 58 buques de guerra; 15 de ellos son navios de línea: sus fuerzas de tierra ascienden á 48,000 hombres, y sus rentas á 105.000,000 de reales. A pesar de su débil poblacion y de su clima riguroso, la Suécia ocupa un lugar distinguido entre las naciones modernas, por la cultura de las ciencias, y por el valor é inteligencia de sus habitantes. Este Reino se compone de la *Suécia* y de la *Noruega*; pero estos dos paises, aunque reunidos bajo un mismo soberano, tienen su constitucion distinta y sus asambleas independientes. Se profesa, como en Dinamarca, la religion luterana.

19. La Suécia se divide en cinco provincias, la *Góthia*, la *Suécia propia*, la *Bothnia occidental*, la *Lapónia*, al N., la *Bothnia oriental*. Las ciudades principales son: *Estokholmo*, capital del reino, sobre el lago *Meler*; *Upsal*, al N., célebre por su universidad; *Gothemburgo*, puerto considerable. El comercio de la Suécia consiste en hierro, cobre, madéra de construccion y pieles.

20. La *Noruega* está separada de la anterior por la gran cordillera de los *Dofri-*

nes: sus producciones son las mismas que las de la Suécia, y está dividida en cuatro diócesis, con ciudades del mismo nombre, que son: *Drontheim*; *Berghen*, puerto considerable; *Christiania*, capital sobre la bahía de *Anslo*; *Christiansand*: *Wardhus*, el pueblo mas setentrional de la Europa: hallase en el mar, á poca distancia de las costas, el remolino de *Maelstrom*. La poblacion de la Noruéga es de 900,000 almas: se encuentran en ella abundantes minas de plata; y se estraen de su suelo madéras y alquitrán,

21. La Suécia posée tambien algunas islas en el Báltico, como: *Bornholm*, *Gothland*, *Aaland*, entre la Suécia y la Rúsia.

Al N. de la Suécia está situada la *Lapònia*, cuyos habitantes son reparables por su baja estatura.

22. La RÚSIA, aunque colocada entre los estados del N., ocupa casi todo el ancho de la Europa, desde el mar Glacial, hasta el mar Negro, en una longitud de 480 leguas sobre 320 de ancho, lo que forma una superficie de 156,800 leguas cuadradas, siete veces mayor que la de la Francia: pero su poblacion no asciende mas que á unos 47 millones de almas, lo que pro-

duce un resultado de 240 habitantes por legua cuadrada. Sobre esta poblacion se cuentan unos 36 millones de cristianos de la iglesia griega oriental; 6 millones de católicos y griegos unidos; 2 millones y médio de luteranos; 230,000 judíos &c. El clima es necesariamente muy variado, asi como las producciones. El rasgo característico de esta vasta comarca es la inmensidad de las llanuras; lo que, en latitudes iguales, la hace ser mas fria que cualquiera otra en Europa.

23. Este pais está regado por el *Petzora*, que desagua en el mar Glacial; el *Duna*, en el mar Blanco; el *Newa*, en el golfo de Finlándia; el *Dwina*, en el golfo de Riga; el *Wolga*, en el mar Cáspio; el *Dnieper*, en el mar Negro; el *Don*, en el mar de Azof. Tiene muchos lagos; los principales son *Onega*, *Ladoga* é *Ilmen*.

24. La Rúsia européa está dividida en cuarenta y nueve gobiernos (sin la Finlándia), con capitales del mismo nombre, cuyas principales son: *San Petersburgo*, capital del imperio, sobre el *Newa*, edificada por Pedro el Grande: tiene 300.000 habitantes; *Moscow*, sobre el *Moskwa*, la segunda ciudad del império; fué quemada en 1812, y la están reedificando; *Wilna*, se-

bre el Niemen; *Kief*, sobre el Dnieper. Los puertos son *Riga*, sobre el Bàltico; *Arcangél*, sobre el mar Blanco; *Cronstadt*, sobre el golfo de Finlándia; *Abo*, en Finlándia, sobre el Báltico; *Oczakof*, *Kerson*, *Odessa*, sobre el mar Negro; *Azof*, sobre el mar de este nombre; *Astrakán* al emboqeadero del *Wolga*, en el mar Cáspio.

25. En la parte meridional está la península de *Criméa*, unida al continente por el itsmo de *Perecop*, pais muy fértil en trigo, y en un clima hermoso. Ciudades: *Caffa*, *Batche-Seraí*, *Baliclava*, puertos escelentes. La Rúsia posée tambien en la region del Cáucaso, la *Geórgia*, el *Daghestan* y el *Imiréto*.

26. La parte de la *Polónia* que pertenece á la Rúsia está al O., circuida por la Prúsia, la Rúsia y el Austria, y atravesada por el *Vístula*: ciudad; *Warsovia*, sobre este rio. La Polónia rusa forma un vireinato cuya poblacion consta de cerca de 1,800,000 almas.

La Polónia, reino que tenia mas de 176 leguas de largo, abundantísimo de trigo, fué desmembrada en 1772, 1793, 1795, en tres particiones succesivas, por la Prúsia, la Rúsia y el Austria, que se apoderaron cada una de una porcion de sus provincias

§ II.

PAÍSES DEL CENTRO.

27. La FRANCIA tiene por límites al N. el reino de los Paises bajos; al E., el Rhin y los Alpes que la separan de la Alemánia, de la Suiza y de la Itália; al S. el Mediterráneo y los Pirinéos, y al O. el Océano: su superficie es de 22,400 leguas cuadradas; su poblacion se calcula á 29.500.000 almas, de las cuales 26 millones de católicos, 3 millones de protestantes, y lo restante de judíos.

28. La Francia produce en abundancia trigo, vino y aceite, de los que hace considerables esportaciones. Posée minas de hierro, de plomo, de cobre, de carbon de piedra, y fábricas de toda clase, en particular de paños, de alfombras, de porcelanas, de lienzos de algodon y de hilo, de seda, cuyos objetos se trabajan con perfeccion.

29. Antes de la revolucion de 1789, la Francia estaba dividida en 32 gobiernos; en el dia lo está en 86 departamentos, cuyos nombres se han tomado de los rios, montañas, peñas, fuentes que se hallan en ellos, ó de

los mares que bañan sus costas. Los departamentos están gobernados por unos magistrados llamados *Prefectos*, y están divididos en distritos ó subprefecturas. La Francia comprende ademas 12 arzobispados y 44 obispados; tiene 27 tribunales superiores de justicia, y 358 de primera instancia: se cuentan en ella 21 divisiones militares.

30. Los principales rios de Francia son el *Séna*, el *Loire*, el *Garona*, el *Ródano*, el *Rhin*, el *Mòsa*, el *Dordoña*, el *Charente*, el *Adúr*, el *Saona*, el *Mosela*, el *Marne*; y ademas hay una multitud de otros menores que son tributarios de los principales.

31. Las cordilleras de montañas mas notables son los *Vosges*, el *Jura*, los *Álpes*, al E.; al centro las montañas de la *Auverña* y las *Cevénas*; y al S. los *Pirinèos*.

32. La Francia está cortada por varios canales de comunicacion; los principales son el *Canal* del *Médiodia* ó de *Languedoc*, que junta el Mediterráneo con el Océano; el de *Borgoña*; el de *Briara*; el del *Centro*; el de *San Quintin*.

33. Los 32 gobiernos antiguos, y la Córcega, forman en el dia 86 departamentos en la forma siguiente:

Departament.s Capitales.

Gobierno 1.°
Flandes.

Del Norte - Lila.

2.° *Artois.*

Paso de Calés - Arras.

3.° *Picardia.*

Somme - Amiens.

4.° *Normandia.*

Sena inferior - Rouen.
Calvados - Caen.
Mancha - San Lo.
Orne - Alenzon.
Eure - Evreux.

5.° *Isla de Francia.*

Oise - Beauvais.
Aisne - Laon.
Sena y Oise - Versalles.
Sena - Paris.
Sena y Marne - Melun.

6.° *Champaña.*

Ardenas - Mezieres.
Marne - Chalons.
Aube - Troyes.
Alto Marne - Chaumont.

7.° *Lorena.*

Mosa - Bar sobre Ornain.
Mosela - Metz.
Meurthe - Nancy.
Vosges - Epinal.

8.° *Alsacia.*

Bajo Rhin - Estrasburgo.
Alto Rhin - Colmar.

9.° *Bretaña.*

Ile y Vilaine - Rennes.

Departament.s Capitales.

Costas del N. - San Brieux.
Finisterre - Quimper.
Morbihan - Vannes.
Loire inferior Nantes.

10.° *Maine.*

Mayena - Laval.
Sarthe - El Mans.

11.° *Anjou.*

Maine y Loire - Angers.

12.° *Turena.*

Indre y Loire - Tours.

13.° *Orleanés.*

Eure y Loir - Chartres.
Loiret - Orleans.
Loir y Cher - Blois.

14.° *Berri.*

Indre - Chateauroux.
Cher - Bourges.

15.° *Nivernés.*

Nievre - Nevers.

16.° *Borgoña.*

Yonne - Auxerre.
Costa de oro - Dijon.
Saone y Loire - Macon.
Ain - Bourg.

17.° *Franco Condado.*

Alta Saona - Vesúl.
Doubs - Besanzon.
Jura - Lons le Saulnier.

18.° *Poitou.*

Vendée - Borbon Vendée.
Dos Sevres - Niort.
Vienne - Poitiers.

Departament.s	Capitales.
19.° *Limosin.*	
Alta Vienne	Limoges.
Correza	Tulle.
20.° *Marcha.*	
Creuse	Gueret.
21.° *Borbonés.*	
Allier	Moulins.
22.° y 23.° *Aunis y Saintonge.*	
Charente inferior	La Rochela.
Charente	Angulema.
24.° *Auverña*	
Puy de Dome	Clermont.
Cantal	Aurillac.
25.° *Lionés.*	
Loire	Montbrison.
Ródano	Lyon.
26.° *Delfinado.*	
Isera	Grenoble.
Drome	Valencia.
Altos Alpes	Gap.
27.° *Guiena y Gascuña.*	
Gironda	Burdeos.
Dordoña	Perigueux.
Lot y Garona	Agen.
Tarn y Garona	Montauban
Lot	Cahors.
Aveyron	Rhodez.
Landes	Mont de Marsan.
Gers	Auch.
Altos Pirinéos	Tarbes.
28.° *Bearne.*	
Bajos Pirinéos	Pau.
29.° *Languedoc.*	
Alto Loire	El Puy.
Loreza	Mende.
Ardeche	Privas.
Gard	Nimes.
Herault	Montpeller.
Aude	Carcasona.
Alto Garona	Tolosa.
Tarn	Alby.
30.° *Condado de Fox.*	
Arriege	Fox.
31.° *Rosellon.*	
Pirinéos Orient.	Perpiñan.
32.° *Provenza.*	
Vaucluse	Aviñon.
Bajos Alpes	Digne.
Bocas del Ródano	Marsella
Var	Draguiñan.
33.° *Córcega.*	
Córcega	Ajaccio.

Los principales puertos de la Francia, son: el *Havre*, *Cherburg*, *Brest*, *Rochefort*, en el Océano; *Cette*, *Marsella*, *Tolón*, en el Mediterráneo.

34. Sobre las costas de Francia hay va-

rias islas: las principales son en el Océano las de *Ré* y de *Oléron*, *Bellisle* y las islas de *Ouessant*; en el Mediterráneo las islas de *Lerins*, cerca de Antibo, y las de *Hieres*.

35. El REINO DE LOS PAISES BAJOS, que linda al N. y al O. con el Océano germánico, al S. con la Francia, y al E. con la Alemánia. Consta de tres partes principales.

36. La *Bélgica*, dividida en varias provincias, tales como el Brabante, el Hainault, la Flandes, &c. pais fértil y rico por sus fábricas. Ciudades: *Bruselas*, que es como su capital; *Ambéres*, puerto de mar célebre sobre la Escalda; *Gante*, *Mons*, ciudad fortificada; *Malines*, *Lovaina*, *Namur*.

37. El *Pais de Lieja* capital, *Lieja*, sobre el Mosa; *Maestricht*, plaza muy fuerte: tiene minas de carbon de piedra. El *Ducado de Luxemburgo* (49).

38. La *Olanda*, compuesta de siete provincias: *Olanda*, *provincia de Utrecht*, *Zelándia*, *Gueldra*, *Over-Yssel*, *Frisia*, *provincia de Groninga*: es un pais llano cortado por diferentes brazos del Rhin, cuyos principales son cuatro; dos desaguan en el mar, uno se pierde en los arenales, el otro, el *Yssel*, desagua en el *Zuiderzéo*: hay ademas una inmensidad de canales que por

todas partes cortan la comarca, parte de la cual ha sido conquistada sobre el mar, y está resguardada de sus irupciones por fuertes diques y malecones. Su riqueza consiste principalmente en el comercio.

39. Ciudades: *Amsterdam*, capital de todo el reino, sobre el Zuiderzéo, al embocadero del *Amstel*; es una de las ciudades mas considerables de la Europa: poblacion 200.000 almas; *Harlem*; la *Haya*, uno de los pueblos mas hermosos de la Olanda; *Leyden*, famosa por su universidad; *Utrecht*; *Roterdam*, al embocadero del Mosa; *Groninga*; *Flessinga*, puerto de mar en la isla de *Walcheren*, que es parte de la *Zelándia*, provincia formada de las islas que se hallan á los embocaderos del Mosa y del Rhin, cuya capital es *Middelburg*.

Poblacion de todo el reino 5,000,000 de habitantes, de los cuales 2.000,000, para la Olanda, y 3,000,000 para la Bélgica. Los Belgas son católicos y los Olandeses calvinistas.

40. La ALEMÁNIA presenta una agregacion de varios estados y reinos, y de ciudades libres, formando la confederacion germánica, coligada para la comun seguridad. Comprende 30,000,000 de individuos, de los cuales 9,500,000 para el Austria, 8,000,000

para la Prúsia, y 12.500,000 para los estados secundarios. Comprende la Alemania:

41. El *Gran Ducado de Baden*, que forma en la ribera del Rhin como una tira de 49 leguas; encierra á *Friburgo* en Brisgau; *Baden*, *Durlach*, *Carlsruhe*, cerca de Durlach, residencia del gran Duque; *Heidelberg*, famosa por su universidad; *Manheim*, sobre el *Necker*, rio que desagua en el Rhin. Su poblacion es de 1,000,000 de individuos.

42. El *Reino de Wurtemberg*, al E. Ciudades: *Stutgard*, capital; *Ulm*, fortaleza sobre el Danúbio: *Tubingen*, *Elwangen*, *Heilbron*, célebres por sus establecimientos de instruccion pública: contiene 1,4000,000 habitantes.

43. El *Reino de Baviera*, al E. del anterior. Ciudades: *Munich*, capital, una de las ciudades mas hermosas de la Alemánia, sobre el *Iser*; *Ausburgo*, *Ratisbona*, sobre el Danúbio; *Passau*, ciudad fortificada sobre la frontera del Austria; *Aichstadt*, *Nuremberg*, famosa por su comercio; *Bamberg*, *Wurtzburgo*: su poblacion es de 3,600,000 habitantes.

44. Al S. y al E. de la Baviera, están las partes de la Alemánia que pertenecen al império de Austria, á saber:

El Condado de *Tyrol*, comarca montuosa, situada parte de ella en los Alpes. Ciudades: *Inspruck*, capital, sobre el *Inn*; *Brixen*, *Trento*, sobre el *Adige*.

El *Arzobispado de Saltzburgo*, con una ciudad del mismo nombre.

El Ducado de *Stíria*, al S. *Gratz*, es su capital.

El *Archiducado de Austria*, atravesado por el Danúbio. Ciudades: *Viena*, sobre el Danúbio, capital del império: poblacion, 250,000 almas; *Braunau* y *Lintz*, fortalezas.

45. El *Gran ducado de Darmstadt*. Ciudades: *Magúncia*, sobre el Rhin, en frente del embocadero del Mein; *Worms*, sobre el Rhin; *Darmstadt*, *Aschaffenburg*.

46. El *Gran ducado del Bajo Rhin*, sobre las dos riberas del Rhin, pertenece al Rey de Prúsia. Ciudades: *Tréveris*; *Coblentza*, en la confluencia del Mosèla y del Rhin; *Colónia*, capital; *Dusseldorf*, *Aquisgrán*.

47. El *Ducado de Nassau*. Ciudad: *Nassau*; en su circunscripcion está *Francfort*, ciudad libre, sobre el Mein.

48. El *Electorado de Hesse Cassel*: ciudades; *Cassel*, *Fulda*.

49. El *Gran Ducado de Luxemburgo*, perteneciente al Rey de los Países bajos, y

que por consiguiente es parte del cuerpo germánico. Ciudad: *Luxemburgo*; plaza muy fuerte.

Los grandes ducados de *Mecklenburg-Strelitz* y *Schwerin*, que confinan con el mar Báltico, y separan la Prúsia de la Dinamarca.

50. El *Reino de Hannover*, sin estar unido á la Gran Bretaña, está bajo la obediencia del mismo rey: cuenta 1,300,000, habitantes. Ciudades: *Hannover*, capital; *Gottinga*, famosa por su universidad; *Hildesheim*.

En el recinto de este reino, están situadas las ciudades libres de *Bremen*, sobre el *Weser*, y de *Hamburgo*, sobre el *Elba*, la mas poblada y comerciante de la Alemánia.

51. El *Ducado de Brunswick*; ciudades: *Brunswick* y *Wolfenbuttel*. El ducado de *Oldenburgo*, con una ciudad del mismo nombre.

52. El Ducado de *Lawenburg*, perteneciente á la Dinamarca: *Altona*, sobre el Elba, muy cerca de Hamburgo: *Lubeck*, sobre el mar Báltico, ciudad libre, está comprendida en el *Ducado de Holstein*, que pertenece á la Dinamarca (15).

53. El *Reino de Sajónia*. Ciudades: *Dresde*, sobre el Elba, capital; *Leipsick*, célebre por su universidad y por la féria de

libros que hay en ella dos veces al año; *Freiberg*. Este pais es muy fértil, muy bien cultivado, abundante en minas de plata, de cobre y de plomo: tiene 1,200,000 habitantes. Los ducados de Sajónia, á saber: de *Weymar*, *Gotha*, *Meinungen*, *Coburgo*, *Hilburghausen*, componen un total de 540,000 almas.

54. El *Brandenburgo* pertenece al rey de Prúsia: ciudades; *Berlin*, sobre la *Sprea*, que es capital de todo el reino de Prúsia. El rey de Prúsia posée tambien en la Alemánia la *Pomeránia*, sobre el mar Báltico, al N. del Elba. Ciudades: *Stralsund*, en frente de la isla de Rugen; *Stettin*, *Stargard*: el *ducado de Magdeburgo*: parte de la *Sajónia*; ciudad: *Wittemberg*, sobre el Elba: la *Lusácia*; ciudad: *Gorlitz*.

55. El REINO DE PRÚSIA se compone ademas de los paises de la Alemánia arriba espresados, de:

La *Prúsia propiamente dicha*. Ciudades principales: *Kœnigsberg*, sobre el *Pregel*, capital; al embocadero del Pregel está *Pilau*; *Dantzick*, al embocadero del Vístula, puerto de mar, ciudad muy fuerte y muy comerciante; *Elbing*, *Culm*, *Memel*, sobre el Niemen.

56. La *Polónia prusiana.* Ciudades: *Thorn*, sobre el Vístula, patria de Copérnico; *Posnam* ò *Posen*.

57. La *Silésia*, atravesada por el Oder en toda su longitud, es un pais escelente y que tiene muchas fábricas. Ciudades: *Breslau*. capital, sobre el Oder; *Schweidnitz*; *Neisse*.

La monarquia prusiana encierra una poblacion de 10 millones de habitantes; su ejército consta de 150,000 hombres.

58. El IMPÉRIO DE AUSTRIA está atravesado por el Danúbio, que, tomando su orígen en el ducado de Baden, corre del O. al E., recibe el *Inn* y el *Iser*, despues el *Sava*, el *Drava*, el *Theisse*, separa el Austria de la Turquía, y desagua en el mar Negro. Ademas de los paises de la Alemánia (44), este império comprende:

59. El reino de *Bohémia*, pais montuoso, en donde tiene el Elba su orígen; *Praga*, sobre el *Moldaw*, es su capital.

60. El ducado de *Morávia*, al S. E.. Ciudades *Brunn* y *Olmutz*: muy cerca de allí está *Austerlitz*.

La Silésia austriaca. Capital, *Troppau*.

61. La *Galitzia* ó *Polónia austriaca*, con la *Buckowina*, cuyas ciudades son: *Cracó-*

via, sobre el Vístula, (ciudad libre), y *Lemberg*: cerca de Cracóvia están las minas de sal gèma de *Wielickza*.

62. El reino de *Ungría*, al S. de la Galitzia, de la que está separado por los montes *Krapacks*. Ciudades: *Presburgo*, capital; *Buda* ú *Ofen*, ambas sobre el Danúbio; *Tokay*, célebre por su escelente vino.

El gran ducado de *Transilvánia*, su capital *Hermanstadt*, posée minas muy productivas de oro, de cobre y de plata.

63. El reino de *Ilíria*, formado de la *Caríntia*, su capital *Klagenfurt*; de la *Carniola*, su capital *Laybach*; de la *Ístria*, su capital *Trieste*, sobre el golfo Adriático: el *Friul*, capital *Goritz*: un poco al N. están las famosas minas de azogue de *Ydria*: la *Croácia* y la *Dalmácia austriacas*; el *Estado de Ragusa*, y el *territorio de Cátaro*, sobre el golfo Adriático.

De las posesiones del Austria en Italia hablarémos mas adelante. La reunion de todos estos estados forma una superficie de 26,400 leguas cuadradas y una poblacion de 28 millones de habitantes. Este império encierra una reunion de pueblos diferentes en sus idiomas, costumbres y religiones: las dos terceras partes de la poblacion son católicos: hay tres millones de protestantes, y dos millones de Griegos unidos.

64. La SUIZA está situada entre la Francia, la Itália y la Alemània. sobre una especie de mesa, cuya parte meridional tiene por límites la cordillera de los Alpes: los montes mas altos de esta cordillera en aquella parte son el *Yungfrau*, el *San Gotardo*, en donde nacen el Rhin y el Tesino; el monte de la *Horca*, de donde sale el Ródano: las aguas que bajan de los Alpes dan nacimiento á muchos rios, entre los cuales se cuentan: el *Rhin*, que atraviesa el lago de Constáncia, se precipita de mas de 80 piès de alto cerca de Schaffouse, recibe el *Aar*, engrosado por el *Reuss* y el *Limmath*; el *Ródano*, que atraviesa el lago de Ginébra y recibe el *Arva*; el *Tesino*, el *Adda* que van á desaguar en el Pó, &c. Estas aguas forman tambien grandes lagos como los de *Ginébra* y de *Constáncia*; de *Thunn* y de *Brientz*, atravesados por el Aar; de *Zurich*, atravesado por el *Limmath*; de *Lucerna* atravesado por el Reuss; de *Zug*, de *Neufchatel*, de *Morat*, de *Wallenstadt*, &c.

95. La Suiza se compone de 22 cantones independientes unos de otros, pero que

forman una confederacion cuyos intereses se arreglan en una Dieta anual presidida por el Landamman. Se habla francés en la parte occidental, italiano al medíodia de los Alpes, y aleman en las demas partes. Parte de los cantones, en particular los montañèses, son católicos; los demas son calvinistas.

66. Estos veinte y dos cantones son los de *Basiléa*, *Berna*, *Soleure*, *Friburgo*, *Lucerna*, *Zurich*, *Zug*, *Schaffouse*, *San Gall*, *Appenzel*, *Schwitz*, *Glaris*, *Ginébra*, *Neufchatel*, cada uno con una capital del mismo nombre; *Argóvia*, capital *Arau*; *Turgóvia*, capital *Frauenfeld*; *Underwald*, capital *Stanz*; *Uri* capital, *Altorf*; *Tesino*, capital *Bellinzona*; *Grisones*, capital *Coira*; *Valais*, capital *Sion*; *Vaud*, capital *Lausane*.

67. Las ciudades principales entre estas son *Berna* sobre el *Aar*; *Basiléa*, sobre el *Rhin*; *Ginébra*, sobre el *Ródano*; *Zurich* sobre el *Limmath*; *Lucerna*, sobre el *Reuss*; *Lausane*, sobre el lago de Ginèbra.

Poblacion total 1,700,000 habitantes. Este pais abunda en pastos: tiene muchas fabricas de telas pintadas, de relojeria, &c.

§ III.

PARTES DEL MÉDIODIA.

67. ESPAÑA. Este reino que, con el de Portugal, forma una peninsula, confina al N. con la Francia y el Océano Atlántico; al O. con el mismo mar y con el Portugal; al S. con el citado Océano, con el estrecho de Gibraltar y con el Mediterráneo; al E. con este último mar. Atraviesan este pais varias cordilleras de montañas, siendo las principales la *Sierra Nevada*, la *Sierra Morena*, las *Alpujarras*, la *Sierra de Cuenca* &c.: en la primera situada en el reino de Granada, se encuentran los cerros mas altos, como el *Mulahacén*. Es tambien digno de notarse el *Monserrate*, en Cataluña, por su singular estructura y por el famoso Monasterio de Benitos edificado en él. La cordillera de los *Pirinéos*, forma la línea divisoria entre España y Francia.

68. Los rios principales de la España, son el *Duero* y el *Miño*, que desaguan en el Océano Atlántico en las costas de Portugal; el *Tajo*, que mezcla sus aguas con el mismo mar mas allá de Lisbóa; el *Guadiana* y el *Guadalquivir*, que terminan en

el mismo Océano; el *Jucar* en el reinó de Valencia ; el *Ebro* que desagua , como él anterior, en el Mediterráneo , y riega las ciudades de Zaragoza y Tortosa.

69. Las provincias de España son las siguientes: *Galicia* , su capital *Santiago de Compostéla* , célebre por las peregrinaciones al sepulcro del apostol Santiago el mayor ; *Astúrias*, su capital *Oviedo*, cuya provincia dá el título al heredero de la corona ; *Castilla la vieja* y *Reino de Leon*, sus capitales *Valladolid* y *Leon*; *Castilla la nueva*, capital *Madrid*, que lo es de todo el reino. Las *Provincias Vascongadas*, compuestas de *Vizcaya*, capital *Bilbáo*; *Guipúzcoa*, capital *San Sebastian*; *Alava* , capital *Vitória*, famosa por la derrota del usurpador José Napoleon; *Navarra*, capital *Pamplova*; *Aragon* , capital *Zaragoza*; *Cataluña*, capital *Barcelona*: *Reino de Valencia* , capital *Valencia*; *Reino de Murcia* , capital *Murcia*; *Andalucia*, formando cuatro provincias con capitales del mismo nombre, á saber los Reinos de *Granada* y de *Jaén*, de *Sevilla* y de *Córdoba*; *Estremadura* , capital *Badajóz*; las *islas Baleares* en el Mediterráneo , denominadas de *Mallorca*, *Me-*

norca é Ivisa, cuya capital es Palma en la de Mallorca.

70. Ademas de *Madrid*, capital del reyno, cuya poblacion puede regularse á 150,000 almas, son dignas de notàrse las ciudades y sitios siguientes: *San Lorenzo*, vulgo el *Escorial*, sitio real al N. de la capital, que es un Monastério de Gerónimos, en donde tienen los reyes de España su Panteon; *Toledo*, al S. de la misma sobre el Tajo, antigua residencia de los reyes, con una suntuosa catedral: muy cerca está *Aranjuez*, otro sitio real, tambien sobre el Tajo; *Búrgos*, sede de un Arzobispo, que conserva los huesos del Cid, y está sobre el *Arlanzón*; *Segòvia*, que tiene un hermoso puente ó acueducto romano: cerca de esta ciudad está el suntuoso sitio real de *San Ildefonso*, llamado vulgarmente *La Granja*, edificado por Felipe V., en donde descansan las cenizas de este monarca; *Salamanca*, célebre por su universidad; *Murviedro*, en el reino de Valencia, edificada sobre las ruinas de Sagunto; *Tarragona*, capital de la antigua provincia tarraconense; *Gerona*, sobre el *Ter*, famosa por el sitio obstinado que en 1806 sostuvo contra los franceses, mandando en ella el general Don Mariano Alvarez;

Zaragoza célebre por los dos memorables sitios que sufrió en la misma guerra, que para siempre la inmortalizan; *Almanza*, famosa por la batalla que ganó en 1707 el Duque de Berwick mandando las tropas de Felipe V.; *Granada*, sobre el Jenil, corte de los últimos reyes moros de España, en la que se vé aun el magnífico palacio del *Alhambra*; *Córdoba*, cuya catedral fué una mezquita de los Moros; *Sevilla*, grande y hermosa ciudad, famosa por sus edificios, y en particular por su catedral, en donde está depositado el cuerpo de San Fernando: estas dos últimas ciudades están sobre el Guadalquivir; *Bailén*, en Andalucia, célebre por la memorable victoria ganada por el general Castaños en 1808 sobre las tropas de Napoleon mandadas por Dupont.

71. Los principales puertos de la España son *Bilbao*, *Gijon*, la *Coruña*, el *Ferrol*, *Vigo*, *Cádiz*, en el Océano; *Gibraltar*, (de los Ingleses), sobre el estrecho de su nombre; *Málaga*, célebre por sus escelentes vinos; *Cartagéna*, *Alicante*, *Tarragona*, *Barcelona* en el Mediterráneo, y *Mahon* en la isla de Menorca.

72. El gobierno es monárquico; la religion católica es la única dominante. La su-

perficie de la España, comprendidas las Islas Baleares y el Portugal, consiste en 18,443 leguas cuadradas. Su poblacion, segun Antillon, no pasa de 13 millones de habitantes; otros quieren que ascienda á quince millones. Es pais abundante en toda suerte de producciones, en particular en vinos, que son los mas esquisitos del orbe, en aceite, frutas, ganados, y en minas de toda suerte de metales. Son dignas de notarse las de azogue del *Almadén*, y las de sal géma de *Cardona*.

73. El PORTUGAL ocupa la parte occidental de la Península que corresponde á una parte de la antigua Lusitánia. Es un pais montuoso, no muy fértil, escepto en vinos; atravesado por el *Tajo* y el *Duero*, dividido en seis provincias, á saber: *Entre Duero y Miño*, capital *Braga*; *Oporto*, puerto célebre por su comercio de vinos y naranjas; *Tras los montes*, capital *Braganza*; *Beira*, capital *Coimbra*, famosa por su universidad; *Estremadura*, en la que se halla *Lisbóa*, capital de todo el reino, al embocadero del Tajo: su poblacion es de 300,000 almas; *Alentejo*, capital *Evora*; *Algarbe*, al estremo S. O.; capital, *Tavira*.

La poblacion total de este reino se cuenta de 3 millones á 3,600,000 almas.

74. El monte mas alto de Portugal es la *Serra da Estrella* en el Beira, cuya cumbre se llama *Cántaro delgado*, y es casi inaccesible. Los rios principales, ademas del Tajo y del Duero, son el *Miño*, y el *Guadiana*: los cuatro procedentes de España. Hay tambien algunos lagos, cuyos principales son *Redondo*, *Escura* y *Obidos*, que es un brazo de mar que penetra en lo interior de las tierras.

Lo religion católica es la única que se profesa en Portugal.

75. La ITÁLIA es aquella grande península que tiene por límites al N. los Alpes que la separan de la Francia, de la Alemánia y del Austria. Siete son los estados que encierra, en el órden siguiente:

76. El *Reino de Cerdeña*, al N. O., que contiene: 1.º el *Piamonte*, pais escelente, cuya capital es *Turín*; *Alejandria*, *Vercelli*, *Aoste*, *Acqui*, *Novara*, son las principales ciudades: 2.º la *Saboya*, capital *Chambery*, separada del Piamonte por los Alpes, que se atraviesan por el camino del monte *Cenis*: 3.º el *Ducado de Génova*, sobre la costa. Ciudades: *Génova*, célebre por la magnificencia de sus edificios, y por el

comercio que hacia antiguamente; *Savona*, *Vintimiglia*; 4.º la *isla de Cerdeña*, su ca- pital *Cagliari*: está separada de la Còrce- ga por el estrecho de Bonifacio. Estos pai- ses forman una superficie de 2,800 leguas cuadradas, y contienen una poblacion de 4 millones de habitantes. La religion Católi- ca es la dominante.

77. El *Reino Lombardo-Venéto*, que per- tenece al Austria, contiene 4,300,000 almas, y se compone, 1.º del *Milanés*; ciudades: *Milan*, capital, con 120,000 almas es la residencia del Virey; *Pavia*, célebre por su Cartuja y su Universidad, como tambien por la batalla de su nombre, en la que el rey de Francia Francisco primero cayó prisionero de los españoles: esta ciudad era antiguamente capital del reino de los Lombardos; *Lodi*, *Cre- mona*, *Bérgamo*. *Como*, sobre el lago de su nombre: 2.º del *Ducado de Mántua* que tiene por capital *Mántua*, rodeada por el *Mincio*: 3.º de la *Valtelina*, valle atravesado por el *Adda*, cuya capital es *Sóndrio*: 4.º del *Pais Ve- neciano*; ciudades: *Venécia*, edificada sobre sesenta islas del golfo Adriático, y cortada por canales que se pasan por quinientos puen- tes: *Verona*, cobre el *Adige*; *Pádua*, so- bre la *Brenta*.

78. El *Ducado de Parma*, al S. del Pó, que pertenece á la Archiduquesa Maria Luisa; ciudades: *Parma*, *Placencia* sobre el Pó.

79. El *Ducado de Módena*, perteneciente á una rama de la casa de Austria; ciudades: *Módena*, *Reggio*.

80. El *Gran Ducado de Toscana*, pais muy montuoso, que contiene llanuras fértiles, bañado por el *Arno*; su poblacion consta de 1,2000,000 almas. Ciudades: *Florencia*, sobre las dos riberas del Arno, célebre por el primor de sus edificios, por su galeria de pinturas y de antigüedades, y por la bibliotéca de los Médicis; *Sena*, en las montañas, al S; *Pisa*, en otros tiempos rica, hoy dia muy decaida; *Luca*, en una llanura fértil; es el heredamiento particular del antiguo Duque de Parma y de Placéncia; *Liorna*, uno de los puertos mas considerables de comercio del Mediterráneo.

81. El *Estado de la Iglesia* ó *Estado Pontificio*, cuyo soberano es el Papa, cabeza visible de la Iglesia. Contiene varias provincias y se estiende sobre las costas del Mediterráneo y del golfo Adriático: su poblacion asciende á 2,500,000 almas: estas provincias son: el *Bolonés*, capital *Bolónia*, sobre el Reno, célebre por su ins-

tituto de ciencias; el *Ferrarés*, capital *Ferrara*, patria del Ariosto; la *Romaña*, capipital *Ravéna*, ciudad célebre, en otro tiempo sobre la ribera del mar, en el dia á mas de una legua tierra adentro; la *Marcha de Ancona*, con una capital del mismo nombre que tiene un puerto en el golfo Adriático; el *Ducado de Urbino*, capital *Urbino*, pátria de Rafael, el pintor mas célebre de la edad moderna; La *Umbria*, capital *Espoleto*; el *Patrimonio de san Pedro*, capital *Roma*, sobre las dos riberas del *Tevere* (el Tiber), con 160,000 almas de poblacion, residencia del Papa: esta capital del mundo antiguo es reparable por sus monumentos antiguos y modernos; entre los primeros se admiran el Panteon, hoy santa Maria de la Rotunda, el Coliséo, la coluna Trajana, el anfiteatro de Vespasiano; entre los segundos descuellan particularmente la iglesia de san Pedro, el edificio mas soberbio del mundo, las de san Juan de Letrán y de santa Maria la mayor, el Vaticano &c. á poca distancia de Roma está *Tivoli*, célebre por las cascadas del *Teverone*; *Velletri*, *Palestrina*, *Civitavecchia*.

82. El *Reino de Nápoles* ocupa la parte meridional de la Itália: es admirable la

fertilidad de esta comarca, particularmente en vinos; pero en general es poco ó mal cultivada, y la industria poco perfeccionada. Se divide en cuatro provincias; la *Tierra de Lábor*, el *Abruzo*, la *Pulla*, la *Calábria*. Poblacion 6,000,000 de almas, contando con la Sicilia.

83. Ciudades: *Nápoles*, sobre el golfo del mismo nombre, cerca del Vesúvio, capital con 450,000 habitantes; muy cerca está el lugar de *Portici*, construido sobre el sitio que ocupaba Herculáno; *Benevento*, *Cápua*, *Salerno*, puerto de mar; *Manfredónia* al E., *Bari*, *Brindis*, *Otranto*, sobre el golfo Adriático, *Tarento*, *Cosenza* y *Reggio*, en el estremo S., en frente de la Sicilia.

84. Al reino de Nápoles pertenecen várias islas, entre las cuales la mayor, que es muy considerable, es la *Sicilia*, dividida por las montañas en tres valles fertilísimos: llamados de *Mazara*, de *Demona* y de *Noto*: su poblacion consta de 1,600,000 almas: el *Etna ó Mongibelo*, volcán en actividad, es de todas sus montañas la mas alta. Ciudades: *Palermo*, capital, sobre la costa del N.; su poblacion 140,000 almas: *Mesina*, sobre el estrecho, llamado *Faro de Mesina*, *Catania* y *Siragosa*, la antigua *Si-*

racusa al E.; *Girgenti* al S.; *Mazara*, *Trápani*, al O.

Malta, peña casi estéril, produce naranjas esquisitas: pertenecia antes á la órden de San Juan de Jerusalén, en el dia á los Ingleses; capital, la *Ciudad Valeta*, fortaleza con un puerto hermoso; al N. O., *Gozo*, *Lampedusa*, entre la Sicilia y el Africa: al N. de la Sicilia están las islas volcánicas de *Lípari*; las principales son *Lípari* y *Strómboli*: en el golfo de Nápoles las de *Ischia*, y *Capréa*.

85 En las costas de Toscana se encuentra la *isla de Elba*, con dos ciudades, *Porto-Longone* y *Porto-Ferrajo*: la *Cerdeña* (86): la *Córcega* que forma un departamento de la Francia, es un pais montuoso y poco rico; ciudades: *Bastia* y *Ajaccio*.

86. La TURQUÍA EUROPÉA comprende la antigua Grécia, la Trácia, la Ilíria, la Mésia y una parte de la Dácia al N. del Danúbio. Este pais, uno de los mas hermosos de la Europa, está mal cultivado por los Turcos, que oprimen y envilecen á los Griegos. Comprende al N. del Danùbio: la *Moldávia*, regada por el *Pruth* y el *Sireth*; su capital *Yassi*; la *Valáquia*, capital *Bucharest*; la *Bulgária*, capital *Sofia*, *Wid-*

din, plaza fuerte; *Silistria*, *Varna*, tambien fortalezas, tomadas por los Rusos en 1829; la *Sérvia*, que tiene por límites el *Sava* y el *Danúbio*; capital *Belgrado*, ciudad muy fuerte; la *Dalmácia turca*, sobre el golfo Adriático; su capital *Mostar*; la *Bósnia*, capital *Travenitk*; la *Croácia turca*, capital *Bihasth*, limítrofe del Austria; la *Romélia* ó *Romania*; ciudades: *Constantinopla*, llamada por los turcos *Stambúl*, en una situacion admirable, á la entrada del estrecho de su nombre, capital del império turco; poblacion 450,000 almas; *Andrinópoli*, en el interior del pais, sobre el *Mariza*, el Hebro de los antíguos.

87. Las montañas principales de la Turquía europèa son el *Balkan* antiguamente (Hemus), el *Despoti-Dag* ó *Valiza* el antíguo (Rhódope) el *Mezzovo* (Pindo), el monte *Lacha* (Olimpo), los montes de *Chimera* (Acroceraunnios), el *Monte Santo* ó *Agios Oros* (Athos), el *Yapura* ó *Liakura* (el Parnaso). Los rios principales son el *Danúbio*, el *Pruth*, el *Sireth*, el *Aluta*, el *Drina*, el *Morawa*, el *Mariza*, el *Nardar* (Axius), el *Marmari* (Strymon), el *Salampria* (Penéo).

88. La Grécia, hasta aquí esclava de los

Turcos, acaba de reconquistar su libertad por el último tratado con la Rúsia: pero como su modo de gobierno no está aun definitivamente determinado, ni sus límites perfectamente arreglados, seguirémos describiéndola como parte del império Turco. Divídese en Grécia propia, y Moréa. En la *Grécia propia*, las principales ciudades son: *Saloniki*, (Tesalónica) ciudad muy comerciante; *Livadia*, *Aténas*, que contiene hermosas ruinas antíguas; *Lepanto*, en la *Moréa* (el antiguo Peloponeso), *Patras*; *Tripolitza*, capital de la Moréa: *Misitra*, cerca de Esparta; *Napoli de Romanía*; *Modon*, *Coron*: con buenos puertos.

89. Las islas de la Turquía son: al E., *Negroponto*, con una capital del mismo nombre; *Taso*, *Stalimena*: al S. y al S. E., *Colurí*; *Engia*: *Candia*, su capital la *Canéa*, puerto muy concurrido; las antiguas *Cícladas*: *Cerigo*: esta última con las islas de *Corfú*, *Zante*, *Cefalónia*, *Thiaki*, *Santa Maura*, *Sapienza*, forma la república *Jónica*, bajo la proteccion de los Ingleses.

90. La poblacion de la Turquía Européa se calcula que asciende á unos 10,000.000 de habitantes: pero este número es meramente aproximativo, porque no existe médio

alguno de cerciorarse de la poblacion de este pais. El gobierno es despótico; su gefe se llama *Sultán*; el primer ministro *Visir*; el consejo del sultán *Diván*; los gobernadores de las provincias *Bajás*; la religion del estado es el mahometismo; el gefe de esta religion se llama *Muftí*.

La religion griega se practica por los descendientes de los antígnos habitantes de este pais, en el que los Turcos no se establecieron hasta el siglo décimo quinto.

CAPITULO II.

ASIA.

91. El ASIA es de todas las partes del mundo la mas dilatada, la mas productiva y la mas antiguamente civilizada: tiene por límites al N. el mar Glacial hasta el estrecho de Behring; al E. el Grande Océano; al S. el Océano Indico; al O. el mar Rojo, el itsmo de Suez, el Mediterráneo, el mar Negro, el mar de Azof y la Rúsia européa.

92. Su mayor longitud, tomándola desde el ítsmo de Suez hasta el estrecho de Behring, es de 2,160 leguas; su mayor anchura desde el mar Glacial hasta el ca-

lo Comorin, es de 1,200 leguas.

El Asia puede dividirse en regiones del N., del O., del S., del E., y del Centro.

§ I.

REGION DEL NORTE.

93. Esta region está enteramente ocupada por la RÚSIA ASIÁTICA ó *Sibéria*, que se estiende desde la Europa hasta el estrecho de Behring: su superficie es de 604,000 leguas cuadradas, por consiguiente mayor que la de la Europa: pero no encierra mas allá de cinco á seis millones de habitantes; de modo que, guardadas las proporciones, viene á ser sobre poco mas ó menos sesenta veces menos poblada que la Europa.

Es un pais cubierto al N de vastos desiertos pantanosos; al mediodia de selvas tupidas y de *Steppas* (llanuras arenosas), en las que andan vagando tribus nomades (de pastores).

94. El frio en esta comarca es mucho mas rigoroso que en Europa, en latitudes iguales: el invierno dura nueve ó diez meses; el termómetro baja á veces á 50 y hasta 60 grados. Toda cultura desaparece en llegando á los 60 grados de latitud; el tri-

go no crece mas allá del 50º; pero varias partes al sur son muy fertiles y, entre otras cosas, producen ruibarbo.

Este vasto pais contiene minas de oro, de plata, de hierro, de cobre, de malaquítas, y se saca de el una gran cantidad de piéles de rangíferos, de zorras, de osos, de cebellinas &c.

95. La habitan una multitud de pueblos diferentes, entre los cuales se notan los *Kalmukos*, los *Samoyedos*, al N., casta de hombres de muy baja estatura; los *Tongusos*, los *Ostiakos*, los *Yakutos*.

La Rúsia asiática está dividida en tres provincias, con capitales del mismo nombre: de *Tobolsk*, que puede mirarse como la capital de la Sibéria: de *Kolyvan*, y de *Yrkutsk*: en la parte N. E. de este último, está la gran península de *Kamtschatka*, en la que se encuentra el escelente puerto de *San Pedro* y *San Pablo*. La ciudad de *Kiatka* en la frontera de la China, es célebre por el comercio al que sirve de depósito: no lejos de ella se encuentra *Nertschink*, lugar de destierro el mas horroroso que hay en la Sibéria.

Al N de la Sibérià están las dos islas inhabitadas de la *Nueva Zembla*, separadas del continente por el estrecho de *Waigatz*.

§ II.

REGION DEL OESTE.

96. TURQUIA ASIÁTICA. Se comprende bajo este nombre la parte contenida entre el Tigris y el Mediterráneo: su poblacion se cuenta de cerca de 11 millones de habitantes: así la poblacion total del império otomano viene á ser de 20 á 22 millones de individuos. Abraza varias comarcas famosas, á saber:

97. El *Anadoli*, ó *Anatólia*, antes *Asia menor*, pais célebre y fértil, en el dia poco habitado y mal cultivado, á pesar de la riqueza del suelo: se hacen en ella tejidos con el pelo de la cabra de Angora; produce seda, algodon, ópio, y tabaco.

98. Se divide en varias provincias ó *bajalatos*. Ciudades principales al N. *Bursa*; *Sinope*; *Trapezoun* (Trebisonda): al centro, *Angora*, célebre por sus cabras cuyo pelo es fino y suave como la seda; *Toçat*, una de las mas considerables; *Kaisarieh*, *Konieh*, en un pais fértil: *Sivas*: al O. *Smirna*: al S. *Satalieh*, *Adana*. A toda la costa meridional se dá el nombre de *Caramánia*.

99. La Arménia, al E., pais muy montuoso: allí se encuentra el monte *Ararat*, en el cual, dicen, se paró el arca de Noé: este pais encierra las fuentes del Eufrátes y del Tigris; los habitantes conservan su idioma y profesan la religion cristiana. Ciudad: *Erzerum* de mas de 130,000 almas de poblacion.

100. La *Arménia* persiana, en la que se encuentran los lagos de *Van* y de *Urmia*, los rios de *Kur* y de *Aras* (el Araxes): pertenece ahora á los Rusos: habitánla al S. los *Kurdos*, cuyo pais recibe el nombre particular de *Kurdistan*. Las ciudades principales son: *Erivan*, *Betlis*, *Nakchivan*.

101. La *Siria*, al S., contenida entre el Eufrátes y el Mediterráneo; atravesada por las cordilleras del Líbano, y del Antílibano, bañada por el Orontes y el Jordán, está dividida en cuatro bajalatos con capitales del mismo nombre.

1º *Alepo*, que tiene 200,000 almas, célebre por su comercio: en su territorio están *Antakieh* (Antioquia), *Alejandreta*, puerto concurrido, pero muy mal sano.

2º *Trípoli*, puerto de mar, como tambien *Latikieh*, (Laodicéa) mas al N., ciudad antiguamente muy floreciente.

3º *San Juan de Acre*, puerto célebre. De este bajalato dependen *Tsur* (Tiro), *Saida* (Sidon), *Jaffa*, *Balbeck*, célebre por las grandiosas ruinas de Heliópolis. En el interior del país habitan los *Drusos*, sectarios cuyas leyes y religion differen de las de todos los demas pueblos.

4º *Damasco*, ciudad en otro tiempo floreciente, célebre por sus fábricas de armas blancas. Este bajalato contiene la antigua Palestina, cuyas ciudades principales son: *Jerúsalén*, *Nablúz*, cerca de la antigua *Sichem*, *Ramla* (Jericó).

102. El *Algesirah* ó *Diarbeki* ocupa la parte setentrional de la Mesopotámia. Ciudades principales: *Diarbekir*; *Mosúl*, sobre el Tigris en frente de la antigua Ninive: *Urfa*.

103. El *Yrak-Araby* corresponde á la parte meridional de la Mesopotámia y á la Babilónia: es fértil en dátiles. Ciudades: *Bagdad*, sobre el Tigris, una de las mas considerables del oriente; *Bassorah*, un poco mas á bajo de la confluencia del Eufrátes y del Tigris, cerca del golfo Pérsico, embarcadero para la Índia.

104. Entre las islas de la Turquia asiática, se notan mas particularmente *Metelin*, *Stanco* abundante de naranjas y lima-

nia; Rodas; Chipre, fértil en viñedos. Ciudades: *Famagosta*, capital; *Larnaca*, *Cerina*.

105. Al N. de la Turquía asiática están los paises Caucásios, que dependian antes de ella: en el dia pertenecen á la Rúsia, y se nombran *Guriel*, *Imiréto*, *Geórgia* ó *Mingrèlia*: la capital de la Geórgia es *Teflis*.

§ III.

REGION DEL SUR.

106. LA ARÁBIA, grande península abierta, confina al N. con la Síria; aunque gran parte de ella esté desierta y arenosa, ofrece sin embargo distritos fértiles y bien regados, que producen dátiles, café en la parte meridional en las cercanías de Moka, áloe, bálsamo de la Meca. Una porcion de ella bastante considerable está habitada por unos pastores llamados *Beduinos*, sin mas propiedades que sus tiendas, sus camellos y sus caballos, que son de una casta particular y célebre.

107. Está dividida en varias provincias: el *Hedjaz* al O.; el *Nedgéd*, de donde ha salidó la secta de los *Wahabitas*, que llevaron sus armas vencedoras á una gran parte

de la Arábia, el *Tehama*, el *Yemen*, el *Hadramaut*, al S.; el *Oman* al S. E.; el *Bahrein*, al E. Allí se hace la pesca de las perlas mas hermosas en el golfo pérsico. Ciudades: *Medina*, en la que se vé el sepulcro de Mahoma; tiene un puerto sobre el mar Rojo, llamado *Iambo*; la *Meca*, pátria de Mahoma; su puerto, sobre el mar Rojo, se llama *Gidda* Esta ciudad es muy frecuentada con motivo de una famosa peregrinacion que hacen á ella los Musulmanes; *Moka*, puerto de donde se hacen las grandes esportaciones del café de Arábia; *Mascate*, puerto sobre el mar de Arábia; *Oman*.

108. LA PÉRSIA, llamada *Irán* por los Orientales, encierra dilatadas llanuras sin agua, distritos montuosos, valles aménos, fértiles en dátiles, higos, ciruelas, peras, manzanas y naranjas. Se estraen de ella magníficas alfombras, tejidos de oro, piedras preciosas.

109. La *Pérsia*, propiamente asi nombrada, comprende trece provincias; sus principales ciudades son *Ispahan*, antes capital, sobre el *Zenderlut*, con 200,000 habitantes; *Teherán*, al N.; capital y residencia del rey ó *Schah*, contiene 160,000 habitantes;

Hamadan; *Chirás*, en un valle delicioso, célebre por su vino; muy cerca está *Estakar*, lugar en donde se ven las ruinas de *Persépolis*. Este pais está entregado á continuas disenciones: su poblacion no pasa de 6,00,000 de almas: su religion es la mahometana.

110. EL AFGANISTAN, ó pais de los Afganes, se compone de provincias conquistadas sobre la Pérsia ó sobre el Indostán.

Las primeras tienen una poblacion de poco mas ó menos 4,000,000 de habitantes: las ciudades son: *Candahar*, que es la antigua (*Alexandría ad Paropamisum*), y *Meschéd*.

Las otras están situadas ácia las fuentes del *Indo*, y son en particular: el *Kabúl*, con una capital del mismo nombre; el *Cachemira*, valle fértil, en el cual se crian las cabras, cuyo pelo sirve para fabricar los Chales de cachemira: la capital es *Sirinagar*.

111. EL INDOSTÁN, ó la *India mas acá del Gánges* es la grande península comprendida entre el Gánges y el Indo, atravesada del N. al S. por las montañas llamadas *Gates*; estas montañas son mas inmediatas á la costa occidental, llamada *costa de Malabar*, que à la oriental, llamada costa de *Coromandel*: de los Gates sale el *Taptí*, al O., el *Kistna*,

el *Godavery* , el *Cavery* , al E.

112. El suelo , sumamente feráz , produce en abundancia el arroz , el azucar, las espécias, el algodon, la seda , los arómas , y frutas esquisitas ; se encuentran minas de diamantes, y en las costas se pescan hermosas perlas ; pero este pais no produce ni minas de oro , ni minas de plata. Se crian en él elefantes y camellos : los tigres mayores y mas fieros habitan al embocadero del Gánges.

Varios idiomas se hablan en la India; los principales son el bengalí , el persa y el telingua. El bramismo y el budhismo son las religiones que profesan los naturales , divididos en castas ó clases distintas.

113. Esta península encierra una multitud de paises , casi todos bajo la obediencia de cuatro potencias principales.

Los *Afganes* , de quienes hemos hablado (110).

Los *Seikes* , al O. de la península , poséen las provincias de *Lahor* y de *Multán*, con capitales del mismo nombre ; á saber : *Lahor*, en otro tiempo capital del imperio mogol : *Multán* , famosa por los arcos que en ella se fabrican.

114. Los *Mahratas* , divididos en *orien-*

tales y occidentales, habitan en el interior y en la parte occidental de la península. Ciudades : *Dehli*, cerca de la *Jemnah*, y *Agrah*, ambas ciudades considerables y en otro tiempo muy famosas, porque eran la residencia del Gran Mogol ; *Visapúr*, antes capital de un reino ; *Punah*, capital de los Mahratas occidentales ; *Cambaya*, puerto en el fondo de un golfo al O. ; *Katek*, puerto sobre el golfo de Bengala ; á poca distancia está la pagóda ó templo de *Jagrenat*, la mas nombrada de todas. Estos pueblos son los mas poderosos de la India, y lo fueran mas, si no estuvieran tan divididos.

115. Los *Ingleses* poséen : 1.º la mayor parte de la region setentrional sobre el Gánges, en donde están las provincias de *Benarez*, con una ciudad de este nombre, célebre por sus escuelas religiosas ; el *Behar*, su capital *Patnah*, muy cerca de la antigua *Palibothra* ; el *Bengala*, provincia fértil y dilatada, en la que se encuentra *Calcuta*, sobre el Gánges, con 700,000 almas de poblacion, y es la capital de todas las posesiones inglesas en la India : se ha establecido en esta ciudad una academia que se ocupa en investigar, y publicar memo-

rias sobre la historia y la literatura de la India; *Chandernagor* (de los Franceses). 2º Casi toda la costa de Coromandel (111) en donde están las ciudades de *Madras*, de donde se esporta gran cantidad de tejidos de seda y de algodon, fabricados principalmente en *Musulipatnam*; *Pondicheri* y *Karikal*, que pertenecen á los Franceses; *Tranquebar*, (de los Dinamarqueses). 3º Toda la parte meridional con las ciudades de *Maduré*, *Tinevelly*, cerca del cabo Comorin; *Anjinga*, *Seringapatnam*, antes capital de los estados de Tippo-Saib; *Cochin*, *Kalicut*, puerto sobre la costa de Malabar; *Mahé* (de los Franceses); *Salceta*, isla célebre por sus grutas esculpidas; *Bombay*, con un escelente puerto; *Surate*, sobre el *Tapti*, famosa por su comercio. En la costa están *Goa* y *Diu*, de los Portugueses.

116. En el interior de las tierras hay aun algunos estados independientes; allí se encuentra la ciudad de *Golconda*, cerca de la cual hay minas de hermosos diamantes.

117. Al S. E. del Indostán está la isla de *Ceilán*, separada de él por un estrecho, en el cual se pescan las perlas mas hermosas. Esta isla, recien conquistada por los Ingleses, produce todos los frutos y gé-

neros de la India, y ademas escelente canéla; se encuentra en ella una gran variedad de piedras preciosas, hierro, oro, y marfil en abundancia, por lo numerosos que son los elefantes. El estrecho que la separa del Indostán está atravesado en parte por una cordillera de arrecifes llamada el *Puente de Adán*, en donde se pescan hermosas perlas. Ciudades principales: *Candy*, en el interior; *Trinquemala*, vasto puerto al E; *Negombo*, *Colombo* en la costa occidental.

118. Al O. y al N. O. del cabo Comorin están las *islas Laquedivas*; al O. y al S. O. las *Maldivas*, largas cadenas de islas en número de diez á doce mil; pero algunas son unos meros bancos de arena, que cubre la maréa; están distribuidas en trece grupos, llamados *Attollones*, y de ellas se sacan aquellas almejitas llamadas *Cauris*, que sirven de moneda en la India y en la costa de Guinéa: un talego de doce mil almejas de esta clase vale de 20 á 22 reales de vellon.

129. LA INDIA MAS ALLÁ DEL GÁNGES, península abierta, entre el golfo de Bengala al O. y el del Tonquin al E; pais abundante en plantas aromáticas y medicinales; produce el canelero, el arbol del sebo,

del que se estrae un aceite compacto con el cual se hacen velas; la caña de azucar, la madera de Teck, muy dura y escelente para la construccion. Se encuentran allí minas de oro, de plata y piedras preciosas. Contiene varios estados.

120. El *império Birman*, bañado por el rio de *Ava* ó *Irruaddy*, se compone de los antiguos reinos de *Ava*, de *Aracan* y de *Pegú*; la capital es *Ummerapura*; *Rangun* es su principal puerto; *Siriam*, en donde tienen los Ingleses un establecimiento de comercio. La religion es el budhismo.

En el golfo de Bengala están las islas *Andaman* y de *Nicobar*.

121. El *Reino de Siam* está al S. E: la parte occidental ha sido conquistada por los Birmanes; es un valle grande regado, como el Egipto, por un rio, el *Meynan*; la religion es la de *Sammonocodon*, el mismo Dios que Budha; á los sacerdotes dan los Européos el nombre de *Talapuinos*; la capital es *Siam* ó *Juthia*.

122. La *península de Málaca* ó *Malaya*, al S. Está unida al continente por el istmo de *Tenasserim*, y separada de la isla de Sumatra por *el estrecho de Málaca*: ocupan el interior unas dilatadas selvas llenas de

elefantes: los habitantes son *Malayos*. Ciudades: *Málaca*, *Queda*. En la costa está el archipiélago de *Mergui*, en frente de *Tenasserim*.

123. El *Reino de Camboya*, al S., y el de *Laos*, al N., regados por el *Mecon*, ó rio de *Camboya*.

124. El *Tonquin ó Anam*, en el fondo del golfo del mismo nombre, confina con la China: sus habitantes tienen mucha analogía con los Chinos; la capital se llama *Kecho*. Al S. està la *Cochinchina*, que ocupa la costa al E. del Camboya; es un pais sumamente fértil en todas las producciones de la India: *Hué* es la capital. No lejos de la costa hay un grupo de islas y de escollos llamado *Pracel ó Paracel*; y al *S.* del embocadero del Camboya está la isla de *Pulo Condor*, donde hacen escala los buques que van á la China.

§ IV.

REGION DEL ESTE.

125. La China es el estado mas poblado del mundo y el mas vasto despues de la Rúsia: es seis veces mayor que la Francia y contiene á lo menos 180 millones de

habitantes, esto es, tanto como la Europa; y aun hay algunos que pretenden que su poblacion llega à 300 millones.

126. Este pais es tambien, por causa de su estension, tan variado en sus producciones como en su clima; unas veces cortado por montañas elevadas, otras formando dilatadas llanuras, regadas por un crecido número de rios, la mayor parte de los cuales se renuevan en las dos hoyas del *Hoang-ho* y del *Kiang-ho*: atraviésanle ademas una multitud de canales, el principal de los cuales es el *canal imperial*, que tiene de curso 480 leguas y atraviesa la China del S. al N.

127. El suelo está perfectamente cultivado, y produce, entre otras plantas, el árbol del thé, cuyas hojas secadas, son para la China un manantial inmenso de riqueza, pues que la esportacion anual asciende á 45 millones de libras de peso; el árbol que dá el alcanfór, el del sebo (119), plantas aromáticas y medicinales: hay tambien minas de carbon de piedra, de cobre, y las tres sustancias que entran en la composicion de la porcelana.

128. La China se divide en quince provincias que contienen, segun dicen, 4,000 ciudades muradas, la mayor parte muy gran-

des con respeto á su poblacion, porque encierran grandes jardines: las principales son: *Pekin*, al N., capital del império, que contiene, segun dicen, dos millones de habitantes; un poco al N, está la *gran muralla*, que tiene 350 leguas de largo; *Nankin*, al E., de donde se esportan las telas llamadas *Mahon* en castellano, que en otros idiomas tienen el nombre de esta ciudad; alli está la famosa torre de porcelana que tiene nueve pisos; *Sutcheu-fú*, el sitio mas hermoso de la China; *Canton*; al S., à la orilla del mar, único punto en donde tienen los Européos la facultad de comerciar; *Macao*, isla vecina en donde se desembarcan los géneros. Los Portugueses tienen alli un establecimiento.

129. Los Chinos están reunidos en cuerpo de nacion desde un tiempo inmemorial; han conservado el mismo idioma, el mismo gobierno absoluto ó despótico, las mismas leyes, el mismo desapégo á los estrangeros, á los cuales no permiten la entrada en su pais. Siglos ha que se conoce en este império el uso de la pólvora, de la brújula y de la imprenta.

A la China pertenecen la isla de *Hainan*, en el golfo de Tonquin; la de *Formosa*, asi llamada por los Européos en razon de su belléza; el archipiélago de *Liu-Kiu*.

130. La TARTÁRIA CHINESCA está al N. de la gran muralla, y la limita al O. el vasto desierto de *Cobi*: se comprende bajo este nombre el pais de los *Mantchús*, pueblos que han conquistado la China, y el de otras naciones tártaras: atraviésale el *Amúr* ó *Saghalien*; ciudad: *Mukden*. Al S. está la península de *Coréa*, tributaria de la China; su capital es *King-Ki-tao*.

131. Las ISLAS DEL JAPON, en el Grande Océano, al E. de la China, en número de de tres principales, cuya poblacion, dicen, es de 30 millones de habitantes, y son: la isla de *Nifon*, que contiene *Yedo* residencia del soberano, y *Meaco*; la isla de *Kiusiu*, su capital *Namgasaki*, la única en que se permite aportar á los Européos para comerciar; y la isla de *Sikokf*.

Las producciones de estas islas tienen mucha analogía con las de la China; la industria está casi en el mismo estado; se estrae tambien de ellas porcelana, thé, y sobre todo cobre, oro, plata. El gobierno es despótico; el emperador se llama *Kubo*.

132. Al N. del Japon está el archipiélago de *Yesso*, compuesto, 1.º de dos islas

principales, *Chica*, *Tchocka*, separadas del continente por la Manga de Tartária; 2º de una cadena de islas mas pequeñas que, con las islas *Kuriles*, cierran el mar de *Okhotks* ó *Kamtschatka* (95).

§ V.

REGION DEL CENTRO.

133. El TIBET Ò BUTÁN es un vasto pais situado sobre la inmensa mesa de este nombre, en la que se encuentran los montes *Himalaya*; allí están las fuentes del *Gánges* y del *Buramputer*, y solo cuenta diez y seis ciudades, siendo la principal *Lassa*: á dos leguas de esta reside el *gran Lama*, cabeza principal del *chamanismo*: se le tiene por un dios encarnado en la tierra, y se recojen sus escrementos para hacer de ellos reliquias. Este dilatado pais contiene varias provincias, tales como el *Bután*, de las que se saca pelo de cabra para hacer los chales de cachemira; el *Nepaul*, aliado de los Ingleses; el *Assam*, que confina con los Birmanes.

134. La TARTÁRIA INDEPENDIENTE se estiende al E. del lago *Aral*, entre la Pérsia y la Rúsia: puéblanla algunas naciones

nomádes de casta tàrtara; las principales de ellas son los *Kírguises*, al N. y los *Usbekos* al S.: el *Gihun* y el *Sirr* atraviesan esta comarca, cuya parte meridional, que corresponde á la antigua *Bactriana*, se llama *Grande Bukária*, ó *Turkestan occidental*, y comprende las ciudades de *Samarcanda* y *Balck* (Bactra).

135. LA MONGÓLIA DEL CENTRO: se dá este nombre genérico á los paises que se estienden desde la gran Bukária hasta la Tartária chinesca: habítanla un sin número de pueblos nomádes ó pastores. Se distingue en esta comarca á la *pequeña Bukária* ó *Turkestán oriental*: las ciudades principales son: *Caschgar* è *Yarcand*; la *Kalmúkia*, habitada por los *Kalmukos*, que se reconocen como feudatarios de la China; la *Mongólia*, por los Mongóles; allí se encuentra el gran desierto de *Cobí*, que tiene 400 leguas de largo, y confina con la Tartária chinesca.

En este pais se cria el animal llamado *cabra de almizcle*, ó *gato de algália*.

CAPITULO III.

AFRICA.

136. Sí se considera el conjunto de esta parte del mundo, no ofrece á la vista mas que un vasto desierto abrasado por el sol, á escepcion de un corto número de países fértiles, situados principalmente en las costas: en toda su longitud, que es de 1440 leguas, y su latitud que es de 1320, no presenta sino muy pocos rios cuya corriente sea dilatada. En el cuaderno de la Geografía física se ha visto cuales son sus cabos, sus montañas, y sus rios, casi todos sujetos á unas crecientes periódicas. Córtala el Ecuador en dos partes casi iguales con respeto á la latitud, pues que se estiende al N. hasta el 37.º grado, y al S. hasta el 35.º

137. En los sitios cultivables la vegetacion muestra un vigor y una riqueza estraordinarios, y se encuentran en ella la mayor parte de los animales del antiguo continente. Los desiertos están habitados por animales silvestres, unos fieros como el leon, la pantéra, la hiéna, el rinoceronte, el cocodrilo, las sierpes y otros de condicion mas

apacible como la zébra ó asno listado, el cameleopardo, el elefante, mas pequeño que el del Asia, el antílope, la gazéla, que es parecida al corzo: entre las aves la avestruz, los papagayos, los flamenços de color de rosa.

138. Los habitantes forman varias castas, distintas, siendo las principales los Moros ó Arabes, diseminados en toda la Berbería; los Abisínios, los Núbios; los Coptos que habitan en Abisínia, en Núbia, en Egipto; los Negros, entre los cuales los *Cafres*, y los *Otentotes* ofreçen caractéres particulares: la casta negra en particular esta sumamente adicta al *fetichismo*.

§ I.

REGION SETENTRIONAL.

136. El EGIPTO está atravesado por el Nilo, que no forma ya mas que dos brazos en su embocadero, en lugar de siete que tenia en la antigüedad; estos son los de *Damiata* y de *Roseta*, que corresponden al Fatmítico y al Balbítino de los antíguos. En las costas están los lagos *Maryut*, y *Menzaleh*, que solo existe del sexto siglo á esta parte; el lago *Kerun*, que algunos

opinan es el antiguo lago *Meris*.

140. Los habitantes del Egipto en número de 2,500,000 pertenecen á cuatro castas: los *Coptos*, descendientes de los antiguos Egipcios, hablan aun el idioma de sus antepasados, salvo muchas alteraciones, y profesan la religion griega; los *Árabes*, los *Mamelucos*, y los *Turcos*: estas dos últimas están en corto número comparativamente con las dos primeras.

La constitucion física del Egipto no ha variado desde los tiempos mas remotos. Este pais está siempre fertilizado por las inundaciones del Nilo, y empieza la esterilidad en el punto á donde las aguas no pueden llegar; porque no llueve casi nunca en el Alto Egipto, y muy rara vez en el Bajo. Esta comarca está bajo la dependencia de la Puerta Otomana; pero el Bajá que envia, se ha hecho casi independiente.

141. Las ciudades principales son: *Alejandria*, que no ocupa ya sino una parte muy pequeña del sitio de la ciudad antigua; se vé allí el obelisco de Cleopátra y la coluna de Pompeyo; *Roseta*, sobre el brazo occidental del Nilo; *Damiuta*, sobre el oriental; *el Cairo*, en la ribera derecha del Nilo, capital del Egipto, contiene 200,000

almas: muy cerca están las pirámides de Ghizeh; la mas alta de ellas tiene sobre 514 piés castellanos de elevacion: en frente del Cairo está la isla de *Ruda*, en donde se halla el *nilómetro* ó *mekias*, escala que sirve para medir la inundacion del Nilo; *Syuth* (Lycopolis), de donde salen las caravanas para la Nigrícia: *Girgé*, capital del alto Egipto; *Cosseir*, puerto sobre el mar Rojo, en donde se desembarcan los géneros y mercancias que se trasportan á *Keft*, sobre el Nilo; *Luksor* y *Karnak*, lugares construidos sobre el sitio que ocupaba la antigua Tébas; *Déndera*; *Esné* (Latópolis), *Edfu* (Appollonopolis parva), célebres por sus magnificas ruinas; *Assuan*, à corta distancia del trópico del Cáncer, y no léjos de allí las *Cataratas* del Nilo; *Suez*, puerto en el estremo N. del mar Rojo, sobre el istmo de este nombre.

Al O. del Egipto están las dos *Oasis*, *grande* y *chica*; están poco habitadas: la primera contiene ruinas egipcias.

142. La NÚBIA al S. del Egipto, está tambien atravesada por el Nilo, y no es, propiamente hablando, como ella, mas que un valle del rio: alli recibe el Nilo las aguas del *Bahr-el-Abiad*, que se tiene por

el Nilo verdadero, y del *Tacazzo*, lo que aumenta mucho su caudal. Este pais es poco conocido: las ciudades principales son: *Sennaár* y *Dóngola*.

143. La ABISÍNIA, al S., encierra los nacimientos ó fuentes de uno de los afluentes del Nilo, que atraviesa el lago de *Dámbea*. Los habitantes profesan en general un cristianismo con mezcla de prácticas judías. Este pais está dividido en varias provincias. Ciudades principales: *Gondár*, cerca del lago Dámbea; *Axum*, puerto sobre el mar Rojo. Se saca de la Abisínia polvo de oro, plumas de avestruz y marfil.

144. El DESIERTO DE LÍBIA, al O. del Egipto, contiene varias *Oasis* ó sitios habitados. Las dos principales son: *Syuah*, que se crée sea la Oasis del templo de Ammon; *Augelah*: el *Fezzan*, con una poblacion de 72 á 75,000 negros, y una ciudad llamada *Murzuck*. Producen dátiles con bastante abundancia, y Sèn: al E. y al S. del Fezzan, habitan los *Tibbos*, negros que, la mayor parte, viven como *Trogloditas*.

Al N. siguiendo el Mediterráneo, entre el golfo de la Sidra y el Egipto, está el pais de *Barca*, estéril y mal habitado: *Derné* es el lugar principal.

145. LA COSTA DE BERBERÍA. Se aplica generalmente este nombre á toda la costa setentrional del Africa, contando desde el golfo de la Sidra: este pais está principalmente habitado por los Árabes, y en el interior del Atlas por una nacion que parece antígua: llámase á sus habitantes *Berebéres*, de cuyo nombre se ha derivado el de *Berbería*. Esta costa está dividida en cuatro partes.

146. *La Regencia de Trípoli*, entre la Sirta mayor y la menor, está gobernada por un bajá hereditario ó *Bey*; capital: *Trípoli*, puerto de donde se esportan las mercancias del interior, á saber: oro en polvo, plumas de avestruz, hojas de Sén.

147. *La Regencia de Túnez*, al O., habitada por Árabes ó Moros, en número de 4 á 5 millones. En la parte S. está el gran lago *Ludeah*, que se crée sea el *Tritonis lacus* de los antiguos. Ciudades principales: *Túnez*, capital, cerca de las ruinas de Cartágo; *Biserta*; *Porto Farina*, cerca de la antigua Útica.

148. *La Regencia de Argél*, al O., bañada por varios rios que bajan de la cordillera del Atlas. Al S. de esta cordillera està el pais *de Zab*, habitado por Berebéres (145). Ciudades: *Argél*, con un puer-

to hermoso y una poblacion de 80,000 almas; *Schersel* (Cesaréa); *Constantina*, en el interior, contiene hermosas ruinas; *Oran*, fortaleza en la orilla del mar, que fué de los Españoles; *Bona*, otro puerto. El gefe del gobierno se llamaba *Dey*, antes que conquistasen aquel territorio los Franceses en 1830.

149. *El Império de* Marruecos se estiende al O. hasta mas allá del cabo *Cantin* en el Océano. Está dividido en varias provincias, tales como *Fez*, *Marruecos*, *Tafilete y Sijilmesa*, al S. del Atlas. Ciudades: M*arruecos*, capital, residencia del emperador ó sultán; M*equinez*; *Fez*; M*ogador*, sobre el Océano, el gran puerto de comercio del império; *Tánger*; *Tetuán*; *Ceuta*, M*elílla*, *Peñon de Velez*, *Alhucemas*; (estas 4 últimas son del Rey de España, que en cada una tiene un presidio).
Poblacion, de 14 á 15 millones de habitantes. El suelo es sumamente fértil en trigo, algodon, cáñamo, aceitunas y almendras.

Al S. de este império y del estado de Argél, se estiende el *Biledulgerid*, ó país de los dátiles, sobre la cuesta meridional del Atlas.

150. El SAHRAH ò gran Desierto, està

situado entre la Berbería y la hoya del Niger: es una mesa inmensa cubierta de aréna movediza, enteramente estéril, y poblada de fieras: la parte O. contigua al Océno, està habitada por algunas tribus pobres y crueles, que recogen goma en unas selvas de gomèros y la llevan al Senegal, ó á Marruecos. Alli están los cabos *Bojador* y *Blanco*, la isla de *Arquin* y el puerto *Portendic*.

151. LA NIGRÍCIA ó SUDÁN: este nombre designa propiamente la hoya del *Níger* ó *Joliba*, que corre del O. al E, atraviesa el interior del Africa, y desagua, segun se crée, en un gran lago. Varios estados árabes ocupan esta hoya, que son los de *Tombuctu*, *Hussa*, *Wangara*, *Burnu*, en la parte oriental: el *Darfúr* y el *Cordofán* confinan con la Núbia y con la Abisínia. Todos los negros del Sudán son mahometanos.

152. LA SENEGÁMBIA, pais al O. de la Nigrícia, limitado al O. por el Océano, y regado por los rios del *Senegal* y del *Gambía*. Habitanle numerosas naciones negras, entre las cuales las principales son las de los *Fúlas*, de los *Felupos*, y de los *Yolofes*.

En las costas hay algunos establecimientos europèos; el fuerte *San Luis*, al embocadero del Senegal; la isla de *Goréa*, de los Franceses; el fuerte de *San James*, sobre el Gambía, de los Ingleses. Esta comarca bien regada ofrece una soberbia vegetacion: las selvas son numerosas; alli crece el *baobab*, el mayor árbol conocido; tiene hasta 138 piés castellanos de circunferencia, y la yerba de Guinéa que llega á la altura de 14 ó 15 piés, en unas vastas y dilatadas llanuras. Los elefantes, los monos, los leopardos, y el *bóa*, la mayor de todas las sierpes, son allí muy comunes.

153. Al S. del Gambía están los establecimientos portugueses de *Rio Grande*, y mas al S. el de *Sierra Leona*, en donde los Ingleses han fundado la colònia de *Kingston*, con la mira de civilizar los negros. Entre los embocaderos del Senegal y del Gambía están el *Cabo* verde, la isla de *Goréa* y las islas de *Bissagos*.

154. La GUINÉA se estiende á lo largo de la costa del golfo de este nombre; está separada de la hoya del Níger por las montanas de *Kong*. Está dividida en varias costas, como las de las *Granas*, de los *Dientes*, De *Oro*, nombres que proceden de

la naturaleza del comercio que en ellas se hace, sea en pimienta, en marfil, ó en polvo de oro. Estas costas contienen una docena de establecimientos européos.

El Reino de *Dahomey* abraza una parte de los pueblos de la costa, como tambien el de *Ashanti*, que empieza á tener relaciones con los Européos: al E. está el de *Benin*, con una ciudad del mismo nombre; al O. el de *Oware*.

El Reino de *Biafra* ocupa el fondo del golfo de Guinéa.

§ II.

REGION MERIDIONAL.

155. Casi toda esta region se estiende al S. del Ecuador.

Desde el cabo *Lopez Gonzalvez*, la costa toma el nombre de *costa de Angóla*, que se divide en varios reinos independientes: estos son: *Loango*, *Congo*, *Angóla*, *Benguéla*; el rio principal es el *Zaira* ó *Congo*. En la orilla del mar están los puertos de *Loángo*, de *San Pablo de Loánda*, de *San Felipe de Benguéla*. Los Portugueses dan el nombre de *San Salvador* á la capital del Congo.

156. Estos países, en los cuales tienen

los Portugueses varios establecimientos con una poblacion de 75,000 hombres, junto con la Guinéa, daban la mayor parte del abasto de negros para el *comercio de esclavos*, que se hacia con las colónias de América, antes que las naciones européas hubiesen renunciado unánimes á un tráfico tan vergonzoso para la humanidad. No hay pais en él mundo en donde se crie mayor número de animales silvestres, en particular de elefantes, monos, gazélas, antílopes, hippopótamos, rinocerontes bicórnios, &c.

157. La porcion de la costa que, desde *Bénguéla*, se estiende hasta el *Pais de los Otentótes*, es parte de la *Cafrería*; tal es el nombre que se dá, en general, al interior del Africa al S. del Ecuador, entre el Océano Atlántico y las costas del mar de la India. Los *Cafres*, cuyo nombre es arábigo y significa *infieles*, son negros que forman una multitud de tribus, que ciertas facciones particulares distinguen unas de otras.

158. El *pais de los Otentótes*, al S., ha tomado este nombre de los *Otentótes*, nacion negra de color moreno rojizo, que tiene la barba muy puntiaguda y las mejillas muy proeminentes. Forman un crecido número de

tribus, siendo las principales los *Namaquéses*, los *Boschimens* en estrémo barbáros y feróces.

159. La *colónia del Cabo de Buena Esperanza*, formada por los Olandèses, ocupa la parte meridional del pais anterior: aunque su estension no sea menor que la de la Gran Bretaña, no contiene con todo mas que unos 30 á 40,000 blancos y 50,000 esclavos: es un pais muy hermoso, bien regado y fértil. Los frutos de Europa prosperan muy bien, en particular la vid, que produce el esquisito vino de *Constancia*. La capital es el *Cabo*, ciudad de 20,000 almas, situada un poco al N. del cabo de Buena Esperanza, en la *bahía de la Mesa*. Esta colónia, que ahora pertenece á los Ingleses, es de la mayor importancia, porque su posicion la hace ser el punto de reunion de todas las embarcaciones que pasan del Océano Indico al Océano Atlántico, y vice versa.

160. Al E. del pais de los Otentótes empieza la costa S. E. del Africa, sobre el Océano Indico: siguen luego los países de *Natál* y de *Sófala*: en el interior, el *Monoemugí* y el *Monomotapa ó Motapá*, regado por el *Zambézo*, uno de los mayores rios

del Africa, son tierras muy poco conocidas.

161. La costa de *Mozambique*, en frente de Madagascar, contiene una ciudad fortificada del mismo nombre, que pertenece á los Portugueses.

162. La costa de *Zanguebár*, al N., contiene la isla y la cíudad de *Quilóa*: un poco mas al N. está la isla de *Zanzíbar*, sumamente fértil, que depende del imán ó gobernador de *Mascate* en Arábia (107): las ciudades de *Melinda* y de *Mombaza*, están cerca del embocadero del *Quilimáncy*, que baja de las montañas de la Abisínia, y corre del N. N. O. al S. S. E.

163. La costa de *Aján* al N. no es mas que una acumulacion de rocas y de arenas: el cabo *Guardafuí* la termina al N. Mas allá de este cabo está el reino de *Adél*.

De toda la costa S. E. del Africa se estrae marfil, goma y oro en polvo.

§ III.

ISLAS DEL AFRICA.

1º En el Océano Indico:

164. *Madagascár*, separada del continente por el canal de Mozambiqne, es una de las mayores islas conocidas: tiene 272

leguas de largo., y la atraviesa de N. á S. una cordillera de montañas: las orillas del mar son generalmente mal sanas. Es un pais abundante en maderas preciosas y minerales. Se encuentra en él al *Zebú*, ó buey giboso.

Dicen que su poblacion no baja de 2 millones de habitantes, repartidos en muchos pueblos diferentes, conocidos generalmente por el nombre de *Madecasos*: su idioma tiene analogía con el malayo, el arábigo y el cafre.

165. Las *Comóras* entre Madagascár y el continente, son cuatro; y la principal de todas *Comóra*, fértil en arroz, naranjas, limones, azuçar, &c.; las del *Almirante*, al N.; las islas *Sechelles*, cuya principal es *Mahé*, en la que los Franceses habian formado un establecimiento, que en el dia pertenece à los Ingleses; *Socótora*, al N. E. del cabo *Guardafuí*, isla árida y pedregosa, que produce el mejor aloé.

166. La *Isla de Francia ó Maurício*, fértil en añil, café y azucar, con 80,000 almas de poblacion, ahora de los Ingleses; su capital es *Puerto Luis*: la *Isla de Borbon* al O., que tiene un volcán siempre en actividad; produce azucar, clavo de espècia,

café y trigo: pertenece á los Franceses, y su poblacion consta de 84,000 almas. Su capital se llama *San Dionísio.*

2º en el Océano Atlántico.

167. *Santa Eléna*, isla pequeña, de menos de ocho leguas de circuito, en la que la vegetacion es bastante rica: tiene una ciudad llamada *Jamestown*, y sirve de éscala á los buques ingleses que van á la India. Es célebre por el destierro y muerte de Napoleon. La *Ascension*, al N.; peña estéril, no llama la atencion del viajero sino por la cantidad de tortugas que en ella se encuentran: las islas de *Fernando Pó*, de Santo *Thomé*, de los *Príncipes*, en el golfo de Guinéa.

168. Las islas del *Cabo Verde*, en número de diez, la mayor parte pedregosas: las principales son: *Santiago*, *Fuego*, *Sal*, y *Mayo*: producen añil, naranjas y limones: pertenecen á los Portugueses.

169. Las islas *Canárias*, grupo considerable compuesto de siete islas; las principales son *Lanzarote* y *Fuerte ventura*, en donde se crian muchos camellos; la *Gran Canária*; la isla del *Hierro*, por donde pasaba el Meridiano convenido; *Tenerife*, muy fertíl en las costas: en su centro se eleva

el *Pico de Teide ó de Tenerife*, volcán formidable, cuya elevacion es de 13,258 piés castellanos; esta isla es fértil en vino. Las Canárias pertenecen á la España: habitábalas antes un pueblo civilizado llamado *Guanches*.

Al N. están las islas de *Madéra* y de *Porto Santo*, de los Portugueses. Madéra es célebre por su vino: su capital se llama *Funchal*.

170. Al N. O. está el grupo de las *Azóres*, que disfrutan de un clima delicioso; pero su naturaleza volcánica las espone á frecuentes terremotos. Las principales son *Tercéra*, la mayor de todas; *San Miguel*, *Fayal*, *Graciosa*, *Pico*, que tiene un volcán muy elevado: pertenecén á los Portugueses.

CAPITULO IV.

AMÉRICA.

Este vasto continente tiene unas 2,400 leguas del N. al S. Se compone de dos grandes penínsulas unidas la una con la otra por el itsmo de *Panamá*: se les dá el nombre de *América setentrional* y de *América meridional*.

§ 1º

AMÉRICA SETENTRIONAL.

171. Mucha parte de ella es poco conocida; el interior está atravesado de N. à S. y siguiendo la costa del O., por una larga cordillera de montañas que se junta con la del Méjico ó Nueva España: llàmase esta cordillera las *Montañas Cascajosas* ò *Pedregosas.*

Las costas tienen su direccion al N., al O., y al E.

Las primeras, bañadas por el Mar Glacial, están casi desconocidas.

172. Las costas N. O. empiezan en el estrecho de *Behring*, y hasta el 60º grado de latitud, toman el nombre de *América Rusa*: están gobernadas por una compañía de negociantes rusos, asi como las islas *Aleutas* ó *Aleutianas*, y de las *Zorras*, y la peninsula de *Alatska*: se estraen de ellas preciosas pieles. Allí se encuentra el monte de *San Elias*, la montaña mas alta de la América setentrional, pues tiene cerca de dos mil piés mas de altura que el Monte Blanco de los Alpes.

173. Al S. de la América rusa hay una

infinidad de islas junto á la costa, cuyas principales son: las del *Rey Jorge*, del *Príncipe de Gales*, de la *Reina Carlota*, de *Vancouver*, en cuyo estremo S. está la bahía de *Nutka*, célebre por su gran comercio de peleterias.

Al S. de las islas de Vancouver està el embocadero del rio *Colombia*, que recibe el *Lewis*, cuyas orillas están pobladas de abétos de mas de trescientos piès de alto.

174. A corta distancia al S. empiezan las posesiones españolas, que se estienden en un espacio de mas de 960 leguas bajo la denominacion general de REINO DE NUEVA ESPAÑA, subdividido en *Provincias internas*, *Reino de Nueva España propio*, y *Reino de Goatemala*. Este dilatado pais està gobernado por un Virey, nombrado por el Rey de España, à cuyas órdenes està el Capitan General de Goatemala: tiene tres Audiencias y doce Intendencias. Pasarémos à describir sus subdivisiones.

Provincias internas.

La *Califórnia* al N. O. es una larga península separada por el *Golfo de Califórnia* ó *Mar Vermejo*, y termina en el cabo de *San Lucar*, en donde hay un buen puerto. El presidio de *Loreto* se considera como la capital,

Al N. de esta comarca, sobre la costa O. del Grande Océano, está la *Nueva California*, que se estiende desde el *puerto de San Francisco*, hasta el de *San Diego*, al S.: el puerto de *Monterey*, es la residencia del Gobernador de ambas Califórnias. La costa del Océano al N. de la Nueva Califórnia, en la que los Européos no han formado ningun establecimiento, fué llamada por los Ingleses *Nueva Albion*.

El *Nuevo Méjico*, es una comarca angosta que se estiende siguiendo la orilla del *Rio del Norte* por espacio de 140 leguas: es muy poco poblado, y sus principales ciudades son *Santa Fé* y *Taos*.

La *Nueva Navarra*, al E. del Mar Vermejo: ciudades; *Arispe*, *Sonóra*. Este pais tiene ricas minas de oro y de plata.

La provincia de *Cinalóa* al S. de la anterior: ciudades; *Cinalóa*, *Hostímuri*, *Alamos*. Al S. de esta está la de *Culiacán*.

La *Nueva Vizcaya*, al S. de las anteriores: ciudades; *Durango*, *Chihuahua*.

La provincia de *Cohahuila*, al O.: ciudades; *Monclova*, *Santa Rosa*.

Lindando con la Luisiana está la *Nueva*

Estremadúra, antes *Provincia de Tejas*: lugar principal; *San Antonio de Bejar*.

Reino de Nueva España.

El *Nuevo Santander*, sobre el golfo de Méjico, al O., con una capital del mismo nombre.

La Provincia de *San Luis de Potosí*, sobre el mismo golfo, tiene abundantes minas de plata.

Al S. de las anteriores están las de *Zacatécas* y de *Guadalajara*, formando juntas la *Nueva Galicia*: ciudades principales; *Zacatécas*, *Guadalajara*.

El antiguo *Mechoacán*, forma las intendencias de *Guanajuato*, y de *Valladolid*: ciudades; *Valladolid*, antes *Mechoacán*, *Guanajuato*.

La provincia de *Méjico*: ciudades; *Méjico*, la capital que era del império de Motezuma: es la ciudad mas hermosa del Nuevo Mundo, y residencia del Virey de Nueva España; *Queretaro*, *Toluca*, *Tasco*: *Zacatúla* y *Acapulco*, puertos sobre el Mar Pacífico.

La provincia de la *Puebla de los Angeles*, antes *Tlascalá*, con una capital del mismo nombre.

La de *Veracruz*: su capital del mismo nombre; su puerto está protegido por la fortaleza de *San Juan de Ulúa*; ciudades: *Jalapa*, en cuyas cercanias está el Castillo del *Perote*; *Tampico*.

La de *Tabasco*, cuya capital tiene el mismo nombre. La de *Oajaca*; ciudades; *Oajaca*, *Tehuantepec*, puerto sobre el Mar Pacífico.

La península de *Yucatán*; ciudades: *Mérida*, capital, *Campeche*.

Reino de Goatemála.

175. Este Reino forma una Capitanía General que, como dijimos, depende del Virey de Nueva España: abraza las provincias de *Costarica*, *Nicaragua*, *Honduras*, *Verapaz*, *Chiapa*, *Soconusco* y *Goatemála*: ciudades: *Goatemála*, *Chiapa*, *Cobán*, *C-mayagua*, *Trujillo*, *San Leon de Nicaragua*, *Granada* sobre el lago de Nicaragua, *Cartago*, *Soconusco*.

176. Este vasto y magnífico pais que abraza todo el itsmo que reune las dos Américas, (llamado de *Panamá*), está atravesado por una cordillera elevada que forma dilatadas mesas de prodigiosa elevacion. Contiene varios volcánes, entre los cuales des-

tante; mal sano en algunas provincias de la region meridional en las que suele reinar la fiebre amarilla, que hace en ellas crueles estragos.

El suelo no ofrece, en gran parte, mas que una selva inmensa, interrumpida por llanuras bajas y desnudas llamadas *Savánas*, ó por campos cultivados: la region del N. produce los principales vegetales de la Europa; la del S. el añil, el arroz, el tabaco y el algodon.

181. Los Estados unidos fueron originariamente colónias inglesas, dependientes de la metrópoli; pero en 1782 se libertaron de este yugo, y forman desde entonces un estado federativo compuesto de 19 estados (contando con la Luisiana y la Florida, que han adquirido ultimamente), cada uno de los cuales tiene su gobierno, sus leyes y sus costumbres particulares. Envian diputados, á razon de 1 por cada 35,000 habitantes, á un *congreso* ó *dieta*, dividida en dos cámaras, que tienen á su frente un presidente: este congreso tiene á su cargo todo lo que mira la política esterior. Todas las religiones están toleradas, por cuya razon abundan en este pais las diferentes sectas dimanadas de la comunion protestan-

te. Antes habia muy pocos católicos; pero despues de la reunion de las dos provincias españolas, ha ido aumentando el número de los fieles, en términos que hay ya establecidos varios obispados, y una sede Archiepiscopal cuyo prelado reside en Baltimore.

La poblacion, que cada dia va en aumento, pasa de once millones de habitantes, entre los cuales se cuentan 1,200,000 esclavos negros. Las fuerzas navales de los Estados Unidos toman considerable incremento, y son las mas respetables despues de las de la Inglaterra.

182. Los diez y nueve estados son, empezando por el N.: *Main*, *New Hampshire*, *Vermont*, *Massachusset*, *Rhode-Island*, *Connecticut*, *New-Yorck*, que forman lo que llaman propiamente la *Nueva Inglaterra*; *New-Jersey*, *Pensilvánia*, *Delaware*, *Maryland*, *Virgínia*, las dos *Carolinas*, del N. y del S., *Geórgia*, *Kentuki*, sobre el Ohio, *Tennesséa*, *Territorio del Oeste*, *Nueva Orleans* (Luisiana), y *Florida*.

183. Ciudadès principales: *Boston*; capital del *Massachusset*, un poco al N. del cabo *Codd*, en donde se pesca una cantidad inmensa de bacalao: Boston es la pátria del famoso Franklin, inventor del parara-

yos, y la primera plaza de comércio despues de *New-Yorck* (Nueva-Yorck), ciudad sobre el rio de *Hudson*; *Filadélfia*, en *Pensilvánia*, una de las principales; *Baltimore*, en *Maryland*, puerto considerable; *Washington*, sobre el *Potowmack*, ciudad nueva en la que se junta el congreso; *Richmond*, en Virginia; *Charlestown*, puerto muy comerciante; la *Nueva Orleans*, edificada al embocadero del Misisipí, capital de la Luisiana, provincia que perteneció á la España; *San Agustin y Pensacola*, en la Florida, cedida ultimamente á los Estados Unidos por la misma potencia.

184. El pais al O. de los Alleghanis, que comprende los estados de *Kentuki* y de *Tenesea*, es muy poco poblado; el territorio al N. del Ohio, el del Misisipí, y la Geórgia estàn casi enteramente habitados por tribus oriundas de aquellas comarcas; las principales son los *Criks*, los *Muscogulgos*, los *Chactas*, los *Cheroquies*, &c.

185. El CANADÁ, al N. de los Estados Unidos, atravesado de O. á E. por el rio de *San Lorenzo*, por el que se desaguan cinco lagos, es un pais mas frio de lo que parece, corresponde á su latitud; porque, aunque esté situado en la misma que la Francia,

se ha visto en él algunas veces helarse el azogue.

Las pieles de castór, de nútria, y de otros animales, son particularmente lo que dá importancia á esta comarca, poseida primeramente por los Franceses, y desde 1763 por los Ingleses,

El Canadá se divide en *alto* y *bajo*: las principales ciudades son: *Quebec*, capital; *Tres Rios*; *Montreal*, en una isla del rio.

186. El NUEVO BRUNSWICK se estiende á lo largo del golfo de San Lorenzo: es un pais de poca importancia: su capital es *FrederiksTown*, sobre el rio de San Juan.

LA NUEVA ESCÓCIA ó *Acádia*, península unida al continente por un itsmo muy angosto, contiene los escelentes puertos de *Halifax* y de *Annapolis*.

187. A la entrada del golfo de San Lorenzo están la *Isla Real* y la del *Cabo Breton*, ambas casi abandonadas en el dia de hoy; la de *San Juan*, muy fértil; la de *Anticosti*; la de *Terranova*, llamada por los Ingleses *Newfoundland*, que cierra la entrada del golfo de San Lorenzo: esta isla es estéril en todas partes, menos en las orillas de los rios; produce maderas de construccion. Su poblacion no baja de 70,000

habitantes que hacen el comercio de peleterias y madera: las ciudades son: *Placéncia y San Juan.* Al S. E. está el gran banco de Terranova, que tiene 240 leguas de largo, famoso por la pesca del bacalao.

El grupo de las islas *Bermudas*, (de los ingleses), esta en médio del Océano Atlántico; tienen 10.000 habitantes, la mitad de los cuales son negros.

188. Al N. del Canadá un pais vasto, apenas ó muy poco conocido, se estiende hasta el mar Glacial y la bahía de Hudson; en el se encuentran los grandes lagos de *Winipeg*, de las *Montañas* y del *Esclavo*; riéganle varios rios caudalosos, y le habitan salvages cazadores.

Los Ingleses han formado en la orilla de la bahía de Hudson, algunos establecimientos para el comercio de las pieles

189. El pais al E. de esta bahía se llama *Labrador* ó *Nueva Bretaña*; es estéril y frio, habitado por tres naciones, la principal de las cuales es la de los *Eskimales*, que solo viven de la pesca. Los hermanos moravos, secta protestante, han formado tres colónias entre ellos.

190. Al N. E. de la bahía de Baffin, se estiende la *Groenlandia*, ocupada por coló-

nias dinamarquesas y por *Eskimales*, que no tienen mas médios de existencia que el producto de la pesca de la Ballena: el sitio mas adelantado ácia el polo está á los 72 grados de latitud.

Se ha buscado mucho tiempo un paso para entrar desde el Océano Atlántico en el Grande Océano. Los Ingleses renovaron poco ha sus tentativas, y el Capitan Parry, despues de haber invernado, en 1820, á los 74° 47', penetrò por la bahía de Baffin hasta un mar situado al O., que debe comunicarse con el Grande Océano. Una nueva espedicion, que saliò en 1821, para completar el descubrimiento del paso tan buscado, no ha tenido todo el acierto que se esperaba.

§ II.

AMÉRICA MERIDIONAL.

191. La América meridional es de todas las penínsulas del orbe la mas rica, la mas fértil y la mas vasta. Toda la parte occidental forma una dilatada mesa sobre la cual se elevan cordilleras de montañas á cuyo conjunto se dá el nombre de *Cordilleras de los Andes*; los montes principales son; el *Chimborazo*, el *Cotopaxi*, el *Pichincha*,

volcanes en actividad, y las montañas mas altas del globo, despues de las del Tibet. Esta cordillera está demasiado arrimada á la costa O. para que salgan de ella rios caudalosos; pero del lado opuesto nacen en ella rios inmensos, tales como el de las *Amazonas ó Marañon*, que corre del O. al E., y entra en el Océano Atlántico por un embocadero anchísimo, despues de haber recorrido de mil á mil y doscientas leguas de terreno; recibe el *Ucayal*, el rio *Madera* y el rio *Negro*; es el rio mas grande del mundo, y una fragata puede remontarlo hasta la distancia de mas de 400 leguas; el *Orinóco*, que se comunica con el anterior por el *Casiquiari*, uno de los rios que desaguan en el rio Negro; el *Rio de la Plata* se forma de los rios que nacen en los Andes y en la mesa de *Matto Grosso* al S. del de las Amazonas, corre de N. á S. y desagua como el anterior en el mismo mar por un embocadero muy ancho.

Los Españoles y los Portugueses poséen una gran parte de la América meridional: lo restante es independiente de toda Potencia européa.

Posesiones Españolas.

192. La Provincia de *Caracas* ó de *Ve-*

nezuela, sobre el Golfo de Méjico, se estiende al S. del embocadero del Orinóco. Este pais, subdividido en varios distritos, está cubierto de dilatadas selvas que producen madera de tinte y de construccion; el cacáo y el tabaco crecen allí en abundancia. Ciudades: *Caracas*, capital, á poca distancia del mar, residencia del Capital General; *Cumaná*; *Maracaibo*, sobre un gran lago del mismo nombre; *Puerto Cabello*, *Trujillo*, *Burinas*.

La isla *Margarita*, contiene el puerto de *Pampatar*.

De esta misma provincia depende la *Guayana española*, al S., que tiene mas de 320 leguas de largo. En ella se encuentran desiertos áridos, de aquellos que llaman *llanos ó pampas*, especie de Savánas (180) ó de Steppas (93), por cuya razon no pasan sus habitantes de 60,000: algunos rios de esta comarca tienen las aguas de color de café. *Angostura* es la residencia del Gobernador.

193. El *Nuevo Reino de Granada*, al O., forma en ciertas partes una mesa muy elevada, espuesta á grandes conmociones volcánicas: es rico en minas de platina y de oro, esplotadas por negros ó por natu-

rales; en minas de esmeraldas las mas hermosas del mundo.

Las subdivisiones de este reino son las siguientes: 1.º La *Nueva Granada* propia, que abraza las provincias de *Santa Fé de Bogóta* y *Antioquía*, *Santa Marta* y *Cartagéna*, *San Juan de los Llanos*, *Popayan* *Barbacoa* y *Choco*, *Beriquete*, *Novita* y *Raposo*: 2.º La *Tierra firme*, que comprende de las provincias de *Veragua*, *Panamá* y *Darien*: 3.º el Reino de *Quito*, formado de las provincias de *Quito*, *Macas*, *Quijos* *San Juan de Bracamoros* y *Guayaquil*: 4.º la provincia de *Maynas*, vasta region que se estiende sobre la orilla del rio de las Amazonas, en la cual á penas hay establecimientos españoles. Ciudades: *Santa Fé de Bogóta*, capital y residencia del Virey, situada en una altura de mas de 9330 pies castellanos, mayor por consiguiente que la del convento del grande San Bernardo en los Alpes; *Santiago de Veragua*; *Panamá* y *Portobelo* puertos, el 1.º sobre el mar pacífico, el 2.º sobre el mar del norte; *Cartagéna de Indias*, puerto magnífico sobre este último mar; *Santa Marta*; *Rio del Hacha*; *Popayán*; *Quito*, que, aunque situada debajo del Ecuador, disfruta de una temperatura muy suave, porque está colocada al pié del Chimborazo, á mas de 10,300 pies castellanos sobre el nivél del mar; *Guayaquil*; *San Joaquin de Omaguas* en la provincia de Maynas.

No lejos de Quito están los famosos volcanes *Cotopaxi* y *Pichincha*, lo que hace ser allí frecuentes los terremotos.

El nuevo Reino de Granada posée el famoso *Salto de Tequéndama*, catarata por donde se precipita él rio de Bogóta à una profundidad de mas de 600 piés castellanos, y el puente natural de *Iconcuzo* sobre el rio ó torrente de la *Suma Paz*.

Al reino de Quito parece que corresponde agregar las islas inhabitadas de los *Galápagos*, situadas debajo del Ecuador á 176 leguas del continente americano.

194. El *Reino del Perú* situado al S., sobre la costa del Grande Océano, en las dos faldas de la cordillera de los Andes se divide en *bajó* y *alto Perú*. La parte contenida entre las dos ramificaciones de los Andes es la que mas abunda en minas de plata: este pais es fértil en maderas preciosas, resinosas y olorosas, en aceite, café, azucar, algodon, cacáo, quina &c., y abunda tambien en seda y lana de vicuña;

pero carece de conductos para la estraccion de estos objetos. La parte del alto Perú contenida entre el mar y la ramificacion de los Andes conocida por el nombre de *Cordillera de la costa*, se llama *los Valles*, y la que está situada entre las dos cordilleras principales, *la Sierra*: la llanura inmensa que está á la espalda de la gran cordillera y se estiende ácia las orillas del Ucayal y del Marañon, puede llamarse *Perú interior*.

Ciudades: *Lima* capital y residencia del Virey: su puerto se llama *el Calláo*; *Cuzco*, antigua residencia de los Incas; *Trujillo*; *Huamanga*; *Arequipa*; *Huancabelica*, célebre por sus minas de azogue y sus aguas minerales; *Cajamarca*; *Pasco*; *Huanuco*; *Guamanga*.

195. El *Reino de Chile*, al S. del del Perú, se estiende igualmente á lo largo de la costa del Grande Océano, formando á manera de una tira estrecha de terreno, que tiene por límites al E. la cordillera de los Andes. Posée este pais minas de oro riquísimas, un suelo fertilísimo, y goza de un clima delicioso.

Ciudades: *Valparaiso*, puerto principal; *Santiago*, capital del reino y residencia del

Capitan general; *Valdivia*, puerto escelente; *Coquimbo*; *Concepcion*.

La grande isla de *Chiloe*, es la principal de las 47 que forman el archipiélago de *Chonos*, veinte y cinco de las cuales estan pobladas; en ella se encuentra el puerto de *San Carlos de Chacao* y la ciudad de *San Juan de Castro*.

Al E. del Chile está la nacion de los *Araucos*, gente belicosa que no carece de civilizacion.

A la distancia de 128 leguas de las costas se encuentran las dos islas de *Juan Fernandez* llamadas, la 1ª *Mas á tierra* y la 2ª *Mas á fuera*.

196. *Provincias del Rio de la Plata*, al E., cuya capital es *Buenos Aires*, residencia del Capitan General.

Provincia de *Cuyo*: capital, *Mendoza*: al N. E. de esta y al E. del Chile se estiende la de *Tucumán*, pais poco frecuentado. Ciudades: *San Felipe* ò *Salta de Tucumán*, residencia del gobernador; *Córdoba*.

La Provincia de *Chaco*, casi enteramente habitada por Indios mas ó menos salvages.

El *Paraguay* ó *Provincia de Buenos Aires*, situada á la orilla del Rio de la

Plata y á la del Océano Atlántico. Ciudades: *Buenos Aires*; la *Asuncion*, á la orilla derecha del rio Paraguay; *Montevidéo*. En esta provincia se comprenden los gobiernos de *Corrientes ó de las Misiones*, de *Uraguay*, y de *Montèvidèo*, situados al E, del gran rio *Parana*.

La Provincia de *Charcas*, desmembrada del Perú; ciudades: *La Plata* ó *Chuquisaca*; *La Paz*; *Potosí*, célebre por sus abundantísimas minas de plata; *Santa Cruz de la Sierra*.

Al S. de Buenos Aires se encuentra el pais llamado *Tuyu* entre el Rio *Saladillo* y el *Hucuque*; y las grandes llanuras, llamadas *Pampas*, habitadas por Indios llamados *Puelches*.

Tiene tambien esta Capitanía General varias Misiones como las de los *Guaranis*, *Chiquitos*, *Tapes* &c.

Todas las posesiones españolas de la América meridional no pasan de 6 millones de habitantes, cuyas dos terceras partes se componen de Indios naturales, formando una infinidad de tribus que difieren esencialmente en sus costumbres é idiomas.

Posesiones Portuguesas.

197. El *Brasil* comprendido entre el Océano Atlántico al E, y el Perú al O., no se conoce bien sino en las costas. La poblacion es de dos millones y medio de habitantes, entre los cuales 500,000 son Europèos; los demas negros, mulatos ó naturales. Pertenecia antes al Portugal, y ahora forma un estado independiente.

Este pais, rico en producciones vegetales, en minas de oro y de piedras preciosas, sobre todo de diamantes, produce en abundancia algodòn, añil, azucar, cacáo, madera de tinte llamada de Brasil.

Ciudades: *Rio Janeiro*, capital con un puerto escelente; *Rio-Grande*, la mas meridional del Brasil; un poco al N. está la isla *de Santa Catalina*, que contiene un buen puerto; *Bahía*, ó *San Salvador*, la segunda ciudad del Brasil; *Pernambuco* ú *Olínda*, célebre por sus esportaciones de algodon y de madera de tinte.

198. Al N. del Rio de las Amazonas, se estiende hasta la provincia de Venezuela (192) una dilatada comarca pantanosa, llamada *Guayana*, cuya parte occidental es-

tá ocupada por colónias olandesas y francesas.

La *Guayana Francesa* se estiende por espacio de doce leguas sobre la costa; *Cayena*, en una isla mal sana, es su capital: se cultiva allí el clavo de especia, la moscada y el café. Esta colónia contiene 34,000 habitantes.

La *Guayana Olandesa* al N., está regada por varios rios, en particular por el de *Surinam*, en cuya orilla está situada la capital *Paramaribo*: poblacion de la colónia 310,000 habitantes.

199. La *Patagónia* es la parte meridional de la América que termina en punta: llámase tambien *Tierra de Magallanes*, ò *Magallánica*, porque Magallanes fué el primer navegante que la avistó. Este pais muy frio y estéril, está habitado por los *Patagones*, casta de hombres de estatura mas aventajada que los demas.

200. La *Patagónia* está separada por el estrecho de Magallanes de la *Tierra de Fuego*, isla volcánica é inhabitada: al S. hay varios islotes, uno de los cuales forma el cabo de *Hornos*, última punta de la América, que doblan los navegantes para pasar del Océano Atlántico al Grande Océano.

El estrecho de *Le Maire* separa la *Tierra de Fuego* de la isla *de los Estados*, y un poco al N. E. están las islas *Maluinas* ó de *Falkland*, inhabitadas, asi como la *isla Geórgia*, al E. del cabo de Hornos: enfin mas al S. está la *Tierra de Sandwich*, isla cubierta de nieves perpétuas.

§ III.

ISLAS EN EL GOLFO DE MÉJICO.

201. Estas islas forman un arco de círculo al frente de este golfo, por cuyo motivo se les ha dado el nombre de *Antillas*: se dividen en *mayores* y *menores*.

Islas mayores.

202. *Cuba.* Tiene 224 leguas de largo y su latitud varia de 16 hasta 32 leguas; de modo que su estension es casi igual á la de la Gran Bretaña: su poblacion consta de 722,000 habitantes, á saber: 257 mil blancos y gente de color, y 465 mil esclavos: algunos créen que en el dia no baja de un millon de individuos. Abunda en maís, casáve, algodon, café, y tabaco superior á todo el que se coge en América.

Ciudades: *La Habána*; residencia del Capitan General, con un puerto vasto y escelente; *Puerto Príncipe*; *Santiago*, residencia del Arzobispo; *Bayamo*; *Matanzas*; *la Vega*; *Trinidad*.

203. *Santo Domingo*, la mayor despues de la que antecede, es la isla mas rica y de mas importancia de las del golfo. Pertenecia parte á los Españoles y parte á los Franceses: pero de resultas de la revolucion de 1789, los negros se han declarado independientes y han fundado un estado político con el nombre de *Haiti*, que, en su origen, era el de uno de los distritos de la isla. La poblacion total puede ascender á un millon de individuos.

Se cuentan en esta isla doce ciudades, cuyas principales son: *el Cabo Francés*, capital; *Puerto Príncipe*; *Santo Domingo*, capital de la parte española.

204. *Puertorico*, de los Españoles: capital, *San Juan de Puertorico*; ciudades: *Aguadilla*, *San German*, *Fajardo*.

205. La *Jamáica*, de los Ingleses; tiene unas 36 leguas de largo y 16 de ancho: produce azucar, gengibre y pimienta.

Ciudades: *Kingston*, capital; *Santiago de la Vega* y *Puerto Real*.

Al N. de Cuba y de Santo Domingo y al E. de la Florida está el grupo de las *Lucayas* ó de *Báhama*, en número de 500; pero muchas de ellas no son mas que unas peñas. Doce son grandes y fértiles; las principales son: *Bàhama* y *San Salvador* á donde aportó Cristobal Colón, antes de tocar á ningun otro punto de la América. Son de los Ingleses.

Islas menores.

206. Las *islas Vírgenes*; tres de ellas pertenecen á los Ingleses, y dos á los Dinamarqueses, que son *Santa Cruz* y *Santo Tomás*.

La *Anguila*, la *Barbada*, *Antígoa*, *la Domínica*, *Santa Lucía*, *San Vicente*, la *Barbuda*, la *Granada*, *Tábago*, la *Trinidad*, pertenecen á los Ingleses.

Los Franceses solo han conservado la *Guadalupe*, cuya capital es la *Basse terre*, y la *Martínica*, de la que lo es *Puerto Real*.

207. Al O. están las islas nombradas de *Sotavento*, porque el viento alísio no dá en ellas hasta que ha tocado las que èstán mas al oriente. Las principales son: *Curazao*, *Bonaire* y *Arruba*; *Villemstadt* es la

capital de la primera, y todas pertenecen á los Olandeses.

208. El Archipiélago del golfo de Méjico, situado en la Zona Tórrida, ofrece en todas sus partes poco mas ó menos las mismas producciones, que son el azucar, el café, el añil, el algodon, y casi todos los vegetales exòticos naturalizados por los Européos: estas producciones son lo que constituye la riqueza comercial de las Antillas.

Estas islas están espuestas á dos clases de azotes; los *uracanes*, (que derriban las habitaciones y los árboles), y *la fiebre amarilla* (180), especie de peste ó enfermedad epidèmica sumamente peligrosa.

CAPITULO V.

QUINTA PARTE DEL MUNDO.

209. Se comprende bajo este nombre, ó bajo el de *Mundo marítimo*, aunque mas generalmente bajo el de *Oceánica*, la totalidad de las islas situadas al S. del Asia, con la Nueva Olanda y todas las islas diseminadas en el Grande Océano, porque ofrecen caractéres particulares que las distinguen de otras partes del mundo, con respeto à los habitantes y á las producciones.

Se divide en tres partes distintas: *la Notásia ó Asia meridional*, la *Austrália* y la *Polinésia*.

§ I.

LA NOTÁSIA.

210. Este nombre se aplica al archipiélago que está situado entre el Asia y la Nueva Olanda, en el que se distinguen tres grupos: 1º las *islas de la Sonda*, en número de tres.

Sumátra, la mas importante de todas, atravesada por una elevada cordillera que encierra volcanes. El cerro mas alto de esta cordillera es el monte *Ofir*, que tiene sobre 12,970 pies castellanos de altura. Esta isla posée todos los animales grandes que tiene el Asia: produce pimienta, canéla, alcanfór, maderas de construccion.

Ciudades: *Achem*, al N. con un puerto escelente; *Padang*, establecimiento inglés; *Benculén*, de los Olandeses.

211. *Jáva*, separada de Sumátra por el estrecho de la Sonda, tiene su direccion de E. á O.. *Batávia*, ciudad en la costa N., es el lugar principal del comercio de los Olandeses en Oriente: es la ciudad mas mal sana del mundo. Jáva es particularmente fértil en arroz y en todas las producciones

de la India. Los naturales han formado en ella varios estados.

Bally, *Sumbava*, *Timorland* pertenecen á los Olandeses: *Timor* está repartida entre los Olandeses, los Portugueses y los naturales.

211. *Bórneo*, al N. de Jáva, es la mayor de todas, despues de la Nueva Olanda. Las costas son mal sanas, y el interior habitado por hombres fieros; por cuya razon la conocen muy poco los Européos. Los Ingleses tienen en ella algunos establecimientos. Su principal producto es el diamante que no se encuentra sino alli, en el Indostán (112), y en el Brasíl.

213. 2º Las *Molúcas ó islas de las Espécias*: entre ellas se distinguen; *Celébes*, la mayor despues de Sumátra y Bórneo: produce espécias tales como la pimienta, el gengibre &c., arroz, algodon, alcanfór: allí crece el *Upas*, árbol famoso por el venéno que suministra y con el cual se emponzoñan las saétas. *Macassár*, en la costa S. E. es el único establecimiento conocido de los Européos.

Al E. están propiamente las *islas de las Espécias*, que tanto provecho daban en otro tiempo á los Olandeses: las principales son

Gilolo, *Ceram*, *Amboina*, *Banda*, &c.: producen el clavo de espécia, la canéla, la nuez moscada, la pimienta, el gengibre.

214. 3º Las *Filipinas*, grupo al N. de las Molúcas, que pertenece á la España y se compone de dos islas grandes y de algunas mas pequeñas; las de *Luzon* y de *Mindanao*, son las mayores. La primera está dividida en dos penínsulas por un itsmo estrecho; una cordillera de montañas volcánicas la atraviesa y ocasiona con frecuencia horribles terremotos. Los Españoles han introducido allí todos los vegetales de Europa: *Manila* es la capital de todos los establecimientos, residencia del Capital General, del Arzobispo y de la Real Audiencia.

Mindanao es muy fértil; las otras islas son *Panay*, *Samur*, *Cebú*, &c. hasta el número de 40, y la pequeña isla de *Mactán* en donde pereció el célebre navegante Magallanes.

Todas las islas de la Notásia están habitadas principalmente por la casta malaya, por los Européos en las costas, y por los naturales en el interior. Los Malayos aparentan ser oriundos de Sumátra y de Málaca, en donde parece que formaron en otros tiempos un grande império: todos ellos son Mahometanos.

§ II.

LA AUSTRÁLIA.

Se compone del continente de la Nueva Olanda y de algunas islas grandes.

215. La *Nueva Olanda* es de igual magnitud que la Europa; sus costas solas son conocidas. Lo que distingue este pais, es su esterilidad y la falta, ó á lo menos la escaséz de rios, pues á escepcion de uno solo, no se han encontrado hasta ahora mas que arroyos ó torrentes; lo que hace presumir que en el centro debe haber un mar interior, como el mar Cáspio. Este pais produce plantas y cria animales que en ninguna otra parte se vèn. La espécie humana está en el primer grado del estado salvage; los habitantes son negros ó atezados, con el cabello no lanudo y tan largo como el de los Européos; se dice con todo que algunas tribus tienen el pelo como los negros del África, Los Ingleses han formado en la costa E. el establecimiento de *Botany Bay* y de *Puerto Jackson*, á donde envian los delincuentes: estos hombres vil escòria de la sociedad, sujetos allí á un régimen sevéro, vuelven los mas á entrar en la senda del honor. El gobierno reside

en la nueva ciudad de *Sidney Cove*: *Paramatta* es otra nueva poblacion. La Nueva Olanda está separada por el estrecho de *Bass*, de la tierra de *Van-Diemen* ó *Tasmánia*, en donde el clima es muy frio. Los habitantes son negros y de cabello lanudo: difieren en muchos puntos de los de la Nueva Olanda, é ignoran el uso de las canóas.

216. Entre las grandes islas de la Austrália se distingue: la *Nueva Guinéa* ó *Tierra de Papús*, casi tan grande como Bórneo, habitada por una casta negra de cabello lanudo, sumamente salvage. Allí se encuentran las aves del paraíso, que tienen el plumage tan vistoso: el Archipiélago de la *Luisiada*, rodeado de escollos y de arrecifes, como tambien el de la *Nueva Bretaña*, último país al E. en donde se encuentra la nuez moscada, están entre la Nueva Guinéa y las islas de Salomon: la *Nueva Irlanda* &c.

217. Al E. está el grande *Archipiélago de Salomon* compuesto de seis islas principales. Al S. las *Nuevas Hebridas*, cuyos habitantes son negros de cabello lanudo; la *Nueva Caledónia*, isla grande, angosta y prolongada, fértil y poco poblada: los habitantes comen algunas veces una espécie de

tierra glutinosa. La *Nueva Zelándia*, compuesta de dos grandes islas, separádas por el estrecho de *Cook*, que no pasan de cuatro leguas de ancho; una de ellas tiene 144 leguas de largo y la otra 160. Estas islas producen mucha madera de construccion, y varias plantas de Europa introducidas en ellas por los Européos; nace allí el *phormium tenax* ó lino de la Nueva Zelándia, planta fibrosa para diversos usos. Los habitántes se parecen á los de la Nueva Guinéa; son negros, de cabello rizado, pero no lanudo.

En la isla de *Norfolk*, los Ingleses han formado un establecimiento.

§ III.

LA POLINÉSIA.

218. Esta palabra, que significa *multitud de islas*, abraza los grupos de islas diseminadas en el Grande Océano, entre los trópicos. Su poblacion se compone de una misma casta de hombres que han llegado poco mas ó menos al mismo grado de civilizacion, y que hablan unos idiomas derivados todos de la lengua malaya. El aspecto de estas islas y sus producciones son los mismos; principalmente el árbol de pan,

la patata dulce, la batata, el coco y otras plantas nutritivas: todas estas islas carecen de animales corpulentos: pero tienen gallinas, palomos y cerdos en abundancia.

218. Las islas al N. del Ecuador, partiendo del O. son:

Las islas *Pelew* ó de *Palos*, de las que siete principales se conocen. Las *Nuevas Filipinas* ó *Archipiélago de las Carolinas*, se estienden del E. al O. paralelamente al Ecuador en una distancia de 520 leguas.

Al E., el Archipiélago de las *Mulgraves*; al N. el de *las Marianas ó de los Ladrones*, que se estiende del N. al S.

El Archipiélago de *Sandwich*, el mas oriental de todos, se compone de catorce islas; la principal de todas llamada *Owhyhée* y la mayor de toda la Polinésia, encierra la montaña de *Mowna-Roa*, que tiene cerca de mil piés castellanos de elevacion mas que el Monte Blanco. Los habitantes han sido civilizados por los misioneros methodistas, y empiezan á conocer las artes de la Europa, de suerte que cultivan ya la tierra con admirable esmero. Cook pereció allí asesinado en 1779.

220. Las islas al mediodia son: las *Marquesas de Mendoza*; el *Archipiélago peligro-*

so, lleno de islotes rodeados de arrecifes de de corál; las *islas de la Sociedad*: *Otahiti* ú *Otaheitia* es la principal y la mas cèlebre de la Polinésia: un itsmo estrecho la divide en dos penínsulas, que la riqueza de su vegetacion hace notables.

El *Archipiélago de los Navegantes* es muy parecido al de la Sociedad: su fertilidad es estraordinaria.

Al S. las *islas de los Amigos*, situadas debajo del trópico; la principal es *Tongatabú*: las islas *Fidji*, al N O., están rodeadas de arrecifes peligrosos.

La *isla de Pascua*, mas al E., está enteramente aislada: se crée que es la *Tierra de Davis*, que traen los mapas antiguos. Se encuentran en ella restos de esculturas antiguas, toscamente labradas, cuyos autores ignoran los habitantes actuales. La isla de Pascua ofrece la particularidad de que sus habitantes beben el agua de mar sin que les incomode.

Terminarémos esta obra con el cuadro de las épocas de los principales descubrimientos que se han hecho en las diversas partes del mundo desde la era vulgar.

Errata. *Página* 32, *párrafo* 79, *línea* 27. *donde dice* 1806, *léase* 1809.

Épocas de los principales descubrimientos.

Años de J. C.

	Años de J. C.
Las Canárias descubiertas por navegantes genoveses y catalanes.	1345
Juan de Betancur las conquista de	1401 á 1405
Porto Santo, descubierta por Tristan Vazquez y Zarco, portugueses.	1418
Madera, por los mismos	1419
El cabo Blanco, por Nuño Tristan, portugués.	1440
Las Azores, por Gonzalo Vello, portugués.	1440
Las islas del Cabo Verde, por Antonio Nolli, genovés.	1448
La costa de Guinéa, por Juan Satarén y Pedro Escobar, portugueses.	1471
El Congó, por Diego Cam, portngués.	1484
El Cabo de bnena Esperanza, por Diaz, portugués.	1486
La América — *isla de San Salvador en la noche del 11 al 12 de octubre.* — *Cristoval Colón*	1492
Las Antillas, Cristoval Colón.	1493
La Trinidad, continente de la América, Cristoval Colón.	1498
La India, costas orientales de África, costa de Malabar, por Vasco de Gama.	1498
América, costas orientales, por Ojeda y Américo Vespúcio	1497 ó 1499
Rio de los Amazonas, por Vicente Pinzon español.	1500
El Brasil, por Alvarez Cabral,	

portugués. 1500

Terranova, por Cortereal, portugués. 1500

Isla de Santa Elena, por Juan de Nova, portugués. 1502

Isla de Ceilán, por Lorenzo Almeida. 1506

Madagascár, por Tristan de Acuña. 1506

Sumátra y Málaca, por Siqueira, portugués. 1508

Islas de la Sonda, y Molucas, por Abreu, portugués. 1511

La Florida, por Ponce de Leon, español. 1512

El Mar del Sur, por Nuñez Balboa, español. 1513

El Perú, por Perez de la Rua, español. 1515

Rio Janeiro y Rio de la Plata, por Diaz de Solis, español. 1516

La China, por Fernando de Andrade, portugués. 1516

Méjico, por Fernando de Córdoba 1518
Hernan Cortés, lo conquista. 1519

Tierra de Fuego, por Magallanes. 1520

Islas Marianas y Filipinas, por el mismo. 1521

América setentrional, por Juan Verazani. 1523 y 1524

Perú, Pizarro lo conquista. 1524

La Bermuda, por Juan Bermudez, español. 1527

La Nueva Guinéa, por Andres Vidaneta, español. 1528

Costas vecinas de Acapulco, de órden de Cortés. 1534

El Canadá, por Jacobo Cartier, francés 1534 y 1535

La Califórnia, por Cortés. 1536

Chile, por Diego de Almagro. 1536 *y* 1537

Acadia, Roberval, francés, se establece en isla real. 1541

Camboya, por Antonio Faria y Sousa y Fernando Mendez Pinto. 1541

Islas de LiuKiu y Heinam, por los mismos 1541

Japon | *Diego Jamoto y Cristoval Borello, al O.* / *Fernando Mendez Pinto al E., al Bungo.* 1542

Cabo Mendocino, en las Califórnias, por Ruiz Cabrillo. 1542

El Misisipí, por Moscoso Alvarado. 1543

El estrecho de Waigatz, por Steven Borrough. 1556

Islas de Salomon, por Mendana español. 1567

Costas de Chile en el Mar del Sur, por Pedro Sarmiento. 1589

Islas Maluinas ó de Falkland, por HawKins. 1594

Viaje de Barentz á la nueva Zembla de 1594 *á* 1596

Marquesas de Mendoza y Santa Cruz, por Mendana 1595

Tierras del Espíritu Santo de Quiròs, nombradas despues Cicladas de Bougainville, ultimamente por CooK, Nuevas Hebrídas, por Quirós, español. 1606

Bahía de Chesapeak, por John Smith 1607

Estrecho de Hudson, por Enrique Hudson. 610

Bahía de Baffin. 1616

Cabo de Hornos, por Jacobo Le Maire. 1616

Tierra de Diemen, y Nueva Ze-

landia, *por Abel Tasman.* 1642

Islas de los Amigos, *por el mismo.* 1643

Nreva Bretaña, *por Dampier.* 1700

Estrecho de Behring. 1728

Otahiiti, *por Wallis.* 1767

Archipielagos de los Navegantes y de la Luisiada, *por Bougainville.* 1768

Tierra de Kerguelén ó de Desolacion. 1772

Nueva Caledónia, *por Cook.* 1774

Islas Sandwich, *por el mismo.* 1778

ÍNDICE

de los principales pueblos y paises contenidos en este cuaderno.

Nota. Los números indican el párrafo y nó la página.

—

ESPAÑA

EN LA MANO, EN LA QUE SE TRATA

de su sitio, figura, confines, longitud, latitud, la disposicion del terreno, sus montes, rios, lagunas, cosechas y producciones; la etimología de su nombre, su poblacion y division antigua y moderna; la cronología histórica de sus Reyes, sus Obispados y Religiones, y las Ordenes Militares antiguas y modernas.

Obra útil é instructiva que con la mayor brevedad compendia las noticias de nuestra Península.

CON LICENCIA:

EN LA LIBRERIA DE J. SOLÁ, *plazuela de los Ciegos.*

Barcelona febrero de 1832.

IMPRENTA DE JUAQUIN MAYOL Y COMPAÑIA.

SU FIGURA, SITIO, CONFINES, LONgitud y latitud.

CAPITULO PRIMERO.

Tiene nuestra España, segun la opinion de la mayor parte de los autores, la figura de un cuero de buey estendido: está situada debajo de la zona Setentrional templada, desde la mitad del cuarto clima hasta parte del secsto; en la parte meridional que se aparta treinta y seis grados del ecuador es su mayor dia de catorce horas y treinta minutos; y en la Setentrional, que cae debajo de los cuarenta y tres grados y cincuenta minutos, se estiende quince horas y treinta minutos.

Tiene por límites al Norte los montes Pirinéos, que la separan de Francia, y el mar Cantábrico. Por el Oriente al seno Gálico ó Narbonense y al mar Mediterráneo. Por Mediodia el mismo mar Mediterráneo y el Estrecho de Gibraltar. Y por el Occidente el mar Océano, desde el Cabo de San Vicente hasta el de Finisterre en Galicia.

Su longitud sa puede tomar ajustadamente desde los siete grados y veinte y cinco minutos en que se halla el Cabo de Finisterre en Galicia, hasta los veinte en que está el de Creus en Cataluña, que hacen ciento y noventa y cinco leguas de largo.

Su latitud mas puntual por la variedad de sus lados se puede tomar desde los treinta y seis grados en que está el Estrecho de Gibraltar, hasta los cuarenta y tres y cincuenta minutos en que se halla el Cabo de Ortegal en Galicia, que hacen ciento y cincuenta y cinco leguas de ancho.

Disposicion del terreno, sus montes, rios, aire y lagunas.

CAPITULO II.

Su terreno es hermoso y fértil, tanto por los montes que tiene como por las espaciosas llanuras, que regadas por sus muchos rios, la hacen feraz y abundante, no habiendo en ella lugar ó sitio que se pueda llamar del todo enfermizo.

De los montes Pirinèos, que son el término terrestre de nuestra Monarquía, nacen, segun la opinion de varios autores, los demas montes que tiene nuestra Península, como en Navarra las Sierras de Andia y Monte Jurra: en Aragon las montañas de Jaca y Canfranch: en Cataluña las de Puig-Cerdá, Mont-Seny, y otras: en la Rioja los montes Distercios, sobresaliendo entre todas la montaña de San Adrian: las sierras de Idúbeda, entendidas por montes de Oca, de las que nace el monte Oróspeda, de este los de Cuenca y de Molina con los montes de Consuegra; siendo tambien brazos del Oróspeda las sierras de Alcaràz y Segura, y desde Cazorla se dilatan dos cordilleras, llegando la una hasta el Mediterráneo cerca de Murcia y de Mujacra en el reino de Granada; y dilatándose la otra hasta Granada, donde se une con sus montes. Del mismo Oróspeda nacen los montes Marianos, hoy Sierra Morena; y enfin, para no cansar, la mayor parte de los montes están enlazados unos con otros, conociéndose por los nombres de las poblaciones por donde pasan, como Soria, Segovia, Avila, Guadarrama, el Pico y demas.

Son muchos rios los que fertilizan las Provincias de este Reino; siendo los mas nombrados por mas copiosos el Tajo, Ebro, Duero, Guadiana, Guadalquivir y el Miño.

El Tajo se despeña de las sierras de Albarracin, y corre por Castilla la Nueva y Estremadura, regando los pueblos de

Zurita, Fontidueña, Aranjuez, Toledo, Talavera de la Reina, Puente del Arzobispo, Almaràz y Alcántara, recibiendo las corrientes de los rios Tajuña, Henarez, Jarama, Manzanares, Guadarrama, Alverche, y otros, restituyendo sus agüas al Océano cerca de Lisboa, despues de haber fecundado ciento y veinte leguas.

El Ebro nace de dos Fuentes llamadas Fontibre ó Fuentes de Ebro, á cinco leguas de Aguilar del Campo, y corre por los reinos de Castilla la Vieja, Navarra, Aragon y principado de Cataluña, regando sus aguas mas de ciento y diez leguas, incorporando en ellas las del Trueva, Zadorra, Oca, Tiron, Ojá, Cidazo, Ega, Arga, Aragon, Gallego, Jalon, Jiloca, Martin, Guadalope, Segre, con las Nogueras, Pallaresa y Ribagorzana, Sio y Llobregos, y otros pequeños riachuelos, fertilizando las ciudades de Frias, Logroño, Calahorra, Tudela, Zaragoza y Tortosa, cerca de la que junto al puerto de los Alfaques entra en el mar Mediterráneo.

Duero nace cerca de la ciudad de Soria en una laguna que corona la cumbre de la sierra Urbion; este rio baña mas de ciento y veinte leguas, pasando por los reinos de Castilla la Vieja, Leon y Portugal, regando las ciudades de Soria, San Estevan de Gormáz, Simancas, Toro y Zamora, incluyendo en sus corrientes antes las aguas de Arlanza, Arlanzon, Pisuerga, Carrion, Tormes, Tuá, Tabora, Saboz, Coa, Tamaga, Payva, y otros rios de poco nombre, terminando su curso en el mar Océano cerca de Oporto.

Guadiana, maravilloso en todo, nace en unas lagunas á cuatro leguas de Montiel, llamándose en su nacimiento Ruidera, y corriendo ocho leguas, cerca de Manzanares se esconde debajo de tierra, corriendo oculto siete leguas; vuelve á renacer junto á Daimiel en otra laguna llamada los Ojos de Guadiana, con cuyo nombre corre. En esta Puente natural que forma cuando corre escondido hay crecidas dehesas, en las que se apacienta y nutre innumerable ganado. Despues que vuelve á nacer corre al Mediodia fecundando cien leguas, pasando por Castilla la Nueva, Estremadura y Portugal, y por las ciudades de Calatrava, Medellin, Mérida y Badajoz, haciéndose mas copioso con las aguas del Higuela, Zancara, Rianzares, Bullaque, Guadalema, Caya, y algunos otros arroyos y rios muriendo en el Océano cerca de las murallas de Ayamonte, donde divide el reino de Sevilla del de Algarve.

Guadalquivir (que es el celebrado Betis) nace cerca de Cazorla, y riega sesenta y cuatro leguas, fecundando los reinos de Jaen, Córdova y Sevilla, pasando por las ciudades de Baeza, Andujar, Córdoba y Sevilla, aumentando sus corrientes Guadalete, Guadalimar, Almudier, Vívoras, Guadajoz, Beinbezar, Genil y Guadíamar, restituyendo sus caudales al Océano en San Lucar de Barrameda.

Miño nace entre Mondoñedo y Lugo junto á la villa de Castro de Rey, fecundando el reino de Galicia, y transita por las ciudades de Lugo, Orense y Túy, corriendo treinta y cinco leguas, engrosando sus corrientes con las de los rios Sil, Viuey, Balçazar, Ferreira. Neira, Avia, y otros, y se entra en el Océano en la villa de la Guardia.

Son tambien muy abundantes los rios Jucar, Segura, Guadalaviar, Murviedro, Mijares, Alcoy, Francolí, Gaya, Llobregat, B sós, Noya, Corp, Ter, Fluviá, Ibayzaval, Tinto y Guadalete, con otros muchos que omito por no dilatarme.

Los aires de España son puros y comunes, gozando nuestra Península un temperamento benigno y templado, como se uede inferir de sus muchas aguas minerales, la elevacion de sus montes y hermoura de sus valles; goza de un cielo claro sereno, y con sus influencias benignas ortalece á sus sublunares, y da abundancia las tierras, y para no cansarnos veamos o que dicen los autores menos inclinados á España, que confiesan que casi era en ella el temple de una Primavera, benigno el Ooño, no generalmente sensible el Estío, y el Invierno lluvioso, pero no molesto; con tal confesion creo será ocioso el molestar, pues si los no afectos dicen esto, qué hará el que como yo la ama.

En cuanto á lagunas son pocas las que tiene, pero de tales circunstancias que no se deben omitir; cerca de Astorga está el lago de *Sanabria*, formado del rio Tera, que se embravece cuando se muda el tiempo: en la tierra del Bierzo está el de Carracedo, muy grande y profundo: sin estos hay muchas lagunas en las sierras de Urbion y Soria, en el puerto del Pico, y en el celebrado Pozo Airon.

Sus fuentes y baños medicinales son tantos que para describirlos seria necesario crecidos volúmenes, que por apartarse de mi intencion omito, y porque el que quiera cercioarrse de ello puede verlo en los tratados que hay escritos sobre ello.

Cosechas y producciones.

CAPITULO III.

Parece que el Todo-poderoso ha echado la bendicion sobre esta Península, constituyendo á la naturaleza por jardinera de ella, distribuyendo todo su ser con hermosura, perfeccion y abundancia.

Se cria en ella mucho trigo, cebada, avena, maiz, escanda y demas panizos, multitud de esquisitos vinos, abundante aceite, que iguala, si no escede, á la cosecha del vino; abunda de todo género de ganados vacuno, ovejuno, cabrio y de cerda, siendo las carnes de ellos uno de sus principales recursos para el alimento, y las lanas de los segundos un ramo de los mejores para el comercio de sus moradores. Sus caballos son escelentísimos, codiciados de los estrangeros: hay abundancia de jumentos, y de esta especie y de los caballos salen las mulas y machos: se crian en ella multitud de conejos, liebres, venados, gamos, corzos, javalíes, cabras y gatos monteses, osos, lobos, zorras, y otros muchos animales.

Son muchas las aves que en ella se crian, como perdices, codornices, palolas torcaces y caseras, zorzales, tórtolas, norlitos, ánades, gansos, fochas, faisanes, gorones, gilgueros, ruiseñores, verderones, irdillos, canarios, gallinas, pavos reales y dinarios, calandrias, cugujadas, buitres, minos, alcotanes, sisones, alcaravanes, garis, chochas, agachadizas, águilas bastaras, y otro sin número de aves chicas y andes.

En sus mares es tan singular y esquita la multitud de pescados, que son mas e ciento y veinte las diferencias, sin inluir las que se crian en los lagos y rios: os del mar son acedias, lenguados, leñas, merluzas, besugos, bogas de mar, zas, rodavallos, pámpanos, sollos, estuiones, pargos, dorados, corbinas, salmones, ieros, cavallas, agujas, sardinas, cabrillas, lachas, atunes, congrios, patarrojas, moenas, pajeles, gallos, bonitos, espadartes, ulpos, calamares, rayas, pescadas, serraetes, jibias, dentones, verderones, capeanes, golondrinas &c. y con concha lanostas, langostines, centollas, cangrejos, caiarones, ostras, y otros mariscos, y en us rios y lagunas truchas, barbos, lamrèas, tencas, bogas, carpas, cachos, alures, anguilas, sábalos, reos, y otra multud de pececillos.

Sus frutas son ciruelas, albaricoques, guindas, cerezas, melocotones, abridores, pavías, persicos, duraznos, nisperos, azufaifas, acerolas, peras y camuesas de muchas clases, dátiles, algarrobas, chufas, granadas, naranjas, limones, cidras, limas, almendras, piñones, nueces, avellanas, castañas, bellotas, membrillos, higos, uvas, moras, murtones, madroños, alcaparrones, alcaparras, palmitos, fresas, y otras muchas.

Sus árboles son alcornoques, pinos, abetos, sabinas, enebros, hayas, acebuches, lentiscos, robles, álamos blancos y negros, cipreses, fresnos, laureles, mimbres, tamariscos, los árboles de las frutas indicadas y otros.

Abunda de seda, lino, cáñamo, algodon, cera, azucar y miel, de toda especie de legumbres, que por comunes y sabidas se omiten, como asimismo las flores y yerbas medicinales y aromáticas.

Tiene muchas minas de oro, plata, cobre; plomo, hierro, azogue, azufre, bermellon, caparosa, azabache, sal nitro, salitre, greda, almagre, carbunclos, ágatas, cristal de roca, jacintos, granates, cornerinas, amatistas, topacios, algunas esmeraldas, piedra imán, alabastros, mármoles blancos y negros, jaspes diferentes, piedras berroqueñas, marquesitas, pedernales y al esquisita.

La etimologia de su nombre, y su poblacion.

CAPITULO IV.

España ha sido conocida por los nombres e Tubálica, Tubália, Tobelia, Jobelia, Tártaro, Tartesio, Ibéria, Esperia, Espeida, Celtiberia de los Celtas é Iberos, que a poblaron despues de una gran sequia que padeció, nombrándola Pania los Caldeos; los Griegos la llamaron Spania; y ultimamente os latinos pronunciaron Hispania, de donde e derivó el nombre de España que hoy conserva, siendo tan venerado este nombre le los antiguos y modernos que no ha habido ninguno que haya intentado su mudanza, no obstante la multitud y variedad de gentes que han concurrido á ella; particuaridad que apenas se leerá de otro reino.

Acerca de su primer poblador son varias las opiniones, favoreciendo unos Autores á Tubal, hijo de Jafet y nieto de Noé, y otros á Tarsis, hijo de Jaban, nieto de Jafet y viznieto de Noé, que es lo mas probable y recibido, porque ademas de decirlo varios escritores cristianos y doctos, tenemos el apoyo de los Sagrados Testos, la inteligencia uniforme de los setenta interpretes y original Hebreo de la Santa Biblia conforme la traduccion de la Sta. Vulgata.

En lo que corresponde á los demas pobladores no dà la historia cosa positiva y verdadera ; y para no engañarnos empezarémos por el desembarco de los Cartagineses en ella , despues que la hayamos repartido , segun los antiguos y modernos , y antes de empezar la cronología histórica de sus Reyes.

Division antigua y moderna.

CAPITULO V.

Con motivo de las sangrientas guerras que en España tuvieron los Cartagineses y Romanos sobre su dominacion, la tuvieron dividida de varios modos, llamándose citerior la mas vecina á Roma y sujeta á ella , que era la porcion que está entre los Pirineos y el rio Ebro ; y ulterior la que se estiende desde las márgenes opuestas de este rio hasta los mares que ciñen su continente. Los Romanos dividian toda la region llamándola Ibéria , y España en interior ó citerior , y en esterior ó ulterior , pero con las alteraciones del tiempo todo se ha mudado. Tambien estuvo dividida en tres Provincias, Tarraconense , Bética y Lusitania : á la primera la baña el mar Mediterráneo por Mediodia, y el Océano por el Septentrion; distinguiendo Guadiana las otras dos, mirando la Bética por el Occidente al mar Atlántico, y por el Mediodia el mar Mediterráneo, y la Lusitania, que solo tiene correspondencia con el Océano, mirándole de costado por el Setentrion y por el Ocaso de frente.

Los Mahometanos la repartieron en varios Reinos: y hoy se divide en diferentes, á que estan agregadas algunas Provincias, dos Principados y dos Señoríos.

Los Reinos son las dos Castillas, Leon, Aragon, Navarra, Granada, Valencia, Galicia, Sevilla, Córdova, Murcia, Jaen, Mallorca, Portugal y Algarve: los Principados son Asturias y Cataluña: y los Señoríos de Vizcaya y de Molina.

No mencionarémos á Portugal y Algarve por estar bajo de distinto dominio, y sí á Mallorca, porque, aunque es isla, es parte adyacente de esta Monarquía.

Tiene este Reino ciento y treinta y nueve ciudades, que son:

En el Reino de Castilla la Nueva.

Toledo, Alcalá de Henares, Alcaràz, Ciudad-Real, Cuenca, Guadalajara y Huete.

En el de Castilla la Vieja.

Burgos, Alfaro, Arnedo, Avila, Calahorra, Frias, Logroño, Nagera, Osma, Sto. Domingo de la Calzada, Segovia, Sigüenza, Soria y Valladolid.

En el de Leon.

Leon, Astorga, Ciudad-Rodrigo, Medina de Rioseco, Palencia, Salamanca, Toro y Zamora.

En el de Aragón.

Zaragoza, Albarracin, Alcañiz, Barbastro, Borja, Calataynd, Daroca, Fraga, Huesca, Jaca, Tarazona y Teruel.

En el de Navarra.

Pamplona, Cascante, Corella, Estella, Olite, Sangüesa, Tafalla, Tudela y Viana.

En el de Granada.

Granada, Alcalá la Real, Alhama, Almería, Almuñecar, Antequera, Baza, Guadix, Huescar, Loja, Málaga, Marbella, Motril, Mojacra, Marchena, Ronda, Santa Fé, Velez Málaga, Vera y San Roque.

En el de Valencia.

Valencia, Alicante, Dénia, Gandía, Orihuela, Peñíscola, San Felipe, Segorbe y Jijona.

En el de Galicia.

Santiago, Betanzos, Coruña, Lugo, Mondoñedo, Orense y Tuy.

En el de Sevilla.

Sevilla, Aljeciras, Arcos, Ayamonte, Cádiz, Carmona, Ecija, Gibraltar, Medinasidonia, Moguer, Puerto de Santa Maria, San Lucar de Barrameda, San Lucar la Mayor, Tarifa y Jerez de la Frontera.

En el de Córdoba.

Córdoba, Bujalance, Lucena y Montilla.

En el de Murcia.

Murcia, Cartagena, Chinchilla, Lorca y Villena.

En el de Jaen.

Jaen, Andujar, Baeza y Ubédá.

En el de Mallorca.

Palma y Alcudia.

Y en la isla de Menorca

Ciutadella.

En el principado de Astúrias.

Oviedo.

En el principado de Cataluña.

Barcelona, Balaguer, Cervera, Gerona, Lérida, Manresa, Mataró, Solsona, Tarragona, Tortosa, Vich y Urgel.

En la provincia de Estremadura.

Badajoz, Coria, Llerena, Mérida, Plasencia, Trujillo y Jerez de los Caballeros.

En la de Guipuzcoa

San Sebastian y Fuente Rabia.

En la de Alava.

Vitoria.

Y en el Señorio de Vizcaya.

Orduña.

Se omiten los nombres de los muchos Lugares y Villas que tienen los Reinos y Señoríos espresados, por no abultar con su multitud la obra.

Cronología histórica de los Reyes.

CAPITULO VI.

Contentos los Españoles con su abundancia y riquezas, aun sin tener el verdadero conocimiento de todas ellas, se gobernaban por sus propias Leyes, gozando de la amada libertad, hasta que habiendo tenido noticia los Cartagineses de la fertilidad y riqueza de esta Península arribaron á sus costas con máscara de Comerciantes. Engañados los Españoles con la apariencia de un comercio ventajoso, permitieron que se establecieran en la costa de Andalucia y Granada, donde en lugar de almacenes y casas (como suplicaron) edificaron fortalezas el año de 468 antes de Cristo, y siete años despues se presentaron en Cádiz con una Escuadra de sesenta navios y treinta mil hombres de desembarco, y quitándose la mascaria aparecieron en trage de conquistadores los que trataban como amigos y comerciantes; y poco á poco se fueron apoderando de nuestra España.

Envidiosos los Romanos de la gloria y riqueza que los Cartagineses gozaban en España enviaron á ella varios Emisarios para que sondeasen el animo de los Españoles; y habiéndolos hallado disgustados de la opresion de los Cartagineses, avisaron á Roma, la cual despachó un ejército para sostener á los Españoles, que habian firmado una alianza con los Comisarios Romanos, que eran los Pueblos de la parte de acá de los Pirineos, los de Sagunto, todo el reino de Valencia, y otros muchos pueblos. Y habiendo el Senado Romano enviado una embajada á Asdrubal, General de los ejércitos de Cartago en España, suplicándole que ciñese sus conquistas no molestando á los pueblos arriba dichos, Asdrubal los recibió y respondió bien; pero viendo los Romanos que á poco tiempo no cumplia Anibal (succesor de Asdrubal) lo prometido, declararon la guerra á los Cartagineses el año 227 antes de Cristo. Fueron muchas las batallas que unos y otros se dieron, pero al fin vencieron los Romanos, y desalojaron á los Cartagineses, y empezaron á poseerla el año de 203 antes de Cristo.

No gozaron los Romanos la posesion de España con tanto sosiego como les prometia sus fuerzas y soberania, porque los mismos Españoles, cansados del yugo y esclavitud, les hicieron la guerrea con valor y ardimiento, señalándose entre todos Viriato (de nacion Portugués, que de pastor y vandolero llegó á ser uno de los mayores Capitanes de su tiempo) que desbaratando ejércitos enteros iba quitando el orgullo al Senado Romano en tales términos que temblaba al escuchar su nombre; pero al fin fué muerto este insigne Campeon por traicion de sus confidentes: con su muerte revivió en los Romanos el ya casi difunto valor, y se tranquilizaron las cosas algun tanto. Si se hubieran de decir cuantos Viriatos produjo España para sacudir el yugo de los Romanos nos saldriamos de nuestro intento, pero basta decir que no gozaron con tranquilidad de sus conquistas, y que si hubieran tenido union los Españoles no la hubieran sojuzgado, porque unas veces acometian los de una parte por si solos; y otras estaba el ejército Romano unido con una multitud de Españoles, de modo que se puede decir que peleó media España contra la otra mitad.

En el año de 401 del nacimiento de Jesu-Cristo, gobernando el imperio Romano el Emperador Honorio, varias naciones bárbaras se estendieron por su imperio, y le pidieron algunas Provincias para su establecimiento, y les concedió algunas de las colocadas al otro lado de los Alpes. Con este permiso se estendieron por Espana Hermenerico, Rey de los Suevos, Atacio, Rey de los Alanos, Gunderico, Rey de los Vandálos, y Ataulfo, Rey de los Godos, el año de 412.

I. Ataulfo, Rey de los Visogodos ó Godos Orientales, dió principio á esta Monarquía apoderándose de todo el terreno por dónde hoy se dilatan las Provincias de Languedoc, Gascuña, Guyena y Aragon, teniendo por galardon, no merecido á su valor, la muerte que le dieron sus vasallos el año de 417.

II. Sigerico le sucedió (y hay quien dice que era hijo del antecesor), y habiendo hecho la paz con el Emperador Honorio le mataron sus vasallos el año de 417.

III. Walia, por ser electiva la corona la pusieron los Godos en su cabeza. Por temerle el Emperador Honorio le cedió en propiedad las Provincias que los Godos ocupaban, con tal que volviera á poner bajo la obediencia del Emperador las que ocupaban las otras Naciones bárbaras. En cumplimiento de lo tratado atacó á los Suevos, Vándalos, y Alanos separadamente, y en tres batallas que les dió los desbarató y sojuzgó al Emperador, el cual le cedió las provincias de Aquitania y las que antes tenia con toda propiedad: murió el año de 419.

IV. Teodoredo sucedió à Walia su pariente, y habiéndose coligado con Aecio, general Romano, y Merovéo, rey de Francia, envistieron à Atila, rey de los Hunos, que con quinientos mil combatientes infestaba las Galias, en cuyo combate hizo prodigios de valor, venciéndolos y derrotàndolos hasta que perdió la vida entre las armas enemigas año de 451; dejó seis hijos, à saber, Torismundo, Federico, Teodorico, Rutimero, Eurico, é Imerico.

V. Torismundo, hijo del antecedente, fuè electo por el ejèrcito en el mismo campo de batalla, y fué muerto por orden de Teodorico y Federico, sus hermanos, en el año de 454.

VI. Teodorico subió al trono por el fratricidio. En su reinado derrotó y se apoderó del reino de los Suevos, y con su valor y bondad borraba el delito que habia cometido; cuando su hermano Eurico le mató en el año de 467.

VII. Eurico, habiendo muerto á su hermano ascendió al trono. Era valiente, pero enemigo de los Católicos: se apoderó de las provincias y ciudades que los Romanos tenian en España, á excepcion de algunas plazas marítimas del Mediterránco, quitándoles tambien una buena parte de las Galias: murió en el año de 483.

VIII. Alarico, sucedió á su padre Eurico, y queriendo dilatar sus estados con la conquista de las Galias declaró la guerra á Clodovéo rey de Francia, el cual en la batalla que se dieron, de un golpe de lanza le mató y arrojó del caballo año de 506: de resultas de esta batalla se apoderaron los franceses de casi todo lo que los Godos tenian en las Galias.

IX. Gesaleico, hijo natural del Rey difunto, ocupó el Solio porque los Godos le antepusieron á Amalarico, hijo y sucesor legítimo, dando por disculpa su corta edad; pero ofendido Teodorico, rey de Italia, del desaire que se hacia á su nieto, envió al general Elva con ochenta mil hombres, y entrando por España hizo declarar nula la eleccion el año de 510, en que tambien murió.

X. Amalarico se casó con Clotilde, hija de Clodovéo, rey de Francia, á la que maltrató porque era católica; pero informados Childeberto, rey de París, Clotario, rey de Soissons, y Thierri, rey de Metz, de los trabajos de su hermana, pasaron los Pirineos con un poderoso ejército, y habiendo encontrado á Amalarico con el suyo, le mataron, y se lo derrotaron en el año de 531.

XI. Teudis ó Teudio, de nacion Ostrogodo, que fué gobernador en la menor edad del rey difunto, ascendió al trono é hizo guerra á los franceses: murió asesinado en el año de 548.

XII. Teudiselo, hijo de la hermana de Totila, rey de los Ostrogodos, sucedió á Teudio, y ofendidos los grandes de su reino de sus desenfrenados vicios, lo mataron año de 549.

XIII. Aguila ascendió al trono, y por su flojedad se le sublevaron sus vasallos, y para sugetarlos cercó á Córdoha, donde viendo las vigorosas salidas que hicieron, levantó el sitio con precipitacion, dejando el bagage con inmenso tesoro en poder de los malcontentos; y Atanagildo, gefe de los sediciosos, con socorro de los romanos le derrotó, quitándole sus vasallos el reyno y la vida en el año de 554.

XIV. Atanagildo, apenas empuñó el cetro pensó en no cumplir el tratado hecho con los romanos, sus bienhechores, y para tener afianzas en su favor casó sus dos hijas en Francia: murió en el año de 567.

XV. Liuva I. de Gobernador de la Galia ascendió al trono, conociéndose débil para sostener el gobierno, cedió la corona á su hermano Leovigildo, reservándose para su morada el Languedoc, donde murió en el año de 572.

XVI. Leovigildo ocupó el trono por la cesion de su hermano: restableció el Reyno en su antiguo lustre, derrotando á los griegos en una batalla campal y á los romanos en Andalucía, con cuyas victorias se apoderó de toda la España, á excepcion de Málaga y de algunas otras plazas marítimas. Por ser católico hizo matar á su hijo san Hermenegildo, pero estando ya á la muerte aconsejo a su hijo Recaredo que abjurase el arrianismo é imitase á su santo hermano: murió en el año de 586,

XVII. Recaredo I. el católico succedió á su padre, y por sus consejos y los discursos oidos á su santo hermano abjuró publicamente con todos sus vasallos el arrianismo, y admitió el catolicismo, restituyendo la paz á la iglesia, congregando Concilios para reformar las costumbres: en pago de su cristiandad vió sojuzgadas á sus piés todas las naciones bárbaras de España, muriendo en el año de 601 : dejó tres hijos, à saber, Liuva, Suintila y Gila.

XVIII. Liuva II. heredó de su padre el reyno y las virtudes, pero el ambicioso cuchillo de Witerico cortó el hilo de su vida en el año de 603.

XIX. Witerico cogió el reyno por fruto de su asesinato, reyno de modo que sus vasallos no olvidaban á su autecesor, y viendo que pensaba en resucitar el arrianismo, le mataron á puñaladas, y arrastraron su cadáver por las calles en el año de 610.

XX. Gundemaro fué saludado Rey y era acreedor á la honra que recibia, pero una enfermedad le quitó la vida en el año de 612.

XXI. Sisebuto le sucedió con igual aclamacion, era valiente y piadoso, quitó á los griegos muchas plazas, y lo que les dejó fué porque eran católicos: murió en el año de 618.

XNII. Recaredo II. hijo del anterior le sucedió en la cuna, donde murió el año de 621.

XXIII. Suintila, hijo segundo del católico Recaredo, ascendió al trono por eleccion de los grandes, fué cuerdo, religioso y piadoso, tanto que le llamaban padre de los pobres: viendo que los griegos continuaban en infestar las costas, juntó su ejército y les presentó batalla con tanta dicha, que les ganó la victoria, dejándolos sin tropa para mantener la campaña, y corriendo de victoria en victoria les tomó todas las plazas que tenian en solos cinco años, limpiando la España para siempre de ellos: despues que acabó la guerra se entregó á los vicios, por lo que aborrecido de sus vasallos dió lugar á que Sisenando, hombre rico, con socorro de Francia le quitase el reyno: murió en el año de 631.

XXV. Chintila ascendió al trono: juntó dos Concilios para reforma de costumbres: murió en el año de 638.

XXVI. Sisenando fué proclamado Rey por el odio que se grangeó su antecesor; despues de haber despedido á los franceses magnificamente reformó la Iglesia, cultivó el Estado, y en su tiempo florecieron la paz y la justicia: murió en el año de 637.

XXVI. Tulga fué de singular caridad. siendo dicho suyo que los tesoros de los

Reyes habian de ser alivio del vasallo, socorriéndole en sus indigencias: murió de enfermedad en en el año de 640.

XXVII. Chindasvinto se coronó á si mismo porque era general de las tropas y bien visto de ellas. Dispuso varias leyes, y se celebró en su tiempo el séptimo concilio Toledano; hizo compañero y sucesor suyo á su hijo Recesvinto: murió en el año de 650.

XXVIII. Recesvinto fué buen Rey é hizo celebrar cuatro Concilios para el arreglo de la disciplina Eclesiàstica y de las leyes antiguas de los Godos: murió en el año de 672.

XXIX. Wamba fué electo, y para que aceptarára el reyno tuvieron que amenazarle con la muerte: venció á los Vizcainos, que se habian sublevado, y renunciando el trono se retiró á un Monasterio, donde murió en el año de 637.

XXX. Ervigio fué pacífico y recomendable por su piedad, liberalidad y clemencia, nombró por sucesor á Egica, su yerno, y murió en el año de 687.

XXXI. Egica correspondió mal á los favores de su suegro, divorciándose de su muger, de quien ya tenia á Witiza, a quien hizo reynar en su compañía: murió en el año de 701.

XXXII. Witiza fué piadoso y clemente al principio, y todo lo perdió entregándose á la sensualidad y demas vicios, y para ocultarlos permitió se casasen los eclesiásticos y religiosos: murió el año de 711.

XXXIII. Don Rodrigo subió al trono por ser aborrecidos Eva y Sisebuto, hijos del antecesor, y por parecer á los grandes que siendo nieto de Chindasvinto restableceria la Iglesia y el reyno en sus buenas costumbres, lo que les salió muy al contrario, porque temeroso dejó las cosas conforme estaban; y violó á una hija del conde don Julian, el cual irritado convocó á los moros del África, y abrió la puerta de España, de la que se apoderaron despues de una gran batalla, en la cual se desapareció el infeliz Rey en el año de 714; no se sabe su paradero.

Sobre la pérdida de España hay quien diga que no hubo la traicion del conde don Julian, ni el estupro de su hija.

REYES DE LEON.

XXXIV. Don Pelayo, príncipe Cántabro, inmediato deudo del rey don Rodrigo, se refugió despues de la invasion de los moros á las asperezas de las montañas de Búrgos, desde donde escitado de la compasion ácia sus compatriotas se pasó à las de Astúrias, donde emprendió la gloriosa empresa de la restauracion de España.

Habian concurrido muchos ilustres y esforzados capitanes Godos á ampararse de la fragosidad y aspereza de sus montes, y animados con su presencia se comprometieron á ayudarle y obedecerle, juràndole de comun acuerdo por su Rey y general: y empezaron á desalojar à los sarracenos, que sorprendidos de tal novedad juntaron un poderoso ejército, y le enviáron á que acabase de cortar las raíces de la Monarquia; no lograron su designio porque se lo impidieron la fragosidad de las montañas; el valor intrépido de los cristianos, y sobretodo la misericordiosa visible mano del Todopoderoso, pues siendo tan pocos los cristianos, mataron ciento y veinte mil moros, y alentados por Dios siguieron su empresa, y en diferentes dichosas batallas consiguieron arrojarlos de todas las comarcas de Astúrias; y la piedad de don Pelayo se dedicó á reparar los Templos conforme los iba conquistando, en cuyo laudable ejercicio le alcanzó la muerte en el año de 737.

XXXV. Don Fávila heredó á su padre, y confiados los mahometanos en que la corta edad del nuevo Rey no podria resistirles, hicieron una incursion en las Astúrias; pero don Fávila, puesto al frente de sus tropas, chocó las enemigas con tanto valor, que las desbarató y obligó á abandonar la empresa: saliendo á caza fué muerto por un oso en el año de 739.

XXXVI. Don Alonso I. el católico era de sangre Real, yerno de don Pelayo, y aprovechándose de la division que tenian los principales caudillos moros, juntó la gente que pudo, y pasó á cuchillo las guarniciones que tenian en Galicia, ganándoles á Lugo, Tuy y Orense, de alli á poco tiempo à Leon, Astorga, Saldaña, Montes de Oca, Alava y Amaya, y llevando à sangre y fuego cuanto se le ponia delante, murió con universal sentimiento en el año de 757.

XXXVII. Don Fruela I. heredó à su padre: restaurò la disciplina Eclesiàstica, castigó à los Vascones, que se le habian revelado: derrotó un ejèrcito de moros, matando cincuenta y cuatro mil, y à su general: con los ricos despojos de esta batalla edificò á Oviédo: pasados algunos años volvió à derrotar otro ejèrcito de infieles escarmentàndolos de hacer tentativas. Borró todas estas acciones por su natural severo, matando por su mano à su hermano Wimarano, zeloso de sus aplausos, por cuyo hecho se ecsasperaron tanto sus vasallos, que le mataron en en año de 768.

XXXVIII. Don Aurelio ascendiò al trono por ser tan niño don Alfonso, hijo del difunto, de quien era primo hermano: castigò à los mahometanos que vivian dentro de sus estados (que se habian sublevado), obligándolos á sufrir el cautiverio con mayor estrechez y pesadumbre: muriò en el año de 774.

XXXIX. Don Silo estaba casado con Dª Adosinda, prima del difunto. En su reynado procurò mantener sus dominios, y solo se cuenta una sublevacion de los Gallegos, la que castigò: muriô el año de 783.

XL. Mauregato, hijo natural del Rey don Alfonso el católico, ausiliado de Abderramen, Rey de Còrdoba, à costa (segun dicen) del feudo de cien doncellas (suceso inverosimil, opuesto á toda razon y crítica) quitó el reyno à don Alonso, hijo de don Fruela I. que estaba aclamado con toda solemnidad: mantuvo el reyno en paz; y murió en el año de 788.

XLI. Don Bermudo I. el Diácono fué

proclamado y sacado del monasterio. Derrotó por dos veces á los moros enteramente, y restituyendo el reyno á don Alonso, se retiró á su monasterio el año de 791, muriendo en el de 795.

XLII. Don Alonso II. llamado el Casto, tuvo muchas batallas con los moros, matándoles en la primera setenta mil, en la segunda cincuenta mil, contándose sus victorias por sus batallas: de sus conquistas fundó el condado de Castilla, restituyo la Religion á su antiguo esplendor introduciéndola en lo conquistado: edificó templos: restauró las artes, y procuró la abundancia: en su tiempo se descubrió el cuerpo del Apóstol Santiago: murió en el año de 843.

XLIII. Ramiro I. apenas ocupó el trono, tuvo guerra con Abderramen Rey de Córdoba, cuyo combate duró todo un dia sin decidirse y por la noche se le apareció Santiago, y animándole acometió á los moros al rayar el dia, matando setenta mil, sin los que perecieron en el alcance. Apenas se libró de este conflicto tuvo que acudir al socorro de Galicia, donde habian desembarcado cien mil normandos, á los que rechazó quitándoles la esperanza de robar el reyno: murió en el año de 850.

XLIV. Don Ordoño I. hijo y sucesor

del antecedente, tuvo guerra con los africanos, á los que desbaratò ignominiosamente, aprovechando la victoria recobrò varias plazas: murió en el año de 862.

XLV. Don Alfonso III. el Magno heredó á su padre de edad de catorce años, tuvo varias batallas, de que saliò vencedor, y en una de ellas no hubo quien le llevase las nuevas, porque de diez hombres que quedaron con vida no pudieron llevarla por quedar prisioneros: tuvo varias inquietudes con sus hijos: y al fin tuvo que dejar la corona á su hijo don Garcia, viviendo en la ciudad de Zamora diez años despues de la cesion: muriò en el de 910, dejando á don Garcia, don Ordoño, don Gonzalo, don Fruela y don Ramiro.

XLVI. Don Garcia obtuvo la corona por cesión de su padre: tuvo el defecto de guerrear contra su padre, en lo demas tuvo todas las prendas dignas de un Monarca: muriò en el año de 913.

XLVII. Don Ordoño, hermano del antecedente, perdiò una batalla, en que quedó derrotado su ejército, pero mas adelante adelantò las conquistas de su padre, y muriò en el año de 923.

XLVIII. Don Fruela II tercer hijo de Alfonso el Grande, se apoderò de la corona quitándosela á su sobrino, la disfrutò poco porque cubriéndose de lepra murió en el año de 927.

XLIX. Don Alfonso IV, llamado el Monge, hijo de don Ordoño, y sobrino de don Fruela, fue de una singular inaccion, y pareciéndole que no le quedaba que desear siendo Monge, se retiro á un claustro renunciando la corona en su hermano don Ramiro, muriendo en el año de 930.

LI. Don Ramiro II. por la renuncia de su hermano ascendiò al trono, de que era digno. Al principio de su reynado se le conjuraron tres partidos, uno del infante don OrdoHo, hijo de don Alonso; otro de los hijos de don Fruela; el tercero del mismo don Alonso: pero triunfò de todos castigando los culpados. Sosegadas las cosas moviò guerra á los moros varias veces, con tal dicha que siempre los venciò y derrotò, y en la famosa batalla de Simancas se aparecieron dos caballeros en el aire que derrotaban á los bárbaros; unos dicen que eran Ángeles, y otros que Santiago y san Millan de la Cogulla; murió al fin colmado de laureles en el año de 950.

Ls. Don Ordoño III. sucediò á don Ramiro, su padre, no sin oposicion de su hermano don Sancho, llamado el craso. En su tiempo el célebre conde de Castilla Fernan Gonzalez derrotò por dos veces los formidables ejércitos de Almanzor, rey de Còrdoba, y lleno de gozo don Ordoño, pensando aprovecharse de la turbacion de los moros, empezò á hacer preparativos, en cuyo tiempo le alcanzó la muerte en el año de 955.

LII. Don Sancho I. el craso, hermano del antecedente, se apoderó del trono quitándoselo á su sobrino don Bermudo; hizo cosas muy indecorosas, como la de proponer á los moros la conquista de Castilla guardandòles él las espaldas y la de ptender con engaños á Fernan Gonzalez, su Conde; pero al fin este venciò á los moros, y saliò de la prision por ardid de su muger doña Sancha, tia del Rey, al que envenaron. y murió en el año de 967.

LIII. Don Ramiro III. hijo de don Sancho, tuvo la corona no sin crecidas guerras con don Bermudo, hijo de don Ordoño III. Su litigio fué muy favorable á los moros, porque se apoderaron hasta de las principales Cortes. En medio de estas desgracias muriò don Ramiro en el año de 982.

LIV. Don Bermudo II. por la muerte del antecesor, su contrario, quedò Rey y envió un ejército contra los infieles, el que derrotaron dejándole por reyno las rocas escarpadas y los vasallos fugitivos; pero la misericordia de Dios afligió á los ejércitos moros con una horrible disenteria de modo que apenas quedó uno vivo en los dominios cristianos, quitando la vida á las cabezas de las parcialidades, y abriendo los ojos á los Príncipes cristianos, que coligados envistieron á los moros, y les ganaron dos batallas, cobrando la mayor parte de lo perdido; murió este Rey en el año de 999.

LV. Don Alfonso V. sucedió á su padre de edad de cinco años, por cuya causa no hizo papel en las guerras que continuaban con los moros, prosperísimas á los cristianos, Sancho el Grande, rey de Navarra, Sancho García, conde de Castilla, y Raymundo I. conde de Barcelona, que arrojaron á los moros de los Estados cristianos, reparando las anteriores pérdidas, arrasando las tierras de los sarracenos. Este rey casó á su hermana doña Teresa con el rey Moro de Toledo, el que se la volvió vírgen y llena de elógios. Tuvo guerra con los moros portugueses, á los que ganó varias batallas, y estando sobre Viseo la le mataron de un flechazo en el año de 1028.

LVI. Don Bermudo III. heredò à su padre. En su reynado *García* II. (hijo de Garci-Sancho, conde de Castilla) que estaba tratado de casar con Sancha, hermana de Bermudo, fué muerto por los hijos del conde don Vela en el año de 1024, y Sancho, rey de Navarra, se apoderò de Castilla declarando la guerra á Bermudo, que no pudo ajustar la paz sino casando á su hermana Sancha con Fernando, hijo del de Navarra, jurado rey de Castilla, con la condicion de que muerto él habia de heredar su hermana el reyno de Leon: muerto el rey de Navarra declarò Bermudo la guerra à Fernando, y muriò en una batalla en el año de 1037.

Estinguida la línea masculina de los reyes Godos con la muerte de don Bermudo. pasò la corona de Leon á su hermana Dª. Sancha, casada con

LVII. Don Fernando I. hijo del rey de Navarra, rey ya de Castilla, por cuyo motivo se unieron los reynos de Castilla y de Leon, y apenas con la union de reynos se viò poderoso, emprendiò la guerra con los moros, hasta que les obligò á que le pagasen tributo despues de haberles quitado muchas plazas.

En su tiempo hizo los primeros rudimentos militares el famoso Rodrigo Diaz de Vivàr, llamado el Cid. Tuvo guerra con su hermano el rey de Navarra, la que terminò con una sola batalla en la que este muriò. Avisado por San Isidoro de la cercanía de su muerte, ordenò su testamento repartiendo sus Estados (contra el parecer de todos sus Ministros) dejando el reyno de Castilla á su primogènito Sancho, el de Leon à Alonso, el de Galicia à Garcia, la soberanía de Zamora á Urraca, y el señorío independiente de Toro à Elvira. Este rey tuvo el título de Emperador, y el de Alemania le pidiò tributo, á lo que respondiò con diez mil hombres, mandados por el Cid, que llegaron hasta Tolosa de Francia. donde detenidos por el Cardenal legado, y ecsaminada la causa, diò á España por independiente y libre de tributo: muriò este Rey en el año de 1067, y su muger en el de 1069.

LVIII. Don Sancho II. muerto su padre no cumpliò su testamento. Tuvo guerra con el rey de Navarra y el de Aragon, que muriò en la batalla: y hechas las paces, revolviò contra sus hermanos, à los que quitò los reynos de Leon y de Galicia, prendiendo à Garcia y à Alonso, que despues se huyo á los moros de Toledo, y por cercando á Zamora, fuè muerto á traicion un soldado llamado Vellido en el año de 1073.

LIX. Don Alonso VI. hermano del difunto, dió parte de lo que pasaba al rey Moro de Toledo, y haciendo paces con él y su hijo, pasó a tomar posesion de sus reinos. Prendió á su hermano Garcia para evitar disensiones, con lo que gozó de los reinos de su padre. Muertos el rey de Toledo y su hijo cercó y ganó la ciudad, y la mayor parte del reino, poniendo por barrera de lo conquistado el rio Guadiana, y poseyendo las cuatro coronas, tomó el título de Emperador: introdujo en España el ritual Romano, suprimiendo el Gótico, dejando en Toledo una capilla donde actualmente se sigue: murió en el año de 1108.

LX. D. Alonso VII. hijo del conde Don Raymundo, y de Dª Urraca; hermana del rey difunto, que murió sin hijos; heredaron ella y su hijo los reinos de Castilla, Leon, Galicia y Toledo. Dª Urraca estaba casada en segundas nupcias con el rey de Aragon y Navarra, D. Alonso I. el cual repudió á su muger y se apoderó del mando, hasta que los castellanos proclamaron á su legítimo Soberano, y aunque el Aragonés los venció en dos batallas, coronó á su hijastro, y le dejó en pacífica posesion de los reinos retirándose á los suyos año de 1122. El nuevo rey quitó á los Moros varias plazas, y murió el año de 1157.

LXI. D. Sancho III. heredó á su padre D. Alonso el reino de Castilla y los estados dependientes de él, por haber dejado el de Leon y Galicia á su hermano D. Fernando. Por cuya particion tuvieron muchas guerras favorables para los Moros, que aprovechandose de la ocasion, ellos por un lado, y el rey de Navarra por otro, pusieron las cosas en la mayor consternacion y á pique de que lo perdieran todo; pero unidos los dos hermanos tomaron satisfaccion ganando dos batallas al Navarro, prendiéndole, y dando á saqueo sus estados, y ganando á los Moros varias plazas, las órdenes de Calatrava, Santiago y Alcàntara fueron instituidas por estos tiempos; murió D. Sancho dejando dos hijos de corta edad el año de 1158.

LXII. D. Alonso VIII. heredó á su padre, declarándole la nobleza castellana mayor de edad sin serlo. Tomó las riendas del gobierno, y se puso al frente de un campo volante, con el que visitó sus estados, haciéndose querer de sus vasallos: el verle estos tan niño, tan afable, y con los resplandores de tanta grandeza, fue bastante para que sacudiesen el yugo estrangero y recobrasen las plazas usurpados ; de lo que resentido el rey de Leon, su tio, hizo muchos esfuerzos para reconquistarlas, pero su sobrino le buscó, batió y obligó á desembarazar à Castilla.

Siendo ya mozo fue derrotado por los Moros en Alarcos ; pero coligado con los reyes españoles cristianos , los derrotò y venciò en las navas de Tolosa , matando cien mil infieles , y cogiendo sesenta mil prisioneros ; recobró todos los estados perdidos, y agregò á ellos todo el pais que está entre Guadiana y Guadalquivir. De los cristianos solo murieron treinta. Este rey fue abuelo de San Fernando, rey de España, y de San Luis, rey de Francia : murió el año de 1214.

LXIII. D. Enrique I, heredó á su padre. Por su corta edad tenia la regencia del reyno Dª. Berenguela, su hermana mayor. Estando jugando muriò de un tejazo á los once dias el año de 1217.

LXIV. D. Fernando II. de Leon tuvo guerra con el rey de Portugal, al que derrotó y prendió, y dándole libertad le socorrió contra los Moros : muriò el año de 1188.

LXV. Don Alonso el IX. de Leon muerto Enrique I.º por estar casado con Dª Berenguela, hermana del muerto Rey, le pertenecia el reyno por su muger, pero por haberla repudiado le habia perdido. Tuvo Doña Berenguela arte para poder sacar de poder del rey de Leon, su marido, á su hijo don Fernando, á quien hizo aclamar rey de Castilla, cediéndole ella todo su derecho, por lo que tomó las armas el rey de Leon, que tuvo que retirarse por fin á sus Estados, dejando á su hijo en la quieta posesion de Castilla, obrando mil hazañas contra los moros, le dejó su reyno cuando murió en el año de 1230, y Dª Berenguela en el de 1244.

LXVI. San Fernando III. por las causas arriba dichas reynò en Castilla, Leon, Galicia, Toledo &c. Conquistó á los moros todo lo que tenian en España, á escepcion del reyno de Granada, y algunas otras plazas, arregló el Gobierno político de sus reynos, muriendo al fin coronado de virtudes y laureles el año de 1252.

LXVII. Don Alonso X. llamado el Sabio, heredó á su padre. Hizo guerra á los moros de Granada y sus aliados; quitándoles varias plazas. Dió á la emperatriz Marta, cincuenta quintales de plata para el rescate de su marido Valduino, cautivo del soldan de Egipto. Fué electo emperador de Alemania: murió en el año de 1284.

LXVIII. Don Sancho IV. llamado el Bravo, entró á reynar sin derecho inmediato á la corona, quitándosela à sus sobrinos los infantes de la Cerda, hijos de su hermano mayor don Fernando, que habia muerto. Su reynado fué todo turbulencias y desgracias, y murió en el año de 1295.

LXIX. Don Fernando IV. llamado el Emplazado, heredó á su padre don Sancho. En su menoredad le dispustaron la corona los infantes de la Cerda. Ganò á los moros á Gibraltar, y murió en lo mas florido de su edad en el año de 1312.

LXX. Don Alonso el XI. heredó á su padre don Fernando tan niño, que estaba en la cuna, por lo que hubo varias intrigas entre los Grandes; pero ya grande hizo la guerra con tanta dicha que en una batalla mató diez mil de ellos, y su general Abomelic, hijo del rey de Marruecos, el cual por vengar à su hijo pasó á España con cuatrocientos mil infantes, setenta mil caballos; pero unidos los príncipes cristianos juntaron catorce mil caballos y veinte y cinco mil infantes, y le dieron la batalla junto al rio Salado, matando doscientos mil moros, y los demas fueron esclavos ó fugitivos. Con esta victoria se apoderó de muchas plazas, y murió de contagió en el año de 1350.

LXXI. Don Pedro I. le sucedió: murió á manos de su hermano natural en el año de 1369.

LXXII. Don Enrique II. ascendió al Trono por la muerte que dió á su hermano. Fué afable, franco y generoso; tuvo guerra con Portugal, y murió tranquilamente en el año de 1379.

LXXIII. Don Juan el I. hijo del antecedente, hizo guerra á los ingleses y portugueses, y les ganó á Almeyda. Despues de haber hecho paces, promulgó leyes muy sabias, y murió precipitado de un caballo en el año de 1396.

LXXIV. D. Enrique III llamado el Enfermo. En un cuerpo achacoso tenia un espíritu robusto, y una alma grande: restituyó à la corona ya por fuerza, ya por grado todo lo que los Grandes tenian usurpado. Y habiendo nombrado por Gobernador del reyno á su hermano don Fernando, durante la menor edad de su hijo, murió en el año de 1407.

LXXV. D. Juan el II subió al trono de edad de veinte y dos meses, su menor-e-

Mantuvo sangrientas y divatadas guerras en los paises bajos por la religion, Socorrió la isla de Malta sitiada por los turcos: sugetó á los Moriscos de Granada, que se habian sublevado en el año de 1568. Habiendo hecho liga con el Papa Pio V. y la República de Venecia consiguió la memorable victoria en el golfo de Lepanto, mandando las escuadras D. Juan de Austria, su hermano natural, el año de 1577, Construyó à sus expensas el monasterio y palacio del Escorial, donde murió el año de 1598.

LXXXI. Don Felipe III. sucedió á su padre en todos sus Estados á escepcion de los paises Bajos, dados á Doña Isabel, su hermana, casada con Alberto, Archiduque de Austria. Este rey fue celebrado por su virtud, moderacion, continencia y templanza. Se aplicó mucho á mantener y aumentar la religion Católica: envió grandes socorros á Flandes, á su cuñado Alberto contra los holandeses, á los que ganó la batalla que se dieron las dos armadas cerca de las islas Filipinas. Sitió los puertos de Larache y la Mamora en Africa. Echó á los Moriscos y Judios de España por la pureza de la Fé, el año de 1614, y murió en Madrid en el de 1621.

LXXXII. D. Felipe IV. le sucedió en unos tiempos muy penosos. Por muerte del príncipe Alberto y de su muger Doña Isabel sin hijos volvieron los paises Bajos al dominio de España, lo qué suscitó largas guerras con franceses y holandeses, y revoluciones en Cataluña, y los portugueses se le sublevaron y eligieron rey. Los reinos de Sicilia y Nápoles tambien se alteraron, por lo que tuvo guerras en Italia. Entre tantos disturbios y adversidades se mantuvo constante dando espediente á todos los negocios del reino, y despues de veinte y cinco años de guerras hizo paz con el rey de Francia, y puso quietud á la mayor parte de la Europa: murió en Madrid en el año de 1665.

LXXXIII. D. Carlos II. su hijo, heredó sus estados bajo la tutela de Dª Mariana, su madre, hija del Emperador Fernando III. quien le crió con todas las circunstancias de virtud, santidad, piedad y temor de Dios, de suerte que jamás huvo príncipe mas bueno. Por no tener hijos hizo testamento nombrando por su sucesor al Duque de Anjou, su sobrino: murió en Madrid el año de 1700.

LXXXIV. D. Felipe V. Duque de Anjou, hijo segundo de Luis Delfin de Francia. Nació en Versalles en diciembre de 1683. Fue reconocido allí por rey de España en 16 de noviembre de 1700, de donde pasó à Madrid, á cuya corte llegó en 18 de febrero de 1701. Jamas ha habido un príncipe acometido de tantos enemigos domésticos y estrangeros, ni que con mas constancia haya soportado los varios contratiempos y sucesos que le acaecieron, por haberle querido disputar el derecho à la corona Cárlos, Archiduque de Austria, que presumiéndole con igual derecho su padre Leopoldo, hizo guerrear (en vírtud de liga que formó) unidas á él las Potencias de Inglaterra, Portugal, Holanda y Saboya. Con formidables Ejércitos y Armadas combatieron á España y Francia, que coligadas defendian la justicia de Felipe, quien por varirias ocurrencias se embarcó en Barcelona para Italia, habiéndose casado antes con Maria Luisa de Saboya, hija de Victor Amadeo. Con tal tenacidad siguieron su empeño los aliados, que no contentos con la guerra que hacian, ademas de haber sido causa de que se pasasen á su partido algunos Grandes de España, fueron ocasion de que se substragesen de su dominio Sicilia, Nápoles, Flandes, Cataluña, Aragon y Valencia; bien que estos últimos, aunque á cosla de muchos combates que ejercitaron bien la admirable constancia de Felipe, volvieron á su dominacion. Este gran Rey, que en Italia tuvo que embarcarse varias veces para ir Nápoles, el Fanal, Milan y Antibo, de donde volvió á España, llegando á Madrid á 17 de Enero de 1703, no logró tranquilidad hasta la suspension de Armas, y paz efectuadas en Abril y Mayo de 1713. En 13 de Febrero de 1714. murió la Reyna María Luisa de Saboya dejando tres hijos; y en el mes de Setiembre del mismo año volvió el Rey á casarse con Doña Isabel Farnesio, hija del Duque de Parma. Habiendo, pues, el Rey asegurado su Reyno, y premeditado retirarse para adquirir el eterno, deliberó, con consentimiento de de sus Consejos, renunciar la corona, cediéndola á su hijo Luis I. que era el mayor, y se hallaba ya de diez y seis años de edad, como con efecto lo ejecutó en 8 de Enero de 1724.

LXXXV. Don Luis I. entró en posesion del reyno por la cesion de su padre, dando esperanzas de un Príncipe dignísimo: y habiendo tomado esposa de la casa de Francia, sin tener tiempo de hacer accion memorable murió en 30 de Setiembre de 1724.

LXXXVI. Don Felipe V. instado vivamente de las súplicas de sus vasallos, y venciendo por el bien de estos sus muchas repugnancias, volvió á empuñar el cetro por la muerte de su hijo Luis. Sostuvo varias guerras hasta colocar á su tercer hijo Cárlos en el trono de Nápoles, y en los estados de Parma y Plasencia al que le seguia, llamado don Felipe. Al primogénito don Fernando le hizo jurar príncipe de Astúrias, y le casó con Maria Bárbara, hija del rey don Juan V. de Portugal; y habiendo reynado Felipe esta segunda vez veinte y un años, y algo mas de nueve meses, murió en el año de 1746.

LXXXVII. Fernando VI. sucedió á su padre con general contento del reyno: su primer cuidado fué procurar la hacer paz, con la que cesaron las ruinosas guerras que mantenia su padre. Fué un Príncipe amable, benigno, y que en su reinado no desembaynó la espada, por lo que se dedicó á la felicidad de sus Estados, fomento de Agricultura y Artes, ereccion de buenos Arsenales para la Marina, á poner esta en estado respetable, y á su Erario con fondos cuantiosos: alcanzó del gran papa Benedicto XIV. un célebre Concordato muy provechoso para España, para ser árbitro en las piezas eclesiásticas; y habiendo muerto su muger doña María Bárbara, enfermó poco despues este Rey, y al cabo de un largo padecer falleció en Villaviciosa en el año de 1759.

LXXXVIII. Don Cárlos III. pasó del reyno de Nápoles, donde se hallaba amado, al de España por la muerte de su hermano don Fernando VI. Llegó en el mismo año de 1759, y se dedicó á la prosperidad de sus Estados con la vigilancia mas notable. Así lo atestiguan los grandes progresos que en su tiempo han hecho las Artes y Ciencias, los aumentos que ha tenido la Agricultura, abriendo y repartiendo tierras incultas, y la poblacion, trayendo Colonos á espensas de su Erario; el aumento notable de fábricas útiles con fomentos própio, el adelantamiento del comercio libertándole de muchas trabas que le imposibilitaban: los grandes honrosos edificios que han sido erigidos en su tiempo, beneficio de caminos, construccion de canales, hermosura que ha dado á la Corte ilustrándola con un gabinete de historia natural el mas completo y escelente, y con el estudio de todas las Ciencias de Européa que allí estableció, pudiéndose decir que apenas habrá habido Monarca tan dedicado al esplendor y gloria de su reyno, al beneficio de sus vasallos, y al aumento de su prosperidad. Tuvo en el discurso de su reynado que sostener algunas precisas guerras con los portugueses é ingleses, en las cuales hubo (como en todas) sucesos favorables y adversos; fué penosa la del año 1762, pero remató con la del año de 1783, en que terminó una guerra larga y costosa con honor de sus armas: y habiendo reynado con general aplauso y amor de sus vasallos veinte y nueve años, y poco mas de cuatro meses, falleció en 14 de diciembre de 1788.

LXXXIX. Don Cárlos IV. hijo del antedente, casó con doña María Luisa de Borbon, hija del duque de Parma; subió al trono despues de la muerte de su padre y murió en Nápoles en 1819. Durante su reynado estalló la revolucion de Francia en 1789, y habiéndose declarado todas las potencias contra este estado trasformado en República desde la deposicion de Luis XVI. en setiembre de 1792, las tropas españolas entraron en Francia en 1793, durando la guerra hasta la paz de Basiléa en 1795. A esta paz se siguió la guerra con los ingleses, en la que perdió España mucha parte de su marina. Hízose la paz de Amiens: pero esta se volvió á romper por parte de los ingleses en 1804, en cuya época coronado ya el general Bonaparte, emperador de los Franceses, hizo estrecha alianza con la España, precisándola á enviar sus tropas al Norte, á las órdenes del marques de la Romana, y á reunir sus escuadras con las francesas: y mientras que Cárlos IV. confiando demasiado en su aliado y en su ministro y válido Godoy, creía gozar de una tranquilidad que era el fin de todos sus deseos, Bonaparte, bajo especiosos pretestos de amistad invadió traidoramente sus estados; en cuya crítica circunstaucia se vió el Rey precisado á entregar su cetro a su hijo primogénito el señor Don Fernando VII. (que Dios guarde) á favor de quien abdicó solemnemente la corona el 19 de marzo de 1808, desde cuya época, y despues de haber sufrido un largo y penoso cautiverio en Francia, reina felizmente sobre esta vasta monarquía.

Este Monarca siendo príncipe de Astúrias, casó en Barcelona en 4 de mayo de 1802 con María Antonia Teresa, hija de Fernando IV. rey de las Dos-Sicilias, de la que enviudò en 21 mayo de 1806. Casó 2ª. vez en 29 de setiembre de 1816, con Isabel María de Braganza, que muriò en 26 de diciembre de 1818, y se casó 3ª.

ves con María Josefa Amalia hija de Macsimiliano de Sajonia, de la que tambien enviudó en 17 de mayo de 1829; y en 11 de diciembre del mismo año, casó con D.ª María Cristina, hija de Francisco 1.º rey de Nápoles su actual esposa.

Sus Arzobispados y Obispados.

CAPITULO VII.

Toledo es la primitiva, por haber tenido el singular indulto de conservar su Arzobispado aun poseyéndola los moros. La ganó el rey don Alonso el VI. el año de 1085, tiene ochocientas dos Pilas Bautismales, y los obispados de

Córdoba, conquistada por el santo rey D. Fernando en el año de 1236 que tiene noventa y dos Pilas.

Cuenca, restaurada por don Alonso VIII. el año de 1177, que tiene trescientas cincuenta y cuatro Pilas.

Sigüenza por don Alonso el el VI. año de 1182 que tiene quinientas y diez y seis Pilas.

Jaen por el santo rey don Fernando el año de 1243, tiene ciento y veinte seis Pilas.

Segovia por el rey don Alonso el VI. el año de 1072, que tiene cuatrocientas treinta y ocho Pilas.

Cartagena por el rey don Jaime de Aragon el año de 1265, que tiene ciento y dos Pilas.

Osma por don Alonso el VI. el año de 1083, tiene cuatrocientas y cincuenta Pilas.

Valladolid por el dicho el año de 1084, que tiene ciento y doce Pilas.

El Obispo titular de la órden de Santiago.

Sevilla es el segundo Arzobispado, cuya ciudad conquistó el Santo rey don Fernando el año de 1248, y tiene doscientas treinta y cuatro Pilas, y los obisgados de

Málaga. conquistada por los reyes católicos el año de 1487, que tiene ciento ocho Pilas.

Cádiz por don Alonso el sábio el año de 1264, que tiene cincuenta y cuatro Pilas.

Canarias por don Enrique VI. el año de 1464, que tiene cincuenta y cuatro Pilas, posteriormente se ha erigido un segundo obispado en la Luguna.

Ceuta, conquistada por don Juan I. de Portugal el año de 1414, que tiene una Pila.

Santiago es el tercer Arzobispado, cuya ciudad conquistó don Alfonso el Casto año de 819, y y se transfirió á ella la metrópoli de Mérida el año de 1124., que tiene mil ciento ochenta y tres Pilas, y los obispados de

Salamanca por don Alonso el Magno el año de 901, que tiene trescientas noventa y seis Pilas.

Tuy por don Ordoño I. el año de 860., que tieno doscientas cuarenta y seis Pilas.

Avila, restaurada por don Alonso el VI. el año de 1088., que tiene quinientas treinta y ocho Pilas.

Coria por don Alonso el VII. el año de 1042., que tiene ciento noventa y nueve Pilas.

Plasencia por don Alonos el VIII. el año de 1180., que tiene ciento cincuenta y dos Pilas.

Astorga por don Alonso el I. el año de 747., que tiene nuevecientas trece Pilas.

Zamora por don Fernando I. el año de 1053., que tiene doscientas cincuenta Pilas.

Orense por don Alonso el Magno el año de 890., que tiene seiscientas cincuenta y tres Pilas.

Badajoz por don Alonso el IX. el año de 1208., que tiene ciento y ochenta Pilas.

Mondoñedo por don Alfonso el III. el año de 870. que tiene trescientas setenta 739. y cinco Pilas.

Lugo por don Alonso el I. el año de que tiene mil y diez Pilas.

Ciudad-Rodrigo por don Fernando II. el año de 1160., y tiene ochenta y cuatro Pilas.

Obispados esentos por estar sujetos inmediatamente á la Silla Apostòlica, son

Leon, restaurado por don Ordoño II. el año de 915., que tiene mil y veinte Pilas.

Oviedo por don Alonso el Casto el año de 812., tiene mil sesenta y cinco Pilas.

Granada es el cuarto Arzobispado; cuya ciudad conquistaron los reyes Catòlicos el año de 1492., que tiene ciento noventa y cuatro Pilas y los obispados de

Guadix y Baza por los dichos, el año de 1489., que tiene cincuenta y dos Pilas.

Almería por los dichos el año de 1598., que tiene setenta Pilas.

Búrgos es el quinto Arzobispado, (está incluso en él el antiguo obispado de Oca,), restaurado el año de 884., que tiene mil seiscientas noventa y tres Pilas. Urbano II. le hizo la gracia de que fuera esta silla inmediata á la Santa Sede: es superior á los obispados de

Pamplona, restaurada por don Alfonso VII. el año de 1130., y tiene mil y noventa Pilas.

Calahorra y Santo Domingo de la Calzada, la primera por don Garcia el año de 612, y la se por don Alonso el VI. el año de 1106., que tiene mil y trece Pilas.

Palencia, restaurada por D. Sancho III de Navarra el año de 1024, que tiene trescientas ochenta pilas.

Santander, fundada por D. Alonso el XI. el año de 1174, que tiene quinientas once pilas.

Tudela por Don Alonso I. de Aragon el año de 1114.

Tarragona es el sexto Arzobispado, conquistada por D. Ramon Berenguer, conde de Barcelona, el año de 1088, que tiene ciento treinta y tres pilas, y los obispados de

Barcelona, restaurada por el antecedente el año de 1146, y tiene doscientas cincuenta y tres pilas.

Gerona por Carlo Magno el año de 785, que tiene cuatrocientas setenta pilas.

Lérida por D. Ramon Berenguer el año de 1149, que tiene doscientas cincuenta pilas.

Tortosa por el último conde de Barcelona el año de 1146, que tiene ciento cincuenta y dos pilas.

Vich, restaurada por Wifredo el Velloso, conde de Barcelona, el año de 880, que tiene doscientas noventa y nueve pilas.

Urgel, conquistada el año de 820 que tiene seiscientas sesenta y cuatro pilas.

Solsona, conquistada el año de 818, que tiene ciento cuarenta y ocho pilas.

Ibiza, conquistada el año de 1235, y erigida en Catedral en el de 1782, que tiene veinte y una pilas.

Zaragoza es el septimo arzobispado, restaurada por D. Alonso I de Aragon el año de 1118, que tiene trescientas sesenta y cinco pilas, y los obispados de

Huesca por D. Pedro I de Aragon el año de 1099, que tiene ciento ochenta y dos pilas.

Barbastro por el mismo el año de 1101, que tiene ciento y ochenta pilas.

Jaca por D. Aznar el año de 709, que tiene doscientas cincuenta y una pilas.

Tarazona por D. Alonso I de Aragon el año de 1119, que tiene ciento cincuenta y tres pilas.

Albarracin por D. Pedro Ruiz de Azagra el año de 1170, que tiene treinta y cuatro pilas.

Ternel, restaurada el año de 1171, que tiene ochenta y nueve pilas.

Valencia es el octavo arzobispado, restaurada por D. Jayme I de Aragon el año de 1238, que tiene quinientas ochenta y tres pilas, y los obispados de

Segorve, restaurada el año de 1172, que tiene cuarenta y dos pilas.

Orihuela por D. Jayme I de Aragon el año de 1265, que tiene cincuenta y cinco pilas.

Mallorca por el dicho, el año de 1229, que tiene sesenta y seis pilas, y reconoce en muchas causas solo la superioridad de la Santa Sede.

Menorca por el Sr. D. Carlos IV despues de la paz de 1794, tiene diez pilas.

De las Religiones Monacales, Mendicantes y Regulares.

MONACALES.

CAPITULO VIII.

La religion de san Benito se estableció en España reynando D. Juan el I de Castilla el año de 1390, y tiene en ella sesenta y cuatro conventos de religiosos, y veinte y siete de religiosas: esta orden fue instituida por san Benito el año de 528.

La de san Bernardo, instituida por san Roberto el año de 1098, entrò en España á peticion de D. Juan el II año de 1424, y tiene en ella ciento y nueve conventos de religiosos, y catorce de religiosas.

La de los Cartujos, instituidos por san Bruno el año de 1084, y establecidos en España en el de 1163, separados de la abadía de Grenoble sin dependencia de ella el año de 1794, tiene diez y siete conventos en los desiertos.

La de Geronimos, instuidos en España el año de 1366, tiene cuarenta y ocho Conventos de Religiosos y diez y nueve de Religiosas.

La de san Basilio, instituida por el Sto. el de 363, y establecida en España el de 1540, tiene en ella diez y siete Conventos.

MENDICANTES.

Religiosos Predicadores, instituidos por Santo Domingo de Guzman, se empezó en España el año de 1217, y tiene dosciento catorse Conventos de Religiosos, y ciento treinta y siete de Religiosas.

Franciscos Observantes, instituidos por

San Francisco de Asis el año de 1200, y establecidos en España por el mismo Santo á fines del año de 1213, tienen en ella cuatrocientos veinte y seis Conventos de Religiosas, y cuatrocientos veinte y dos de Religiosos.

Terceros, instituidos el año de 1410 tienen veinte y dos Conventos de Religiosos

La estrecha Observancia, vulgo San Pedro de Alcántara, instituidos en España el año de 1496, tiene doscientos once Conventos de Religiosos.

Capuchinos, instituidos el año de 1525, y establecidos en España en el de 1578, tiene ciento y ocho Conventos de Religiosos, y veinte y cinco de Religiosas.

Agustinos Calzados, ecsistian ya en España antes del año de 1040, y tienen en ella ciento veinte y ocho conventos de Religiosos, y sesenta y ocho de Religiosas.

Agustinos Descalzos, instituidos en Toledo el año de 1588, tienen treinta y dos conventos de Religiosos, y cuarenta y uno de Religiosas.

Carmelitas Calzados, tienen en España setenta y siete conventos de Religiosos, y veinte y tres de Religiosas.

Carmelitas Descalzos, instituidos por Santa Teresa de Jesus y S. Juan de la Cruz el año de 1462, tiene ciento y ocho Conventos de Religiosos, y ochenta y tres de de Religiosas.

Trinitarios Calzados, se estableció en España por San Juan de Mata el año de 1200, tiene setenta y tres Conventos de Religiosos, y veinte tres de Religiosas.

Trinitarios Descalzos, instituidos en España el año de 1507, tiene veinte y nueve Conventos de Religiosos, y uno de Religiosas.

Mercenarios Calzados, instituidos en Barcelona el año de 1218, tiene ochenta y ocho Convento de Religiosos, y nueve de Religiosas.

Mercenarios Descalzos, instituidos en Madrid el año de 1603, tiene veinte y nueve Conventos de Religiosos, y once de Religiosas.

Servitas, empezò en España el año de 1374, y tiene diez Conventos de Religiosos.

Minimos de San Francisco de Paula, instituidos por este Santo el año de 1435, y establecido en España en tiempo de los reyes católicos, tiene setenta y nueve conventos de religiosos, y doce de religiosas.

Hospitalarios de San Juan de Dios, instituidos por este santo en Granada el año de 1538, tiene cincuenta y ocho hospitales.

CLERIGOS REGULARES.

Canónigos regulares Premonstratenses, se estableció en España el año de 1134, y tiene diez y siete monasterios de canónigos, y dos de religiosas.

Clèrigos roglares Teatinos, tiene cinco casas.

Religiosos de la compañía de Jesus, vulgarmente nombrados Jesuitas, fundados por San Ignacio de Loyola en 1540. estinguidos en 1767 reynando don Carlos III., restablecidos por el Sr. Don Fernando VII. desde su regreso de Francia, tienen 11. casas.

Clérigos regulares Menores, establecidos en España el año de 1594, y tiene en ella quince casas.

Miuistros de los enfermos (vulgo Agonizantes) establecidos en España año de 1643, y tiene en ella seis casas.

Pobres de la madre de Dios de la Escuela Pia, establecidos en España el año de 1676, tiene en ella diez y ocho colegios.

CAPITULO IX.

Uno de los mas preciosos adornos de nuestra España es el establecimiento de las Ordenes Militares de Caballeria, pues solo sus institutos y fundaciones estan respirando cristiandad y valor, porque todas ellas se fundaron para la defensa de la fé y esterminio de los Mahometanos, distinguiéndose por sus hábitos, que solo gozaban los nobles ó los que á fuerza de hazañas se hacian dignos de alistarse en el número de estos.

La primera fué la de Encina, instituida por Garci-Jimenez, rey de Navarra.

II. La de los Lirios, por don Sancho el IV. de Navarra el año de 1023.

III. La de san Salvador, por don Alonso el VIII. de Castilla en el de 1118.

IV. La de la Acha, por don Ramon Berenguel, último conde de Barcelona, para las mugeres, en el de 1150.

V. La de Monteagudo, instituida por varios príncipes cristianos el año de 1180.

VI. La de Trujillo, se ignora quien fué su fundador, aunque si que sè erigiò en lo años de 1190.

VII. La de san Jorge de Aljama por

el rey don Pedro II. de Aragon en el de 1201.

VIII. La de santa María de España, por don Alfonso el Sábio en el de 1270.

IX, La de la Vanda, por don Alfonso el XII. de Castilla en el de 1332.

X. La de la Paloma, por don Juan I. de Castilla en el de 1383.

XI. La de la Razon, por el mismo al própio tiempo.

XII. La de las Azucenas, por don Fernando I. de Aragon en el de 1413.

XIII. La de la Escama, se ignora su fundador, aunque hay quien dice que fue don Juan II. de Castilla en el de 1420.

XIV. La de Borgoña, por el emperador Cárlos V. en el año de 1535.

Las catorce Órdenes anteriores no existen actualmente, porque la mayor parte de ellas están incorporadas en las cuatro siguientes.

I. La de Calatrava, instituida reynando en Castilla don Sancho el III. el Deseado en el año de 1147., y tiene cincuenta y seis Encomiendas.

II. La de Santiago, reynando don Fernando II. de Leon el año de 1150., y tiene ochenta y siete Encomiendas.

III. La de Alcántara, reynando don Fernando II. de Leon en el de 1150., y tiene treinta y siete Encomiendas.

IT. La de Montesa por don Jayme II. rey de Aragon y Valencia el de 1319., y tiene trece Encomiendas.

La insigne órden de caballería del Toyson de Oro, instituida por Felipe II. llamado el Bueno, duque de Borgoña, y conde de Flandes, en celebridad de las bodas con la infanta Dª. Isabel, hija del rey don Juan I. de Portugal en el de 1429; la trajo à España Càrlos V. el emperador en el de 1516.: no pueden ser caballeros de esta Órden no siendo Príncipes ó Grandes Señores: su Gran Maestre ha de ser cabeza de la casa de Borgoña, por cuyo motivo lo han sido, y son los reyes de España. Tiene cincuenta y un Collares incluso el del Gran Maestre.

La de la real y distinguida órden de la Concepcion ò Càrlos III. fué instituida por el mismo el año de 1771, siendo igualmente para los Príncipes ó Grandes Señores los Collares. Para otros Caballeros instituyó una pequeña Cruz, de la cual hay pensionadas, y sin pension.

La de damas nobles de la reyna María Luisa, fundada por esta Reyna en el reynado de su esposo don Cárlos IV.

La real órden Americana de Isabel la Católica, fundada por el Sr. D. Fernando VII. en 1815. Tiene Grandes Cruces, Comendadores y caballeros con la Cruz chica.

La real y militar de san Fernando, confirmada por el mismo Rey, el mismo año. Tiene Grandes Cruces y varias clases de Cruces inferiores.

La real y militar de san Hermenegildo erigida tambien por el mismo Rey, en el mismo año: tiene Grandes Cruces con placa y banda, caballeros con placa sin banda, caballeros con la Cruz chica. Esta y la anterior son esclusivamente para los militares.

FIN.

LA GEOGRAFIA ANTÍGUA COMPARADA CON LA MODERNA;

ó

NOTICIA SUFICIENTE, AUNQUE SUCINTA, DE LOS *conocimientos geográficos de los antiguos, y de la concordancia de los nombres de sus diversas comarcas, y pueblos con los que tienen en el dia: obra utilisima para la lectura de la historia antigua.*

POR

EL BARON DE ORTAFFÁ,

BRIGADIER DE INFANTERÍA CON USO DE UNIFORME DE MARISCAL DE CAMPO.

CON LICENCIA.

En la librería de J. Solá, plazuela de los *Ciegos*.
Barcelona: Febrero 1832.-Imprenta de Mayol y C.ª

ADVERTENCIAS DEL EDITOR.

1º Los números del índice se refieren á los párrafos y no á las páginas.

2º Los nombres antiguos están impresos de letra cursiva, y á su continuacion están los modernos de letra regular entre dos paréntesis.

3ª Los nombres antiguos cuya concordancia no se espresa con los modernos, es señal de que no existen, ó no han variado, ó se ha perdido la memoria de ellos.

GEOGRAFÍA ANTIGUA.

1. Mucho les faltaba á los antíguos para conocer toda la estension de la tierra habitable. No solo no tuvieron jamas noticia alguna de la América, sino que tambien ignoraron siempre una gran parte del antíguo continente: asi es que, en Europa, toda la parte setentrional y oriental les era desconocida, casi contando desde el Elba y el Oder.

Lo mismo sucedia con respeto al Asia: pues si se imagina una línea tirada desde las orillas del mar Cáspio hasta la península de Málaca, esta señalará los límites de sus conocimientos: y aun los que tuvieron de muchos paises situados mas acá de esta línea fueron sumamente inciertos.

En Africa las nociones que tenian se ceñian á las costas del mar Rojo y del Meiterráneo, estendiéndose muy poco en lo interior: y en esta parte es preciso confesar que los modernos las tienen iguales, si á caso no son menores. Es aun muy dudoso que los Fenícios hayan dado la vuelta al Africa en el reinado de Nécao, rey de Egipto, segun piensan algunos, apoyándose en el testimonio de Heródoto: sea como fuere, esta navegacion, si es que jamas llegó á efectuarse, no habia enseñado á los antiguos la verdadera figura de aquella vasta península, que suponian de forma triangular, y no estendiéndose mas allá del ecuador.

2. Antes de la espedicion de Alejandro en Asia, y de las navegaciones de los Toloméos en el mar de la India; antes de las espediciones de los Romanos en las Galias, en Bretaña y en Germánia, y de Elio Galo en Arábia, los conocimientos geográficos de los antiguos eran aun muchísimo mas limitados.

3. Se vé que el mundo conocido de los antiguos tenia mas estension del E. al O. que del S. al N.: de aqui proceden las espresiones de *longitud y latitud*, que hemos conservado, aunque no tengan ya significacion para nosotros.

4. La verdad es que los antiguos no conocieron perfectamente sino los paises si-

tuados al rededor del Mediterráneo, al que llamaban *mare internum*, *mare nostrum*.

5. Este vasto acópio de agua tomaba diversos nombres: *mar Tirrénio*, entre la Italia, la Francia y la España; *mar de Sicília*, entre la Sicília y la Grécia; *mar Adriático*, entre la Italia y la Ilíria; *mar Egéo*, al E. de la Grecia; *mar de Síria y de Egipto*, sobre las costas de estas comarcas. El estrecho de Gibraltar se llamaba, *estrecho de Gades* ó de *Hércules*; el de los Dardanélos, *Helesponto*; el mar de Marmará, *Propóntide*; el estrecho de Constantinopla, *Bósforo de Trácia*; el mar Negro, *Ponto Euxino*; el estrecho de Caffa, *Bósforo Cimeriano*; el mar de Azof, *Palus Meotis*.

El Asia, cuna de los reinos más antiguos, será la primera de que tratáremos, dejando la Europa para la última.

CAPITULO I°

DEL ASIA:

§ I. *Asia menor*.

6. Los antiguos daban el nombre de *Asia minor* ó *Asia inferior* á aquella pe-

nínsula que tiene por límites al N. el Ponto Euxino; al N. O. la Propóntide; al O. y al S. el mar Meditarráneo. Este pais lleno de colónias griegas, principalmente en las costas, comprendia muchas provincias independientes unas de otras, que clasíficarémos en provincias del norte, del oeste, del sur y del centro.

7. PARTES DEL NORTE. La *Bitínia*, hoy (Liva de Kodgea-uli) al S. de la Propóntide, encerraba el Monte Olimpo, los rios *Rhíndaco* (rio de Mikalitza) y *Sangario* (Sakaria), el lago *Ascanio* (Ismick); las ciudades de *Calcedónia*, en frenté de Constantinopla, de *Nicomédia* (Is-nickmid), de *Nicéa* (Naygour), célebre por un concilio y y por el nacimiento del astrónomo Hiparco; de *Prusa* (Broussa), residencia de los reyes de Bitínia, de *Libyssa*, en donde murió Anibal.

8. La *Paflagónia* (Liva de Kostamoni), tenia por río principal el *Parthénio* (Dolap), que desagua en el Ponto Euxino, y su principal ciudad era *Sinop* (Sinup), patria de Diógenes el cínico.

9. El *Ponto* (Osman uli), era regado por el *Halys* (Kizil Ermack), el *Iris* (Jekil Yrmack), y el *Termodonte* (Termeh),

que desaguan en el Ponto Euxino: el Halys es el rio mayor del Asia menor; riega tambien parte de la Paflagónia. Ciudades: *Trebisonda*, que se hizo célebre en la edad média; *Cerasus* (Keresoun), de donde trajo Lucúlo las cerezas á Europa; *Amasea* (Amasieh), patria del geógrafo Estrabon.

10. PAISES DEL OESTE. *La Troada* (Liva de Karasí), tenia poca estension; ocupaba la punta N. O. del Asia menor hasta el cabo *Sigéo* (Jenizzari), que forma la entrada del Helesponto: era deudora de su nombre á la ciudad de *Troya* (ruinas de Bounar Bachí), destruida por los griegos el año 1284 antes de J. C., reedificada despues á cierta distancia. El *Simoís* y el *Escamandro*, corrientes de agua poco considerables (Menderesou y Palæ Scamandria) la regaban en casi toda su estension. Tienen estos riachuelos su nacimiento en una cordillera de montes, cuyas cumbres mas elevadas se llamaban *Ida* y *Gargaro* (Gargara).

11. La *Mysia* (Liva de Karasi), rodeaba la Troada; rio principal, el *Gránico* (Sousonghirli) cuyo paso disputaron los Persas á Alejandro; Ciudades *Lampsaco* (Lamsachi); *Abydos*, sobre el Helesponto en frente de *Sestos*; *Pérgamo* patria del médi-

co Galéno y capital del reino de Atalo.

12. Al Sur de la Mysia se estendia, siguiendo la costa, el pais ocupado por las colonias griegas, eólias, jónicas y dóricas; sus principales ciudades eran:

13. 1.º en *Eólia* (Liya de Karasi y parte del Kodavendikier), *Cumo* ó *Cyme*, (Nemourt), que suponen habér sido patria de Homéro.

14. 1.º en *Jónia* (Liva de Aidin y Sarukan, *Phocéa* (Focchia vecchia), de la que una colonia fundó á Marsella 600 años antes de J. C.; *Esmirna* en el fondo de un golfo: muy cerca de esta ciudad manaba el *Méles*, en cuya orilla, pretendian algunos, habia nacido Homéro, de donde dimanaba el nombre de *Melesígeno* que llevó al principio; *Clazomeno* (Vourla ó Urla), patria del filósofo Anaxágoras; *Eritréa* (Eritri ó Ritre), famosa por su Sibíla; *Teos* (Sigagik), patria de Anacreonte; *Lebedus*, destruída por Lisímaco, rey de Macedónia; *Colofon*, patria del filósofo Xenófanes; *Efeso*, (Aio-tsoluc), patria del pintor Parrhásio, y del filósofo Heráclito: era célebre por su templo de Diana; *Priene* (Samsoun), patria de Bias, un de los siete sábios de la Grécia.

15. 3.º En *Dórida* (Liva de Aidin y de Mentech, *Mileto* (Palatda), patria de Tháles y de Aspásia; *Halicarnáso* (Bodroun), patria de los historiadores Heródoto y Dionisio; *Cnido* (Porto genovese), patria de Eudoxio y de Ctesias, y célebre por la estátüa de Vénus, obra de Praxíteles.

16. En las costas están la isla de *Lesbos* (Metelin), que contiene las ciudades de *Mitlléne*, *Methimno* y *Eresso*; esta isla habia sido patria de los poétas Safo, Corina, Alcéo, Arion, Terpandro, y de Pitaco, uno de los siete sábios de la Grécia; las islas de *Chio* (Scio), fértil en vino, de *Samos* (Samo), patria de Pitágoras, de *Cos* (Stanchio), patria de Hipócrates, de *Icaros* (Nicaria), de *Rhodas*, que contiene las ciudades de *Rhodas*, *Jalyssus*, *Camiros*, *Lindus*, patría de Cleóbulo uno de los siete sábios.

17. PAISES DEL CENTRO. *La Lídia* (Liva de Aidin y Sarukan), regada por el *Pactólo* (Sart) que acarreaba pepitas de oro, por el *Hermus* (Sarabat ó Kedous), el *Caistro* (Kitchik-Mender) y el *Meandro* (Bojouck-Mender); las ciudades eran *Magnésia* (Gulel-hizar), que dió su nombre á la piedra magnética ó imán que se encontraba en

sus cercanías; *Sardes* (Sart), capital del reino de Lidia; *Filadelfia* (Alah-Shehr).

18. *La Frígia* (Liva de Kutaieh y de Degnizlu), dividida en *Salutaria* y *Epicteta* ó añadida; sus ciudades eran *Apaméa* (Famieh); *Ipso*, célebre por una batalla entre los generales de Alejandro en 301 antes de J. C.; *Gordium*, despues Juliopolis. Al S. E. estaba la *Licaónia* (Liva de Asiom-cara-hisar), en donde se encontraban *Laodicéa-Combusta* (Jurekiam-Ladik), é *Iconium* (Konieh).

19. *La Galácia* (Liva de Angouri), habia recibido su nombre de los *Galos* ó *Galatas*, que hacian parte de la espedicion de Brenno, y se establecieron allí 390 años antes de J. C. Los Galatas se dividian en tres pueblos, los *Tolistóbogos*; los *Trocmes* y los *Tectósagos*; sus ciudades eran *Pessínus* ó *Pessinunta* (Possena), famosa por el culto de Cibéles, y *Ancyra* (Angora).

20. La *Capadócia* (Kaisarick): su rio el *Halys* (Kisil-Irmak); sus ciudades *Mazaca* (Kaisarieh), *Tyana*, (Roum), *Comana* (Almons), *Sebaste* (Siwas).

21. PAISES DEL MEDIO DIA. La *Cária* (Liva de Mentech) al S. O., estaba en parte ocupada por la Dórida (15): ademas de

las ciudades ya citadas, se encontraba la de *Cauno* (Kaiguez ó Quiagi) patria del pintor Protógeno.

22. La *Lícia* (Liva de Mentech y parte de Tekieh): ciudades principales, *Telmissùs* (Macri) y *Xanthus* (Eksenide). La *Pamfilia* (Livas de Hamid, Tekieh, Versak y Alaniech): ciudades, *Termessus* (Estenaz), *Perga* (Kara-hisar) y *Olbia* (Satalia ó Antalia). *La Pisídia* (Livas de Hamid &c.) y la *Isauria*, (Liva de Asi omcarahisar) eran países póco considerables.

23. La *Cilícia* (Pais de Itch-ili y Aladeuli ó Caramánia), se dividia en Cilícia *Trachea* ó montuosa, y en Cilícia campestre ó llana. Sus rios eran el *Píramo* (Gihoun), el *Saro* (Sirr ó Sihoun), y el *Cidno*, en el que se bañó Alejandro y tomó la enfermedad de la que estuvo á pique de morir: Ciudades: *Selinunta* (Selentí), *Tarso*, *Solí* ó (Pompejopolis), é *Isso* en donde Alejandro venció á Dario: este pais tiene por limites al N. el *Tauro* (Ala—Dag), cordillera de montañas muy elevadas.

14. Al S. de las costas de Cilícia se estiende la grande isla de *Cipro* (Chipre), que contiene las ciudades de *Salamis* (Costamæ) en donde reinaba Evagoras; de *Pa*-

phos (Baffo), célebre por un templo de Vénus; de *Amatonto*, consagrada á misma diosa.

25. La *Arménia* (Turcománia), pais montuoso, encierra las fuentes de donde salen el Eufrátes y el Tígris: ciudades: *Artáxata*; *Artémita* (Van); *Tigranocerta ó Amida* (Diarbekir ó Kara Amid).

26. La *Cólcbida*, en la costa del Ponto Euxino, bañada por el *Phasis* (Fasz-Rione): ciudades, *Dioscurias* (Iskuriah) y *Æa*. La *Ibéria* al E. (el Carduel y Cachetia en Geórgia), bañada por el *Ciro* (Kur); la *Albánia* (Daghistan y Shirvan) en la costa del mar Cáspio. Estos tres paises ocupaban el itsmo que separa el mar Cáspio del mar Negro, y que atraviesa la cordillera del *Cáucaso* (Elbours).

§ II.

PARTES AL O. DEL TIGRIS.

28. LA SÍRIA. (Bajalatos de Alépo y de Damasco) pais que tiene por límites al N. el *Tauro* (Ala-Dag); al O. el Mediterráneo; al S. la Judéa y la Fenícia; al O. el *Eufrátes*. Montañas, el *Líbano*, el *Antí-Líbano*: rio el *Orontes* (El-Azí): Ciudades: *Antioquía* (Antakia), sobre el Orontes,

Chalydon ó *Beræa* (Alépo); *Seleucia* (Seletkieh), al embocadero del Orontes; *Laodicea* (Latikieh), puerto de mar; *Emesa*; *Heliópolis* (Balbek), famosa por el culto del Sol ó *Elagabal*; *Damasco*, en la parte llamada Cæle-Siria ó Siria hueca (*Bajalato de Damasco*); *Palmira* (Tadmor), fundada en el desierto, famosa por su opulencia y por la resistencia de la reina Zenóbia á las armas de Aureliano.

28. LA FENÍCIA. (Bajalato de Seida), al S. de la Síria, á lo largo de la costa, de la que ocupaba una parte angosta. Ciudades: *Aradus* (Ruad), en una isla á corta distancia del continente; *Antaradus*, situada en frente sobre la costa; *Tripolis*, ó las tres ciudades, (*Taraboulos*), compuesta de tres ciudades reunidas en una sola; *Biblos*, patria de Filon; muy cerca estaba el riachuelo *Adonis* (Nahr-Ibrahim), y un poco mas lejos el *Lycus*, ó rio del lobo: *Berito*, patria del antíguo historiador de Fenícia, Sanchoniaton; *Sidon* (Sejda), en sus principios la ciudad mas poderosa de Fenicia; *Tiro* (Tsour), situada al principio en el continente; pero despues de la toma de esta ciudad por Nabucodonosor, 586 años antes de J. C., sus habitantes se retiraron á

una isla inmediata á la tierra firme, en la que fueron sitiados por Alejandro; *Tolemaide* ó *Aco* (San Juan de Acre); *Cesaréa* (Banias), edificada por Herodes; *Joppe* (Jaffa), conocida por la fábula de Andrómeda; *Asculon* (aldea arruinada), cuyo territorio producia las cebollitas llamadas escaluñas; *Gaza* (Jasor), *Raphia*: *Rhinocolura* (El Arish), en la frontera de Egipto.

29. LA PALESTINA. (Tierra Santa ó Bajalatn de Jerusalén), cuyo nombre se habia formado del de Filistéo: llamábase tambien este pais Judéa: bañále el *Jordán* (Al-Arden), que desagua en el *lago Asfaltites* (mar Muerto ó Almotanah), acópio de aguas bituminosa, en cuya orilla existian en otro tiempo las cinco ciudades de *Sodoma*, *Gomorra*, *Adama*, *Seboim* y *Segor*, destruidas por el fuego del cielo. En tiempo de Abrahán once pueblos habitaban este pais. Los Hebréos, al establecerse en él, formaron las doce tribus de Ruben, Simeon, Judá, Isachar, Zabulon, Dan, Neftali, Gad, Aser, Benjamin, Manasé y Efraim. La tribu de Leví no tuvo parte en la distribucion de las tierras, y fué empleada en la conservacion de las leyes y de las

ceremonias religiosas. Ciudades, *Jerusalén* (El-Kod) y *Samária* (Sebaste).

30. LA MESOPOTÁMIA. (Diarbek). Este nombre, que significa *en medio de los rios*, se habia dado al pais comprendido entre el *Eufrátes* (Morad-Shai) y el *Tigris*. Ciudades: *Edessa* (Orfa), *Charres* (Harran), en donde Craso fué derrotado por los Partos; *Nisibis* (Nésibin), al N., llamada tambien Antioquía de Migdónia; *Cunaxa*, en donde el ejército de Ciro el jóven, fué batido por Artajérjes, 401 años antes de J. C.

31. LA ASÍRIA. (el Kurdistan), al N. E. de la Mesopotámia, se estendia sobre las dos riberas del Tigris. Ciudades: *Ninive* (Niño) en frente de Mosúl; *Arbéles* (Erbil), y muy cerca de allí *Gaugamela* (Gau-Gamel), en donde Alejandro venció á Darío; *Demetrias* (Kerkouk), conocida por sus manantiales de nafto ó betun líquido y por sus fuegos naturales. Rios, el Tigris, el *Zabato grande y chico*, llamados hoy dia (Zab grande y Zab chico,) que desaguan en el Tigris.

32. LA BABILONIA. (Irak-Arabi setentrional), al S. de la Mesopotámia, hasta el embocadero del Eufrátes y del Tigris, en donde estaba situada la parte llamada *Cal-*

déa. Ciudades: Babilónia (Babil *cerca de* Helleh), situada sobre el Eufrátes, que la dividia en dos partes; fundada por Nemrod, hermoseada por Semiramis; *Ctesifon* (Takt-Kesra), sobre el Tigris, y enfrente de *Seleucia*, residencia del rey de los Partos, situada un poco al *S.* de Bagdad.

Al embocadero del Tigris y del Eufrátes una isla formada por estos dos rios, llevaba el nombre de *Mesene.*

§. III.

PARTES AL E. DEL TIGRIS.

33. LA MÉDIA. (el Adherbijan y el Ghilan), al S. del mar Cáspio, pais frio y montuoso. Ciudades: *Ecbatana* (Hamudan), *Phages* (Rei ó *Raí*)

LA PERSIA. (Farsistan), al S. de la Média. Ciudades, *Aspadana* (Ispahan); *Persepolis*) Estakar), quemada por Alejandro; *Pasagarda* (Pasa ó Fasa-Kuri), ciudad real.

LA SUSIANA. (Pais de los Eleuts), sobre el golfo Pérsico; su capital *Susa* (Suster).

34. Ademas de estas comarcas, habia otras menos conocidas: *la Carmania* (el Laristan); Ciudades: *Carmana* (Kerman) y *Harmuzia* (Ormúz); la *Gedrósia*, en la

costa del mar Indico, habitada por los pueblos *Ictiófagos*, ó que se alimentaban de pescado; la *Hircánia* el (Mazanderan ó Tabristan), y la *Pártia* (Irak Ajemí y Cohestan), paises montuosos al N. E. de la Persia; *el Aria* (el Herat en el Khorazan); *la Margiana* (parte del Khorazan), *la Bactriana* (País de Balk), en la que los Macedónios formaron un reino despues de la muerte de Alejandro; *la Sogdiana* (Al-Sogd), su capital *Maracanda* (Samarcanda), bañada por el *Oxo*, (Gihun) y el *Politimeto*,

35. Los paises mas allá del Oxo se llamaban *Transoxianos*, y se les daba igualmente el nombre genérico de *Escítia*, el que se estendia á toda el Asia setentrional, de la que los antiguos no conocian mas que una parte muy pequeña. La *Escítia* (el Turkestan y Kalmukia), estaba dividida en dos partes por el monte *Imao* (Imeia Parubadam), la primera *mas acá*, la segunda *mas allá*, tan poco conocidas la una como la otra.

36. Entre la Escítia *mas allá* del Imao y la India, estaba situada, segun parece, *la Sérica* (Tartaria Chinesca), de donde sacaban los antiguos *las matérias séricas*, que, segun se cree, es el tejido de pelo de ca-

bra con que hacen ahora los Cachemiras, y el *Sericum*, tejido de seda: otros géografos colocan la *Sérica* mas lejos ácia el E.

37. Al S. se estiende la India dividida por el Gánges en dos partes *mas acá* y *mas allá*. Ciudad principal *Pulibothra* (Helebas ó Praye), sobre el Gánges. En la India mas allá del Gánges, los antiguos conocian el *Chersoneso de oro*, que corresponde á la parte occidental del imperio Birman: daban el nombre de *Taprobana* á la isla de Ceilán, á la que suponian mucha mas estension de la que tiene.

39. Al S. O. del Asia se estiende la gran península comprendida entre el mar rojo al O., y el golfo Pérsico, al E. y se llama *Arábia*. Los antiguos no conocian de ella casi mas que las costas: la espedicion de Elio Galo, en el año 20 antes de J. C., les proporcionó algunas nociones muy imperfectas del interior. La dividieron en Arábia *Pétrea*, *Desierta* y *Feliz*. Ciudades: *Ælana* (Ailath), y *Asiongaber* (Calaat el Acaba), en donde se embarcaban las flotas de Salomon para ir á la tierra de Ofir; *Yatrippa* (Medina); *Maccoraba* (la Meca).

CAPITULO II.

ÁFRICA Ó LÍBIA.

39. Los antiguos no estendian el nombre de África á todo lo que de esta parte del mundo conocian; el nombre genérico era *Líbia*: el de África se daba propiamente al *pais de Cartágo*. Segun ellos el Nilo formaba los límites entre el Ásia y la Líbia, de modo que todo lo que estaba al E. de este rio era reputado como perteneciente al Asia.

40. EL EGIPTO, forma una hoya inclinada del S. E. al N. ¼ O., ceñida de montañas por ambos lados, y atravesada en toda su longitud por el *Nilo* (Bahr-el-Abiad): este rio tiene su orígen en las montañas al S. O. de la Abisínia, llamadas *de la Luna*, y recibe los dos rios *Astaboras* (Atbar ó Tacazzo), y *Astapus* (Abawi), que circuyen la isla de *Meroé*: crece todos los años ácia el solsticio de verano, hinchado por las lluvias que caen en aquellas montañas, y cubre entonces casi todo el valle del Egipto, humedece las tierras y las fecunda; y al llegar á unas 20 leguas del mar, se divide en varios brazos,

cuyos dos principales llamados, *Pelusiaco* y *Canópico*, abrazan una especie de triángulo llamado *Delta*, del nombre de la 4.ª letra del alfabeto griego, Δ. Los antiguos contaban siete brazos y embocaderos principales, á saber: partiendo del O. los brazos, *Canópico*, *Balbitino*, *Sebenítico*, *Fatmítico*, *Mendesiano*, *Tanítico* y *Pelusiaco*.

41. El Egipto estaba ademas cortado por una infinidad de canales: uno de ellos iba á parar al lago *Méris* (Fenlun ó Bathén), hoya natural que la mano de los hombres habia hecho mas capaz y mas profunda: otro canal, empezado por Nécao, continuado por Dario I., concluido por Tolomeo Filadelfo, abandonado despues, vuelto á emprender por Adriano, y enfin por los Arabes, servia para juntar el Nilo con el estremo setentrional del mar rojo.

42. Este pais estaba dividido en provincias llamadas *Nomes*, cuyo número ha variado segun los tiempos: estaban comprendidas en tres grandes divisiones, á saber: *Alto Egipto ó Thebaida*, *Egipto médio ó Heptánomis*, *Bajo Egipto ó Delta*.

43. Las ciudades principales eran, empezando por el S., *File*, celébre por los bellos monumentos que la adornan, y *Elefantina*

(El-Sag), situadas cada una en una isla del rio; en esta última habia un *Nilométro*, que servia para medir la inundacion del rio; *Syené* (Assuan), casi debajo del Trópico; hallábase allí un pozo que en otro tiempo habia servido para conocer el momento precieso del solsticio de verano; *Tebas ó Diospolis*, la antigua capital, hoy dia arruinada; *Coptos* (Kepti), de donde salia un camino de comercio que iba á parar á Berenice, sobre el mar rojo; *Tentyra* (Dendera), en donde se ven las ruinas de un templo magnífico, adornado de dos zodíacos, uno de los cuales se halla actualmente en París; *Lycópolis*, *Crocodilópolis* ó *Arsinoé*, *Menfis*, la ciudad principal del Egipto médio: muy cerca de ella están las tres grandes Pirámides, la mas alta de las quales tiene unos 519 piés castellanos de elevacion; *Heliópolis*, celébre por el culto del Sól; *Pelusium* (Tineh), la llave del Egipto por la parte de la Arábia; *Sais* (Sa ó Sha), en lo interior del Delta; *Alejandria*, fundada por Alejandro y unida por una calzada llamada *Heptastádio*, á la isla de *Fáros*, en cuya punta Tolomeo Soter y Filadelfo habian elevado un fanal del mismo nombre.

49. Al pais al S. del Egipto se daba el nombre de *Etiópia*, que parece haber comprendido toda la Núbia y una parte de la Abisínia; los antiguos conocian allí la isla de *Meroé*, formada por los dos principales afluentes del Nilo (37). La parte meridional de la Abisínia era conocida por el nombre de *Cinnamomifera regio*, (pais que produce la canela); la costa del mar rojo por el de *Troglodítica*, (habitada por Troglodítas), pueblos que se cavan habitaciones en unas cuevas. Al S. del estrecho de Babel-Mandeb, el pais se llamaba *Myrrifera regio* (pais que produce la Myrra) hasta el *cabo de los Aromas*, (Guardafui), á cuyo frente está situada la isla de *Dioscorides* (Socótora); mas allá del cabo se estendia la costa de *Azania* (costa de Ajan), terminada por el cabo *Prasum* (Delgado), límite de los conocimientos de los antiguos.

50. LA MARMÁRICA, (parte oriental del desierto de Barca), al O. del Egipto, empezaba un poco mas allá de Alejandria; *Paratonio* (Al-Baretoum), era el pueblo mas notable. Habia en aquel pais una cordillera de montañas llamada el *Gran Catabathmus* (Akabet-Assolom).

51. Al S. están las *Oasis*, terrenos fér-

tiles en medio del desierto: tres principales de estas conocieron los griegos, la grande, la chica, y la *Oasis de Ammon*, en donde estaba situado el famoso templo visitado por Alejandro.

52. LA CIRENÁICA (parte occidental del desierto de Barca), llevaba el nombre de *Pentápolis*, esto es, *cinco ciudades*, por el número de las principales que contenia, á saber: *Ciréne* (Curin), patria del filósofo Aristipo, del poéta Calímaco y del geógrafo Eratóstenes; *Apolónia* (Marza Susa); *Darnis* (Derne); *Tolemaide* (Menshié), y *Berenice* (Bernic). Los *Nazamones* habitaban al S. de la Cirenáica; se alimentaban en parte de langostas.

53. Llámabase *Sírtica* (Estado de Trípolí), el pais que sigue la costa del Mediterráneo, formando dos golfos profundos nombrados, el uno *Sirta mayor* (golfo de la Sidra), el otro *Sirta menor* (golfo de Gabes); la navegacion de la primera se tenia por peligrosa. A la orilla de la Sirta mayor habitaban los *Psilos*, que, segun decian, poseian el secreto de hechizar las sierpes; y los *Lotófagos*, ó pueblos que comen el *lotos*, especie de azofaifo que crecia en abundancia en aquella comarca. Junto á la Sir-

ta menor está la isla de *Meninx* (Zadaica), ó de los Lotófagos.

54. EL PAIS DE CARTÁGO, entre los latinos llevaba el nombre de Africa (36); tenia la Sírtica al E. y al O. la Numídia. Rio; el *Bagradas* (Megherda) que desagua en el mar no léjos de Cartágo. Estos paises se dividian en dos partes: 1.º la *Byzacena* (Estados de Túnez); Ciudades: *Bizacio* (Beghní), en el fondo de la Sirta menor; *Hadrumeto*; *Tysdró*; 2.º *la Zengitana* (Estados de Túnez): Ciudades; *Utica* (Sactor), la colonia fenícia mas antigua de aquella costa; es célebre por la muerte de Caton; *Tunes* (Túnez); *Hippo-Zarytos ó Dyarrithos*, llamada tambien Hippona (Biserta); *Cartágo* (arruinada) fundada por los Fenícios 883 años ántes de J. C.; su ciudadela se llamaba *Byrsa* y su puerto *Cothon*.

55. LA NUMÍDIA (Estado de Argél), al O. del Africa propia, se estendia hasta la Mauritánia; su rio principal es el *Amsagas* (Wad-el-Kibír); sus Ciudades, *Hippo-Regius* (Bona ó *Hippona*), de donde fuè obispo San Agustín; *Cirta* llamada despues (Constantina), residencia de los reyes de Numídia. Los Numídas estaban divididos en

Masilios al E. y *Masesilios* al O.

56. LA MAURITÁNIA, se estendia en los dos lados de las columnas de Hércules, y correspondia al *reino de Marruecos*: dividiánla en *Cesárea* al E., y *Tingitana* al O.; Ciudades, *Cesárea*, *Tingis* (Tanger), *Lixus*.

57. El pais de que acabamos de hablar se estendia á poca distáncia al S. del *Atlas* (Daran); mas allá de esta cordillera de montañas, los conocimientos de los antiguos eran imperfectos é inciertos: daban á los habitantes de los desiertos los nombres de *Gétules*, *Melanogétules* (Getules negros, habitantes del Sahara), y *Garamantes* (habitantes de la Nigricia): estos últimos habitaban en las cercanias de la *Fazania*, que parece es el (Fezzan) actual. Los antiguos no tenian mas que una noticia vaga del rio *Niger*, y segun todas apariencias, no conocian nada mas allá del cabo Bojador, sobre la costa occidental.

CAPITULO III.

EUROPA.

Empezarémos la descripcion de la Europa por el Oriente; afin de ver antes de todo los paises mas famosos y mas conocidos.

GRÉCIA.

58. La Grécia, propiamente asi nombrada, tenia por límites al E. el Mar *Egéo* (el Archipiélago) al S. el mar de *Creta* (de Candia), al O. el de Sicília. Puede dividirse en *tierra firme* y en *islas*: la *tierra firme* puede por su parte subdividirse en *Grécia propia* (Livádia), y *Peloponéso* (Moréa).

GRÉCIA PRÓPIA.

Las partes que comprendia, empezando por el N., son:

59. *La Macedónia* (Comenolitari), pais muy montuoso: sus principales montañas eran el *Escardo* y el *Orbelo* (Argentaro), el *Pangeo* (Castagnatz) en el cual se encontraban minas de oro explotadas por Filipo, padre de Alejandro; el monte *Athos* (el Monte Santo ó Agios Oros). Rios: el *Haliacmon* (Marmari ó Rendina). Ciudades: *Edessa*, la antigua capital; *Pella*, patria de Alejandro; *Amphipolis* (Imboli ó Jambali) sobre el Estrimon; *Filipi* (Filippo), asi nombrada de Filipo, rey de Macedónia, que mudó así su antiguo nombre de *Crenides*; Bruto y Cásio fueron derrotados allí por

Octávio, llamado despues Augusto: en la península llamada *Chalcídica* (Jamboli), se encontraba: *Tesalónica*, antiguamente *Thermus* (Saloniki); *Olinto* y *Potidéa*, ciudades célebres en la guerra del Peloponéso, y en la de Filipo contra la Grécia; *Stagira*, patria de Aristóteles.

60. *La Illíria* (Dalmacia), á lo largo del mar *Adriático* (golfo de Venécia), contenia *Epidamno* ó *Dirráquio* (Durazzo) colonia de Corcíra, y *Apolonia* (Pollina). En la parte meridional estaban los montes *Acro-Ceraunios* (de Chimera), que forman con la Italia el estrecho llamado golfo Jónico, que dá entrada al mar Adriático.

61. *El Épiro* (Albania meridional), cuyo nombre significa continente, por oposicion á la isla de Corcíra, situada enfrente de la costa. Ciudades: *Butroto* (Butrinto); *Ambracia* (Larta), sobre el golfo de su nombre; *Nicópolis* (Prevesa vecchia), ó la ciudad de la Victoria; edificada por Augusto en memoria de la batalla de Accio. En este pais estaban situados el templo y la selva de *Dodona*, célebres por los oráculos de Júpiter.

62. *La Tesália* (Jannia), ocupaba una vasta hoya cuyos límites eran al N. el *mon-*

te *Olimpo* (Tracha); al O. el *Pindo* (*Mezzovo*); al S. el *Œta* (Bunina ó Comaita) Su rio principal era el *Penéo* (Salampria) que forma cerca de su embocadero un valle estrecho llamado *Tempe*, contenido entre los montes *Ossa* (Kissaba ó Cossovo), y *Pelion* (Petra): el *Esperquio* (Agriomela, ó Potamitis-Hellados) bañaba la parte meridional de la Tesália: Ciudades: *Farsália* (Farsa), célebre por la victoria de César sobre Pompeyo; *Larisa*; *Magnésia* (Macrínitza), por sobrenombre *Sepias*, para distinguirla de Magnésia en Lidia: muy cerca de esta ciudad la flota de Jérjes fué destruida por una tormenta; *Iolchos*, patria de Jason, situada en el fondo del golfo *Pelasgico* ó *Pagasético* (de Volo ó de Armiro), cuyo nombre sacaba de *Pégaso*, puerto en donde se embarcaron los Argonautas; *Lamia* (Zeiton) y *Heracléa*,

Entre el monte Œta y el mar estaba el paso de las *Termópilas* ó *Puertas calientes* (Bocca di Lupo), que defendió Leonidas contra el ejército de los Persas.

63. *La Acarnánia* (La Carnía ó Xero Mero), era el pais mas occidental de la Grécia, al S. del golfo de Ambrácia. Rio: el *Aquéloo* (Aspropotamos). Ciudades: *Ac-*

tium (Azio), á la entrada de este golfo, célebre por la victoria naval de Augusto sobre Antonio; *Argos Amphilochicum* (Filoebia), *Stratos*.

64. *La Etólia* (El Despotato ó el Karlé Satzac), separada de la Acarnánia por el *Eveno* (Fidari), en cuya orilla, segun la fábula, mató Hércules al Centauro Néso, tenia por ciudades, *Thermus* y *Calydon* (Ebreo, Castro).

65. *La Lócrida* (territorio de Turco Chorio y parte del de Salona), estaba situada sobre la costa N. del golfo de Corinto, que se comunica con el mar de Sicília, por un estrecho contenido entre los dos cabos, *Rhium* (Trapani ó Rio), y *Antirrhium* (de Romélia). Habitaban este pais los Lócrios, nombrados *Ozoles*. Ciudades: *Naupacto* (Lepante) cerca del cabo Antirrhium; *Amphissa* (Salona), cerca de Delfos; *Cirrha*; *Crissa*, que daba su nombre á la parte interior del golfo de Corinto llamada *Crisseus Sinus* (Golfo de Lepanto).

66. Ademas de los Lócrios Ozoles, habia otros Lócrios que habitaban al S. de los Thermópilas. Dividíanse en *Lócrios Epicnemidios*, que vivian al pié del monte *Cnemis*: Ciudad: *Thronium*: y en *Lócrios Opuncios*;

Ciudad : *Opunta* ó *Opus* (Talanda).

67. *La Fócida* (Territorio de Turco Chorio y de *Salona*), separaba los Lócrios Ozoles de los demas Lócrios. Es un pais muy montuoso, en el que se eleva el *Parnáso* (Yapora ó Heliócoro,) cuyas dos cumbres llevan los nombres de *Nauplis* y *Hyampéa*; á media cuesta está situada la ciudad de *Pytho* ó *Delfos* (Castro), que contenía el templo de Apólo, en el que se daban famosos oráculos; á corta distancia se veia el crucero de los caminos en donde Edípo mató á su padre Layo; *Elatéa* (Turco Chorio); *Tithoréa* y *Anticira* (Aspro Spizio), famosa por el eléboro que su territorio producia: esta planta segun decian, curaba la demencia.

68. *La Beócia* (territorio de Livádia y de Thiva), al S. de la Fócida está separada del Ática por el monte *Citerón* (Strives ó Elatéa). Al O. estaba el monte *Helicon* (Zagara Vouni,) consagrado á las Musas, como tambien las fuentes *Aganipe* é *Hipocrena*, y el riachuelo *Permesso* (Permeso), que salia de ellas. El Rio principal era el *Céfiso* (Cefisos Gavrios), que desagua en el lago *Copaís* (de Topoglia ó de Livádia), al S. del cual se halla un lago menor lla-

mado *Hylica* (de Thiva). Se cree que el diluvio de Ogíges fué ocasionado por haber salido de madre el Copaís, cuyas aguas mas adelante, se hicieron desaguar en el mar. Ciudades: *Thebas* (Thiva), edificada por Cadmo, patria de Píndaro y de los generales Pelópidas y Epaminondas: fué tomada y arrasada por Alejandro, 335 años antes de J. C. *Cheronéa* (Capréna), famosa por la batalla que ganó Filipo á los Atenienses y por el nacimiento de Plutarco; *Coronéa* (Comari) en donde Agesiláo batió á los Tebános; *Lebadéa* (Livádia), en donde se hallaba el antro y oráculo de Trofónio; *Orcomena* (Seripons), en donde, segun voz pública, se conservan las cenizas de Hesiodo; *Tespiæ* (Neochorio); *Leuctro* (Maina), en donde los Lacedemónios fueron derrotados por Epaminóndas, 371 años antes de J. C., *Platéa* (Cóclea), sobre el *Asopo* (Arbon), destruida por los Tebános: en la llanura del Asopo fueron batidos los Persas mandados por Mardónio; *Aulis*, puerto reducido sobre el *Euripo* (estrecho de Negroponto), que separa la Beócia de la *Eubéa* (Negroponto); allí se embarcó la flota de los Griegos, saliendo para la guerra de Troya; *Orope* y *Tanagra* (Scamino), cuyo territorio bañado por el Asopo, fué con frecuencia una manzana de discordia entre los Atenienses y los Beócios.

69. *La Megárida* (territorio de Megara), á la entrada del itsmo de Corinto: Ciudad; *Mégara*, cuyo puerto se llamaba *Niséo*, sobre el golfo *Sarónico* (de Engia),

70. *El Ática* (Ducado de Aténas) encerrada en una península tiene la figura de un triángulo, cuya base se apoya al Citeron al N.; es pais poco fertíl y montuoso: Montañas: el *Parnes* (Casha ó Nozca), el *Briléso*, al E.; el *Himéto* (Teló Vouni), conocido por su miel; el *Pentélico* (Pentelí), famoso por sus mármoles; el *Laurio*, al S. que contenia abundantes minas de plata), de las que sacaban los Atenienses grandes recursos. El unico rio es el *Cefiso* (68); porque las dos corrientes llamadas *Cefiso* é *Iliso* (Ilisse), que corren al N. y al S. de Aténas, no son mas que unos torrentes sin agua la mayor parte del año.

71. Ciudades: *Aténas*, fundada por Cecrops (Atheni ó Setines); el *Acrópolis* ó ciudadela era su parte mas elevada, en donde se veía el famoso templo de Minerva ó *Partenón*, edificado en tiempo de Periclês, que encerraba la estatua de la Diosa de

oro y marfil, obra de Fídias. Dos murallas largas juntaban la ciudad con el mar, en el que se hallaban los tres puertos del *Piréo*, el mayor de todos, de *Munichia* y de *Faléra*. Extramuros de Aténas estaban los jardines de la *Académia*, del *Cinosarges*, y del *Licéo*, destinados para los ejercicios gimnásticos ó para el paséo; *Eleusis* (Lefsina): se iba de Aténas, por la *Via Sacra*, al famoso templo de Céres en Eleusis, en donde se hacia la ceremonia de la iniciacion á los misterios; *Decélia*, plaza fuerte en lo interior; *Phyle* y *Ænoé*, fortalezas que defendian la entrada del Ática por la parte de Beócia y de la Megárida; *Maraton* (Maratona), en donde los Atenienses, mandados por Milcíades, derrotaron á los Persas, mandados por Darío, 490 años antes de J. C.; *Anophlystos*, fortaleza; *Súnium*, villa, cerca del Cabo de este nombre (delle Colonne) que terminaba el Ática al S.

El Ática comprendia tres partes: la *Diócria*, ó region montuosa, el *Pedion*, ó la llanura, y la *Parália*, ó ribera, y estaba dividida en cierto número de distritos llamados *démes*. La poblacion no pasaba de 200,000 individuos de todas edades y sexo, de los cuales 100,000 eran esclavos.

72. EL PELOPONÉSO. Dábase este nombre, que significa *isla de Pelops*, á la península reunida al resto de la Grécia por el Itsmo de Corinto, actualmente *Hexamili*, esto es, 6 millas, por razon de ser esta su latitud. Las costas de esta península forman diferentes golfos profundos, que le dan alguna semejanza con la hoja del plátano ó de la moréra, lo que le ha valido el nombre moderno de Moréa). Estos son, empezando por el S. E., los golfos *Sarónico* (de Engia), *Argólico* (de Napoli de Romanía), *Lacónico* (de Colochina), *Meseniáco* (de Coron), y *Corintiáco* (de Lepanto). El Peloponéso contenia:

73. La *Coríntia* (parte de la Liviádia), situada en gran parte sobre el itsmo; pais de poca estension. Ciudades: *Corinto* (Corito ó Corinto) con dos puertos, el uno *Lechéo*, sobre el golfo *Corintiáco*; el otro *Cenchrées*, sobre el golfo *Sarónico*. La ciudadela, sobre una montaña elevada, se llamaba *Acro corinto*. Esta ciudad fué destruida por el cónsul Mummio.

74. La Argólida, al S., bañada por el *Ínaco* (Planizza), el *Erásino* y el *Frixo*, estaba dividida en *Argólida própia*, *Epidau*-

ra *Trezenia*, y *Cynúria*. Ciudades: *Argos* (Argo), llamada tambien *Hippóbotos* (que alimenta caballos), con una ciudadela muy elevada llamada *Larissa* (Larísar); *Micènas* (Karvathos al N., fundada por Perséo; no léjos de ella estaba el *Hèreo*, famoso templo de Júpiter; *Tyrinto*; *Nauplia* (Napoli de Romanía), el puerto de Argos; *Neméa* (Le Colonne), en donde se celebraban cada tres años juegos en honor de Júpiter: *Cleónes*; *Æpidaura* (Pidaura), famosa por su templo de Esculápio; *Trezèna* (Dámala), residencia de Pitéo, *tenido por sabio entre todos los humanos*; *Hermiòne* (Castri); *Thyrèa* (Astra) en la Cynúria.

75. *La Lacònia* (Tzcónia meridional y Pais de los Mainótas), al S. O., está atravesada por el monte Taigétes (Vounitis Misitra y Vounitis Portaís, ó monte de los Mainotas), y otras montañas, y bañada por el Eurótas (Vasili pòtamos), que recibe las aguas del Æno. Ciudades: *Lacedemónia* ó *Esparta* (Palæochori ó Magula), en la orilla derecha del Eurótas, fundada por *Lelex*, capital de todo el pais; Amicléa (Sclavo-chori), famosa por su templo de Apólo; *Brisèes*; *Marios*, *Helos*, en la costa del mar, sujetada por los Espártanos, que redujeron

sus habitantes á la servidumbre bajo el nombre de *Ilótas*; *Sellasia*, *Epidauro-Limera* (Malvasia vecchia). Terminaban la Lacónia por la parte del S. dos cabos, *Tenaro* (Matapan), y *Maléo* (Malio ó de Sant Angelo) famoso por los peligros que presentaba á los navegantes.

76. *La Mesènia* (Belvedere meridional) ocupaba la parte S. O. del Peloponéso: unas montañas la separaban de la Lacónia. Rios: el *Pámiso* (Spirnazza) y el *Lèda*. Ciudades: *Mesèna* (Mavra-matia), reedificada por Epaminóndas; muy cerca estaba el monte *Ítome* (Grebegin), con una fortaleza célebre; *Steníclaros*, residencia de Cresfonto; *Corone* (Coron), fundada por Epaminóndas; *Methone* (Modon), *Pylos* (Navaríno), al pié del monte Egialéo, al O.: muy cerca está la isla de *Sphactèria*, celebre por el sitio que sostuvieron en ella los Espártanos contra los Atenienses en la guerra del Peloponéso, 425 años antes de J. C.

77. *La Élida* (Belvedere setentrional ó Moréa occidental), se dividia en *Trifilia* y *Élida*, y la bañaban el *Penèo* (Igliaco) y el *Alfèo* (Rofia ó Carbon): Ciudades: *Elis* (Gastouni), cuyo puerto se llamaba *Cyl-*

lene (Chiarenza); *Pylos*, al S. O. que se crée sea la Pylos de Nestor; *Pisa*, cerca de la cual estaba *Olimpia* (Rofeo ó Miraca), terreno consagrado á Júpiter, en el cual se celebraban los juegos olímpicos cada cuatro años; *Lepreum* en la *Trifilia*.

78. *La Arcádia* (Tzcónia setentrional), ocupaba el centro del Peloponéso: es una comarca muy montuosa, cuyas montañas mas notables llevaban el nombre de *Erimanto* (Xiria), de *Licéo* (Mintha), en donde decian que habia nacido Júpiter, de *Mènalo*, consagrado á Pan y á los pastores. Rios: el *Alfèo* (77), el *Helison*, el *Ladon*, el *Erimanto*, el *Estix ó Estigia*, cuyas aguas se tenian por muy corrosivas. Ciudades: *Clitor* (Calívia de Carnese); *Cynethæ* (Calabrita), *Psophis* (Dimizana), ciudad considerable; *Phenéos* (Fonia), consagrada a Mercúrio; *Stymphalos* (Zaraka), que tenia en sus cercanias unas lagunas célebres por uno de los trabajos de Hércules; *Orcomèno* (Kalpaki), *Caphya*, *Telphusa*, *Mantinèa* (Tripolizza ó Mandi), célebre por la batalla en que pereció Epaminóndas 370 años antes de J. C., y por la victoria que alcanzó Filopemén sobre Macháridas, tirano de Esparta en 205 de la misma era;

Tegèa (Mokliari, ó Palæo Tripolizza); *Herea* (Iri); *Aliphera*; *Phigalia*; *Megalòpolis* (Leondari ó Sinano), fundada por los consejos de Epaminóndas.

79. *La Acáya* (Ducado de Chiarenza) ocupaba toda la costa setentrional del Peloponéso siguiendo el Golfo Corintiáco, llamáronla al principio *Egialèa* ó *ribera*, por causa de su situacion. Ciudades principales: *Dyme*, esto es la occidental, antes *Stratos*, al O.; *Patreas* (Patras) vuelta á poblar por Augusto; *Tritea* (Triti), en lo interior del pais; *Ægium* (Vostítza), en cuyo territorio se juntaron un tiempos los estados de Acáya; *Egira*, llamada tambien *Hyperésia*; *Pellena* (Xilo-Castro).

80. La *Siciónia*, entre la Acáya y la Coríntia, uno de los paises mas hermosos de la Grécia. Ciudades: *Sicióna* (Basilico), la mas antigua con Argos, célebre por sus escuelas de pintura y de escultura, y por el nacimiento de Árato, gefe de la liga Aquéa; *Titana*, *Phlius* ò *Phliàntes* (Santa Flica), en un distrito llamado *Phliasia*, que formaba un pequeño estado independiente.

ISLAS DE LA GRÉCIA.

Estas islas están al O., al S., ó al E. de la Grécia, y en este órden las presentarémos.

82. ISLAS AL OESTE. *Corcira* (Corfú), la isla de los Feácios de Homéro, colónia de Corinto; la rivalidad entre esta isla y su metrópoli fué una de las causas de la guerra del Peloponéso; *Leucadia* (Santa Maura), en otro tiempo unida al continente, terminada al S. por el cabo *Leucates*, desde donde, segun dicen, se arrojó Safó al mar por desesperacion.

82. *Itaca* (Thiaki); *Dulichium* (Natólico), aunque no es muy cierta su verdadera posicion; *Cephallenia* (Cefalónia), cuya ciudad principal era *Same* (Porto Guiscardo). Estas tres islas formaban los estados de Ulíses; *Zacinto* (Zante); Las *Estròfades*, llamadas antes *Plotæ* ó flotantes (islas Strivali), porque creían que variaban de posicion: *Sphactèria* (Sapienza), en la costa O. de la Mesénia; en la que, segun dijimos, sostuvieron los Lacedemónios un sitio contra los Atenienses

83. ISLA AL SUR. *Citèra* (Cerigo), al

S. de la Lacónia, consagrada á Vénus; *Creta* (Cándia), que tiene unas 80 leguas de largo: atraviesala la larga cordillera del *Ida* (Psiloriti), en donde Júpiter, segun la fábula, habia sido criado por la cabra Amaltèa. Ciudades: *Gnossus* (Enadich), en donde reinaba Minos; *Cydónia* (la Canèa), al O.; *Gortyna* (Nuovi Castelli); *Lictòs* (Lassiti); *Itanos* (Palio Castro), *Rhythymna* (Rètimo).

84. Al N. E. de la Creta estaba la Isla de *Carpathos* (Scarpanto), y al N. las *Cicladas*, grupo de islas asi nombrado, porque tiene una figura que se aproxima á la circular: las principales eran: *Thera* (Santorin) ó *Callista*; *Cimolis* (Kimolos ó Argentiera); *Paros* (Paro), patria del poéta Arquíloco, famosa por sus mármoles, *Naxos* (Naxia), la mayor de todas, en donde suponian que Téseo habia abandonado á Ariána; *Melos* (Milo) patria del filósofo Diágoras; *Siphnos* (Sifanto); *Seriphos* (Sérfano); *Cythnos* (Térmia); *Céos* (Zia ó Zéa); patria de los poetas Simonides y Bachílides, y del orador Pródico; *Delos* (Sdili la menor), consagrada á Apólo, Diana y Latóna; *Myconos* (Miconi); *Ténos* (Tine); *Andros* (Andro); *Oliaros*

(Antí-Paro); *Pholegandros* (Policandro); *Amórgos* (Amorgo); *Sícinos* (Sichino); *Anaphe* (Nausio); *Jos* (Nio).

85. En el golfo Sarónico, *Calauria* (Sidra), en donde Demóstenes, perseguido por Antípatro, se envenenó: *Egina* (Engia), cuyos habitantes se dedicaban á la navegacion; *Salamina* (Colurí), separada del Ática por un estrecho muy angosto, en donde ganaron los Atenienses sobre los Persas la batalla naval de este nombre.

86. ISLAS AL ESTE: *Eubeá* (Negroponto), isla muy larga, separada del continente por un estrecho, que en su parte mas angosta recibe el nombre de *Eurípo* (Estrecho de Negroponto); contenia *Chalcis* (Egripo ó Negroponto) sobre el Eurípo; *Erétria* (Gravalinais ó Rocho); *Carysta* (Caristo); *Oréa* (Orio); al N. el monte *Ocha* (de Caristo), cerca de la ciudad de este nombre, producia asbesto ó amianto.

87. *Scyros* (Sciro); isla muy árida: tuvo por rey á Licomédes en cuya corte ocultó Tétis á su hijo Aquíles. Al N estaban las islas de *Peparethos* (Pelagnisi y Piperi); *Halónnesos* (Dromo); *Scópelos* (Scópeli) y *Scyathos* (Sciati), en la costa de la Tesália; *Thasos* (Thaso ó Tasso), al

S. de la Macedónia conocida por sus minas de oro; *Icos* (Póntico); *Lemnos* (Stalimene) en la que colocaba la fábula las fraguas de Vulcáno; *Imbros* (Lembro); *Samotrácia* (Samandrachi).

88. Al N. de la Grécia estaba situada la *Trácia* (la Romanía) al E. de la Macedónia, al O. del Ponto Euxino, al N. del Helesponto, de la Propontide y del Bósforo de Trácia. Montañas: el *Rhódope* (Valiza ó Despotí-Dag); el *Hémus* (Balkan). Rios: el *Nestus* (Carasú ó Mesto); el *Hebro* (el Mariza), en cuya orilla Orféo fué despedazado por las Bacantes. Ciudades: *Abdéra*; patria de Demócrito; *Cárdia*, sobre el itsmo del *Chersonéso*, península situada á lo largo del Helesponto (Península de Galípoli), y que contenia la ciudad de *Sestos*, enfrente de *Abydos*, conocida por la história de Héro y Leandro; y la pequeña corriente de *Ægos Potamos* (el Indgir Liman) en donde Lisandro general lacedemónio, ganó una batalla naval sobre los Atenienses; *Perinto* (Erekli) y *Selymbria*, sobre la Propóntide; *Bizancio* (Constantinopla), *Salmydessus*, sobre el Ponto Euxino: en lo interior, habitado por muchos pueblos, y en especial por los *Odrysos* ú

Odruṣos, se encontraban *Hadrianopolis* (Andrinópla), *Philipopolis* (Filipopoli): *Bærea*.

89. La *Mésia*. (Sérvia y Bulgária), al N. de la Trácia, entre el Hemus y el Danúbio, estaba dividida con respeto á este rio, en *Mèsia inferior* (la Sèrvia), al E., y *superior* (la Bulgária) al O. Este pais, con la Trácia y la Grécia, forma hoy dia la Turquía Européa.

§ II.

ITÁLIA.

90. La *Itália* ocupa una grande península que se interna en el Mediterráneo; tiene por límites al E. el Golfo Adriático, al O. el Mar Tirrénio, al S. el de Sicília y al N. la cordillera de los Alpes. Los paises que contiene se dividen en paises del *Norte*, del *Centro*, y del *Mediodia*.

91. PAISES DEL NORTE. *Gallia Cisalpina* (la Itália setentrional hasta el Rubicón), ó mas acá de los Alpes, habitada por los Galos que viniéron á establecerse en ella; forma una hoya regada por el *Padus* ó *Eridano* (el Pó), que corre del O. al E., y por todos los rios que desaguan en él, siendo los principales: á la izquierda,

el *Ticinus* (Tesino), el *Addua* (Adda), el *Mincius* (Mincio); á la derecha, la *Trebia* (Trebbia), el *Taro* (Taro), el *Rheno* (Reno). El *Rubicón* (Fiumicino ó Pisatello), que desagua en el Mar Adriático, separa la Galía Cisalpina del resto de la Itália. Al N. están los lagos *Verbano* (Mayor), *Lario* (de Como), *Benaco* (de Guardia).

Con respéto al Pó, la Galia Cisalpina se dividia en *Transpadana* (mas allá del Pó), y *Cispadana* (mas acá).

92. La *Gallia Transpadana* contenia : 1.º Los *Salasses*; ciudad : *Augusta Prætoria* (Aoste); 2.º los *Segusianos* : ciudad : *Segusio* (Suza); 3.º los *Taurinos*; ciudad: *Augusta Taurinorum* (Turin); 4.º los *Libicinos*; ciudad : *Vercellæ* (Vercelli); 5.º los *Lœvi*; ciudad : *Ticinum* (Pavía), cerca de la cual derrotó Aníbal á los Romanos; 6.º los *Insubrios*; ciudad : *Mediolanum* (Milán); 7.º los *Oróbios*; ciudad : *Bergomum* (Bérgamo); 8.º los *Cenomanes*; ciudades: *Brixia* (Brescia), *Mantum* (Mántua), en cuyas cercanias nació Virgilio, en el lugar de Andés.

93. La *Gallia Cispadana* contenia : 1.º los *Anamanes* : ciudad : *Placentia* (Pla-

eéncia); 2.º los *Lingones*: ciudad: *Forum Alieni* (Ferrara); 3.º los *Boyanos*: ciudades: *Parma* (Parma); *Mutína* (Módena); *Bononia* (Boloña); *Ravena* (Ravenna), sede del imperio de los Godos, bajo Teodorico, en 493 de la era cristiana; *Forum Novum* (Fórnua).

94. La *Ligúria* (Estados de Génova y Condado de Niza) estaba al S. O. de la Gália Cisalpiua, y se estendia hasta el Pó: alli principia el Apeníno. Los rios eran el *Túnarus* (Tánaro) y la *Macra* (la Magra), que la separaban de la Etrúria. Ciudades: *Genua* (Génova), *Portus Herculis Monæci* (Monaco), *Intermelium* (Viutimiglia).

95. La *Venécia ó Henécia* (Estados de Venécia) habitada por los Henètos, al N. E. de la Itália. Rios: el *Athesis* (Adige), el *Medoacus* mayor (la Brenta), el *Medoacus minor* (el Bacchiglione), el *Plavis* (la Piava). Ciudades: *Verona* (Verona), patria de Catúlo, y de Plínio el mayor; *Vicència* (Vicenza); *Patavium* (Pádua), patria de Tito Livio; *Hadria* (Adria) que habia dado su nombre al Golfo Adriático.

96. La *Cárnia* (la Carniola). Ciudades: *Aquileya*, que adquirió importancia en tiem-

po de los emperadores; *Udinum* (Udina).

La *Istria* encerrada en una península, sobre la costa E. del Golfo Adriático. Ciudades: *Tergesto* (Trieste); *Pola ó Pietas Julia* (Pola), en donde fué desterrado Crispino, hijo del Emperador Constantino.

97. PAISES DEL CENTRO, La *Etrúria* (Toscana), bañada por el *Arnus* (Arno), el *Umbro* (Ombrone), y el *Clanis* (la Chiana). En ella se encontraba el lago de *Trasimèno* (de Perugia), en cuya orilla batió Anibal á los Romanos, y el lago *Vulsínio* (de Bólsena). Los Etruscos, que tempranamente habian cultivado las artes y ciencias, se habian estendido en otro tiempo sobre gran parte de la Itália. Su pais estaba dividido en varios estados, cuyos gefes se llamaban *Lucumones*.

98. Ciudades principales: *Luca* (Luca); *Pisæ* (Pisa); *Fæsulæ*, (Fiesole), cuyos habitantes edificaron á *Florentia* (Florencia), aumentada despues por una colónia romana; *Volaterræ* (Volterra); *Sena Julia* (Sena); *Arretium* (Arezzo), *Cortona*, (Cortóna), y *Perusia* (Perugia), cerca del lago de *Trasiméno*; *Clusium* (Chiusi), en donde residia Porsenna, uno de los Lucumones de la Etrúria; *Vulsinium* (Bólsena);

Tarquinium (la Turchina), que habia dado su nombre á la familia de los Tarquìnos; *Falèria* (Fálari), sitiada por Camilo; *Cære* (Cerveteri), en donde las Vestales se retiraron con el fuego sacro, cuando los Galos sitiaron á Roma; *Veii* (Isola), que tomaron los Romanos despues de un sitio de diez años.

99. La *Umbria* (Ducado de Urbino y de Spoleto), al E., se estendia desde el Apenino hasta el Adriático: habitabánla los *Umbri* y los *Senones* (habitantes de Urbino y de la Romaña). Ciudades: *Ariminium* (Rimini); *Pisaurum* (Pisaro); *Spoletium* (Spoleto),

100. El *Picéno* (la Marca de Ancóna), cuyo nombre significa *pais de la pèz*, porque producia pinos en abundancia. Rios: el *Æsis* (el Jesi) y el *Truento* (Tronto). Ciudades: *Ancona* (Ancóna); *Firmum* (Fermo); *Asculum* (Ascoli). Al S. estaba el pais de los *Pretûcios*, cuya ciudad principal era *Hadria* (Atri).

101. El pais *de los Sabinos* (la Sabina), cuyas ciudades principales eran *Reata* (*Rieti*); Cures (*Vescovic ó Corjso*); *Tibur* (Tivoli), sobre el *Anio* (el *Teverone*, lugar cèlebre por las casas de campo de

Mècenas y de Horácio. En este pais estaba el *Allia* (el Cortese ó Aia), junto al cual los Romanos fueron batidos por los Galos.

El *Latium* (la Campaña de Roma), estába situado entre el pais de los Sabínos y el mar, y separado de la Etrúria por el Tiber. Contenia muchos pueblos reducidos, como: los *Latinos*, los *Hérnicos*, los *Rútulos*, los *Volscos*, los *Equos*, los *Arúncios*, que fueron sucesivamente subyugados por los Romanos.

102. Las ciudades, eran *Roma*, edificada sobre el *Tíber* (Tévere), y que comprendia ocho collados en su recinto, el monte *Capitolino*, el *Palació*, el *Quirinal*, el *Cèlio*, el *Aventíno*, el *Esquilino*, el *Viminal*, el *Janículo*. Augusto la dividió en catorce barrios; tenia ocho puentes, quince puertas, por cada una de las cuales pasaba una de las quince vias ó caminos reales, que empezaban en la *millia dorada*, colocada en el Foro, ó plaza pública; *Ostia* (Ostia), al embocadero del Tíber, era el puerto de Roma; *Lavinium* (Prática), era reputada haber sido fundada por Enéas; *Ardéa*; *Alba longa* (Palazzolo), patria de los Curiácios; *Tusculum* (Frascati), cer-

ca de la cual tenia Ciceron su casa de campo; *Prenesta* (Palestrina); *Anagnia* (Anagni); *Arpinum* (Arpino), patria de Ciceron y de Mário; *Antium* (Anzio), patria de Neron y de Caligúla; *Suessia-Pometia*, cerca de las palúdes pontínas; *Circei* sobre el promontorio *Circéo* (Cabo Anzio; se creia habia sido edificada por Círce; *Terracina* ó *Anxur* (Terracina) en la costa del mar, situada en el último estremo de las palúdes pontínas; *Minturno*, en donde se retiró Mário.

103. Las montañas al E. y al S. E. del *Latium*, estaban ocupadas por varios pueblos, á saber: los *Marsos*, en cuyo territorio se hallaba *Marrubium* (San Benedetto), á la orilla del lago *Fucino*) Celano; 2º los *Vestinos*; ciudades: *Amiternum* (cerca de Aquila); 3º los *Marrucinos*; ciudad: *Teate* (Chieti), de la que ha sacado su nombre la órden religiosa de los *Teatínos*; 4º los *Pelignos*; ciudad: *Corfinio* (San Perino), plaza que hizo un gran papel en la guerra social; 5º los *Frentanes*; ciudad: *Auxanum* (Anciano); 6º los *Samnítas*; ciudades: *Aufidena* (Alfidena), *Bovianum* (Bojano), *Beneventum* (Benevento. Estos pueblos habitaban lo que se

llama en el dia *Abruzo ulterior y citerior*.

104. PAISES DEL MEDIO DIA. Dàbaseles generalmente el nombre de *Grande Grècia*, por las muchas colónias griegas que se habian establecido en sus costas: en el dia es el *Reino de Nápoles*.

105. La *Campánia*, uno de los paises mas hermosos de la Europa, confinaba con el Latium, del que la separaba el *Liris* (Garigliano). Toda la parte marítima es volcánica: alli se encuentra el *Vesúvio*, cuya primera erupcion conocida es del año 79 de la era cristiana: esta destruyó las ciudades de *Herculano* (Portici), de *Pompeya* (Torre dell' Annunziata), y de *Stabia*, Plínio el mayor pereció en ella: el lago *Averno* (de Averno ó de Trepergola), ocupa la crátera de un volcán. Ciudades: *Cápua*, sobre el *Vulturno* (Volturno); *Parthènope*, despues *Neapolis* (Nápoles); *Cumo*; *Bayæ*, mansion de delicias para los Romanos; *Nola*; *Salernum* (Salerno).

106. La *Apúlia* al E. de la Campánia, sobre el Golfo Adriático, se dividia en *Daunia* (Capitanata) y *Peucetia* (tierra de Bari). El *Vulturnus* (Volturno) y el *Gárgano* (Monte Sant Angelo) eran sus principales montañas. Ciudades: *Sipuntum* (cerca

de *Manfredonia*); *Luceria* (Lucera), fundada, segun dicen por Diomédes; *Venusia*, (Venosa), patria de Horácio; *Barium* (Bari).

107. La *Yapigia* ó *Messapia* (tierra de Otranto) comprendia lo que llaman el *talon* de la Italia en frente de la Ilíria. Ciudades: *Brundusium* (Brindis), en donde se embarcaban para ir á Grécia; *Hydruntum* (Otranto); *Tarentum* (Tarento), fundada por los Lacedemónios, célebre por sus riquezas y por el lujo que reinaba en ella.

108. La *Lucánia* (parte de la Basilicata, y del Principado citerior), bañada por el *Silarus* (Silari). Ciudades: *Pæstum* ó *Possidonia* (Pesti); estableciéronse unos Sibarítas en ella 520 años antes de J. C.; *Heraclèa*, sobre el golfo de Tarento, en donde Pirro deshizo á los Romanos; *Sybaris*, conocida por el lujo de sus habitantes, destruida por los Crotoniátas, volvió á edificarse bajo los nombres de *Thurium* y de *Copia*.

109. El *Brutium* (las dos Calábrias). Rios: el *Crathis* (Crati) y el *Nothus* (Neto). Ciudades: *Pandosia*; *Consentia* (Cosenza); *Croton* (Crotónia) célebre por sus escuelas de filosofía; *Sylacium* (Squillaci); *Hipponium* (Bivona), en donde, segun la

*

fábula, robó Pluton á Proserpina; *Locris*, fundada por los Lócrios de Grécia (Motta de Burzano), por sobrenombre *Epizephiria*, esto es situada cerca del promontorio *Zephyrium* (Cabo de Burzano); *Regium* (Reggio), cerca del estrecho de Sicília; *Mamertium*.

110. ISLAS DE LA ITALIA. La Sicília, la principal de todas, está separada de la Italia por un estrecho angosto, en el que se hallan las peñas de *Scylla*, y la sima de *Caribdis*, en otro tiempo terror de los navegantes. A su figura triangular debió esta isla el nombre de *Trinácria*, ó isla de tres cabos; estos eran: *Pelorum* (Cabo de Faro), al N. E.; *Pachynum* (Cabo de Pássaro), al S.; *Lilibeum* (Cabo Lilibéo ó Boéo), al N.; es muy montuosa en el interior. El Volcan *Etna* (el Mongibelo), de 11,466 piés castellanos de alto, y el *Erix* (Monte de Trápani ó de San Giuliano), consagrado á Vénus, son sus principales montañas.

Ciudades: al N. *Messana* (Mesina) sobre el estrecho, llamada primeramente *Zancla*, vuelta á poblar por los Mesénios; *Himera* (Termini); *Panormus* (Palermo); al E. *Catana* (Catania); *Leontium* (Lentini);

Siracusæ (Siracusa ó Siragosa), cerca del *Anápo*, fundada por unos Corintios, 757 años antes de J. C. y mirada como la capital de la Sicília; componíase de cinco partes diferentes: *Ortigia*, *Achradina*, *Tiche*, *Neapolis* y *Epípoles*; al S. *Hybla* (Paterno), famosa por su miel; *Camarina* ó *Hyperia*; *Agrigento*, una de las principales (Girgenti); *Selinunta*; *Lilibœum* (Marsalla), enfrente de Cartágo; en la parte interior estaba *Enna*, consagrada á Cères.

111. Al N. de Sicília, hay un grupo de islas llamadas *Eólias* ò *Vulcánias* (Islas de Lípari); al S. están las islas de *Melita* (Malta), colónia fenicia, y de *Gaulos* (Gozzo).

112. En medio del Mar Tirrénio: la *Sardinia* (Cerdeña); principal ciudad: *Caralis* (Cagliari): la *Córsica* (Córcega), al N. llamada antes *Cyrnos*; *Aléria*, sobre la costa oriental, era la única ciudad reparable.

113. Siguiendo la costa de Italia: *Ilva* (Elba), famosa por sus minas de hierro; *Pythecusa.* (Ischia), cerca del cabo *Misénum* (Miseno), y *Capræ* (Caprea), á la entrada del Golfo de Nápoles En el golfo Adriático, las islas de *Diomédes* (Trémiti).

§ III.

GALLIA (FRANCIA).

114. La *Gallia*, llamada *Transalpina*, ó mas allá de los Alpes, tenia un poco mas de estension que la Francia actual, pues llegaba por la parte del N. hasta las bocas del Rhin.

115. Los principales rios que bañan la Gallia llevaban estos diversos nombres: el *Rhòdanus* (Ródano), que recibe el *Arar* (Saona), el *Isara* (Iséra), la *Druentia* (la Durancia); el *Rhenus* (Rhin), que recibe el *Mosella* (Moséla), el *Mosa* (Mosa); el *Sequana* (Sena), que recibe el *Matrona* (Marna); el *Ligeris* (Loire), que recibe el *Elaver* (Allier); el *Garumna* (Garona), que recibe el *Tarnis* (Tarn); el *Durannius* (el Dordoña), &c.

116. En tiempo de Julio César la Gallia se dividía en *Bélgica*, al N. (Paises bajos, Electorado de Colonia, Palatinado del Rhin, Electorados de Tréveris y de Maguncia, Champaña, Alsacia, Borgoña, Franco Condado, Suiza, y las Provincias setentrionales de Francia hasta el Sena); la *Céltica*, al centro (La Normandia y las

Provincias de Bretaña, Anjou, Maine, Turéna, Orleanés, Nivernés, Leonesado, parte de Borgoña y del Borbonés); *Aquitánia*, al S. (que contenia las demas Provincias menos la Provenza, llamada *Provincia Romana*). Cada una de estas divisiones comprendia una multitud de pueblos independientes unos de otros, pero que tenian un mismo orígen. Posteriormente los Romanos la dividieron en diez y siete provincias, cada una de las cuales tenia su metrópoli; á saber.

117. *Novem populania*; metrópoli: *Ausci* (Auch). *Aquitánia secunda*: *Burdígala* (Burdéos). *Narbonensis* 1ª: *Narbo Martius* (Narbona). *Narbonensis* 2ª: *Aquæ Sextiæ* (Aix). *Alpes maritimæ*: *Ebrodunum* (Embrun). *Alpes Penninæ et Graja*: *Darantasia* ó *Tarantasia* (Moustiers).

118. *Viennensis* : *Vienna Allobrogum* (Viena). *Aquitánia* 1ª; *Bitúriges* (Bourges). *Lugdunensis* 1ª: *Lugdunum* (Lyon) *Maxima Sequanarum*; *Vesontio* (Besanzon)

119. Esta última provincia abrazaba la *Helvetia* (Suiza), cuyos lugares principales eran *Augusta Rauracorum* (Augst) cerca de Basiléa); *Aventicum* (Avenche).

120. *Lugdunensis* 2ª; *Rhotòmagus* (Rou-

en), *Lugdunensis* 3ª; *Turones* (Tours). *Lugdunensis* 4ª; *Senones* (Sens). *Bélgica* 1ª; *Treveri* (Tréveris). *Bèlgica* 2ª; *Remi* (Reims). *Germania* 1ª; *Moguntiacum* (Magúncia). *Germania* 2ª; *Colonia* (Colónia).

121. Ademas de estas metrópolis habia varias ciudades bastante interesantes, como: *Augustodunum* Autun), ó *Bibracto*; *Nemausus* (Nimes; *Arelate* (Arles); *Massilia* (Marsella), fundada por los Focéos, ciudad rica y comerciante distinguida por la cultura de las letras; patria de los navegantes Pytheas y Euthymenes, del orador Roscio y de Petrónio, nacido en sus cercanias; *Lutetia* (Paris); *Autricum* ó *Carnutes* (Chartres).

122. ISLAS DE LA GALLIA. En el Océano *Ridunia* ó *Ebodia* (Aurigny); *Sarnia* ó *Sarmia* (Guernesey); *Cæsarea* (Jersey); *Oxantis* ò *Uxisama* (Ouessant); *Vindilis* (Bellisle); *Ulianus* ó *Ularus* (Oleron): en el Mediterráneo las *Stœchades* (Islas de Hieres), y las *Leronæ* (Islas de Lerins).

§ IV.

HISPANIA (ESPAÑA).

123. Dábase este nombre á toda la pe-

ínsula comprendida entre el Océano y el Mediterráneo, y separada de la Gallia por los Pirinéos: llamabánla tambien *Ibéria*. Sus principales montañas eran los *Pyrenæi* (Pirinéos), entre la España y la Gallia; *Vindius* (Montañas de Astúrias); *Idùbeda* (Sierras de Búrgos y de Cuenca); *Orospeda* (Sierra de Alcaráz); *Marianus* (Sierra morena); *Calpe* (Peñon de Gibraltar). Promontorios: *Trileucum* (Cabo Ortegal); *Artabrum* ó *Nerium* (Finisterra; *Sacrum* (de San Vicente); *Charidemum* (de Gata); *Scombraria* (de Palos); *Pyrenæum* (de Creus). Estrechos: *Herculeum* ò *Gaditanum Fretum* (Estrecho de Gibraltar).

Los Romanos dividieron la España en tres partes: la Tarraconense al N.. [illegible] al centro; la Bética al S., y la Lusitánia al O.

124. La *Tarraconense* comprendia los pueblos siguientes: 1.º los *Callaici* ò *Gallæci*, subdivididos en *Tucenses*, *Artabri*, *Grovii*, *Bracari* (Galicia y la parte N. de Portugal); 2.º los *Astures* (Asturias y parte del reino de Leon); 3.º los *Cantabros* subdivididos en *Caristi*, *Varduli*, *Antrigones* (Vizcaya); 4.º los *Berones* (Rioja); 5.º los *Murbogi* (tierra de Búrgos);

6º los *Pelendones* (tierra de Sória); 7º los *Arevaci* (Osma, Segovia y Sigüenza); 8º los *Vaccæii* (Simancas y Palencia); 9º los *Vascones* (Navarra); 10º los *Jaccetani* (Jaca), 11. los *Ilergetes* (Lérida y Huesca); 12. los *Cerretani* (Cerdaña) 13. los *Castellani* (Campredon); 14. los *Indigetes* Ampurdán); 15 los *Ausetani* (Vich y Gerona); 16. los *Laletani* (Barcelona ; 17. los *Laccetani* (*Bellpuig*); 18. los *Cossetani* (Tarragona) : 19. los *Ilercaones* (Tortosa); 20. los *Edetani* (Valencia) ; 21. los *Sedetani* (Zaragoza) ; 22. los *Lobetani* Requena); 23. los *Celtiberi* (Calatayud y Tarazona ; 24. los *Carpesii ó Carpetani* (Alcalá de Henares y Toledo); 25. los *Olcades* (Consuegra) ; 26. los *Oretani* (Calatrava) ; 27. parte de los *Bastitani* Múrcia); 28. los *Contestani* (Cartagéna y Alicante). Sus principales ciudades eran *Magnus Portus* (la Coruña); *Braccara Augusta* (Braga); *Calle Portus* (Oporto), que dió su nombre al Portugal; *Astúrica* (Astorga); *Flavio Briga* (Bilbao); *Varia* (Logroño); *Bravum* (Búrgos); *Numantia* (cerca de Sória), célebre por su resistencia á los Romanos; *Uxama* (Osma); *Segontia* (Sigüenza); *Pintia* talvez (Valladolid); *Pompelo* (Pamplona);

alagurris (Calahorra), patria de Quinti-
ano; *Jácca* (Jaca); *Ilerda* (Lérida), so-
re el *Sicoris* (Segrè); *Rhode* (Rosas);
mporiæ (Ampùrias); *Gerunda* (Gerona);
Barcino (Barcelona), puerto de mar; *Tar-
aco* (Tarragona); *Saguntus* (Murviedro),
élebre por el sitio que sostuvo contra Anì-
bal; *Valentia* (Valencia); *Segòbriga* (Se-
orbe); *Cæsar Augusta* (Zaragoza); *Bilbi-
lis* (Calatayud), patria de Marcial; *Com-
lutum* (Alcalá de Henáres); *Toletum* (Toledo); *Libora* (Talavera); *Oretum* (Ca-
atrava); *Vergilia* (Murcia); *Carthago nova* (Cartagena); *Setabis* (Jativa); *Lucen-
tum* (Alicante).

Regaban la Tarraconense los rios *Iberus*
(Ebro), *Rubricatus* (Llobregat), y *Ta-
gus* (Tajo). Esta provincia abrazaba las que
lamamos Galicia, Entre Duero y Miño, Tras
os Montes, Astúrias, Reino de Leon, Vizcaya, Castilla la Vieja, Navarra, Aragon,
Cataluña, Reinos de Valencia y Múrcia,
y Castilla la Nueva.

125. La *Bética* comprendia, 1º los *Bás-
tuli* (Cádiz y Málaga); 2º parte de los
Turdetani (Estremadura y Andalucía) 3º
parte de los *Bastitani* (Guadix); 4º los
Oretani (Granada); 5º los *Turduli* (Rei-

no de Jaén). Sus principales ciudades eran *Hispalis* (Sevilla); *Astigis* (Ecija); *Itálica* (Santi Ponce), patria de los emperadores Trajano, Adriano y Teodósio el mozo; *Astapa* (Estépa la vieja), sitiada por Mário; *Còrduba* (Córdoba); *Málaca* (Malága); *Munda* (Monda), en el obispado de Málaga, célebre por la victoria de César sobre los hijos de Pompeyo; *Gades* (Cádiz), fundada por los Fenícios; *Heraclæa* ó *Calpe* (Gibraltar); *Ilíberis* (cerca de Granada). Regaban esta provincia los rios *Anas* (Guadiana) y *Bétis* (Guadalquivir). La Bética abrazaba las provincias conocídas en el dia por los nombres de Andalucía, Reino de Granada y parte de Estremadura.

126. La *Lusitánia* comprendia 1.º los *Lusitani* (centro de Portugal); los *Vettoni* (Salamanca, Alcántara y Mérida); los *Célticí* (Alentejo); y la otra parte de los *Turdetani* (Algarbe). Sus principales ciudades eran: *Conombriga* (Coimbra); *Lama* (Lamégo); *Olisipo* (Lisbóa); *Salmantica* (Salamanca); *Norba Cæsarea* (Alcántara); *Emérita Augusta* (Mérida); Ebora (*Évora*); *Cetòbriga* (Setubal); *Pax Julia* (Beja), *Ossònoba* (cerca de Faro); *Balsa* (cerca de Tavira). La parte meridional lle-

taba el nombre de *Cuneus* ó (Cuña): allí
e encuentra el *Sacrum promontorium* (Ca-
o de San Vicente). Regaban la Lusitá-
ia el Tajo, el *Durius* (Duero), y el *Mi-
nius* (Miño). Esta provincia encerraba las
que llamamos hoy Beira, Estremadura por-
uguesa, Alentejo, Algarbe, parte de la Es-
remadura española y del Reino de Leon.

127. En las costas de España y en el Mar Mediterráneo está el grupo de las islas *Baleáres*, compuesto de *Major* (Mallorca); *Minor* (Menorca); su ciudad *Portus Magonis* (Mahon); y el de *Pithyusas*, compuesto de *Ebusus* (Iviza), y *Ophiusa* ò *Colubraria* (Formentèra).

§ V.

BRITANNIA. GERMANIA.

Paises al E. y al N.

128. *Britannia* (Gran Bretaña). Los Romanos dieron este nombre á la grande isla que comprende la Inglaterra y la Escócia: llamábanla tambien *Albion*: la parte setentrional, que estaba separada del resto de la comarca por un foso y una muralla, se llamaba *Caledónia*: es la *Escócia* actual.

Los Romanos la dividieron en cinco provincias: *Bretaña primera y segunda*, *Flaviana Cesariana*, *Grande Cesariana*, *Valentiniana*. Las principales ciudades eran *Londinium* (Londres); *Cambòritum* (Cambridge); *Eboracum* (York), patria de Constantino; *Camaludonum* (Colchester); *Duroverum* (Douvres); *Venta Belgarum* (Winchester); *Caledonium* (Dunkeld); *Alectum* (Dundea); *Petra ad Glotam* (Glascow); *Alata Castra* (Edimburgo). Rios principales; en la Bretaña *Túmesis*, (el Támesis), *Sabrina* (la Savèrna), *Abus* (el Umber), en la Caledónia; *Tavus* (el Tay), *Celnius* (la Spean), *Deva* (la Dee).

129. La Irlanda, al O, se llamaba *Hibèrnia*: ciudades: *Eblana* (Dublin); *Ausoba* (Gallway); *Regia* (Armagh). Sus rios principales eran *Senus* (el Shannon), *Buuinda* (la Boyna). Las demas islas tenian los nombres siguientes: *Cassitérides* (las Sorlingas; *Vectis* (Wigth); al *S. Monobia* (Man); *Mona* (Anglesey), principal residencia de los Druidas; *Ebudes* (las Westernas): al O. de la Caledónia, *Orcades* (las Orcadas ó de Orkney): al N. de las Orcadas estan las islas *Acmodæ* (de Shetland), entre las cuales quieren algunos su-

poner se halla comprendida la *Thule* ò *Tyle* de Plínio y de Tácito: pero se cree que la isla llamada Thule por el navegante Pytheas, es (la Islandia): otros piensan que es la Jutlandia; ó bien una parte de la Noruéga.

130. *Germánia.* Asi nombraban los Romanos á los paises situados entre el Rhin al O., el Danúbio, *Ister*, al S. y el Vístula, al E.: con esto se vé claramente que la Germánia tenia menos estension que la Alemánia actual; y el conocimiento de este pais no tiene una fecha muy dilatada. Druso, Germánico, Tibério no pelearon mas allá de las riberas del Rhin, y sus hazañas dieron poco á conocer estas comarcas. Los Germanos estaban divididos en muchos pueblos diferentes, tales como los *Bructeri* (los de Munster y Dusseldorf); los *Cauci* ò *Chauci* (los de la Ost Frisia), que confinaban con el *Albis* (Elba): los *Sicambros* (parte de Westfália); los *Alemanni* (Alemanes), que dieron su nombre á toda la Germánia, no comparecieron hasta el reinado de Caracalla, y habitaban los paises entre la Turingia y el Brisgaw: en su distrito se hallaba la selva *Hercínia*, (la selva negra); los *Cherusci* (Alto Rhin);

los *Lombardos* ò *Longobardos* (Brandenburgo): la mayor parte en un estado salvage.

131. Los *Bátavos* habitaban al N. de las bocas del Rhin, en un pais pantanoso (Olanda), lleno de estanques y de lagos, el mayor de los cuales, el lago *Flevo*, llegó á ser por la erupcion del mar, en 1225 de J. C., el Golfo llamado Zuiderzéo), sus ciudades eran *Lugdunum Batavorum* (Leyden); *Noviòmagus* (Nimèga).

132. Al N. del Albis el pais habitado por los *Cimbros*, era llamado *Chersonéso Cimbrico* (Jutlandia): sobre las costas del *Còdanus Sinus* (Mar Báltico), estaban las islas de *Báltia* y *Scándia* (Fiónia y Seeland). Se cree tambien que Scándia designa la parte meridional de la península que comprende la Suécia y la Noruéga, conocida tambien por el nombre de Scandinávia. Los *Vénedi* (Livónia) y los *Borusci* (Prúsia), habitaban en las costas del Mar Báltico.

133. Las partes al S. del Danúbio no comprendidas en la Germánia, eran cinco: la *Rhetia* (Pais de los Grisones), que confinaba con la *Helvécia* (Suiza), y contenia á *Cúria* (Coira); La *Vindelícia* (Baviéra), en donde se hallaba *Augusta Vin-*

delicorum (Ausburgo); el *Nóricum* (parte del Austria); la *Pannònia* (parte del Austria y de la Ungria); ciudad: *Vindòbona* (Viena); al E. estaba la *Dácia* (Transilvánia, Valáquia, Moldávia, Besarábia y resto de la Ungría), entre el Danúbio al S. y el *Tyras* (Dniester) al E.

134. Todos los paises al E. del Vístula, eran poco conocidos y comprendidos bajo el nombre genérico de *Sarmácia*: la parte meridional, bañada por el Borístenes (*Dnieper*) el *Tánais* (Don), el *Rha* (Volga), habia recibido en sus costas algunas colónias griegas, á saber: *Olbia* ò *Borístenes*. En el *Chersonéso Táurico* (Criméa) se encontraban *Panticapéa*, *Theodòsia* (Caffa). Esta península era terminada por el Cabo de *Criu Metopon* (Crio) y situado enfrente del cabo *Carámbis* (*Kerempi*), en el Asia menor.

135. Mas allá del Borístenes habitaban los *Rhoxolanos*, de quienes se cree que han sacado su nombre los Rusos. Parece que tenian por límites el Tànais.

ÍNDICE.

Nota. *Los números del índice se refieren á los párrafos y no á las páginas.*

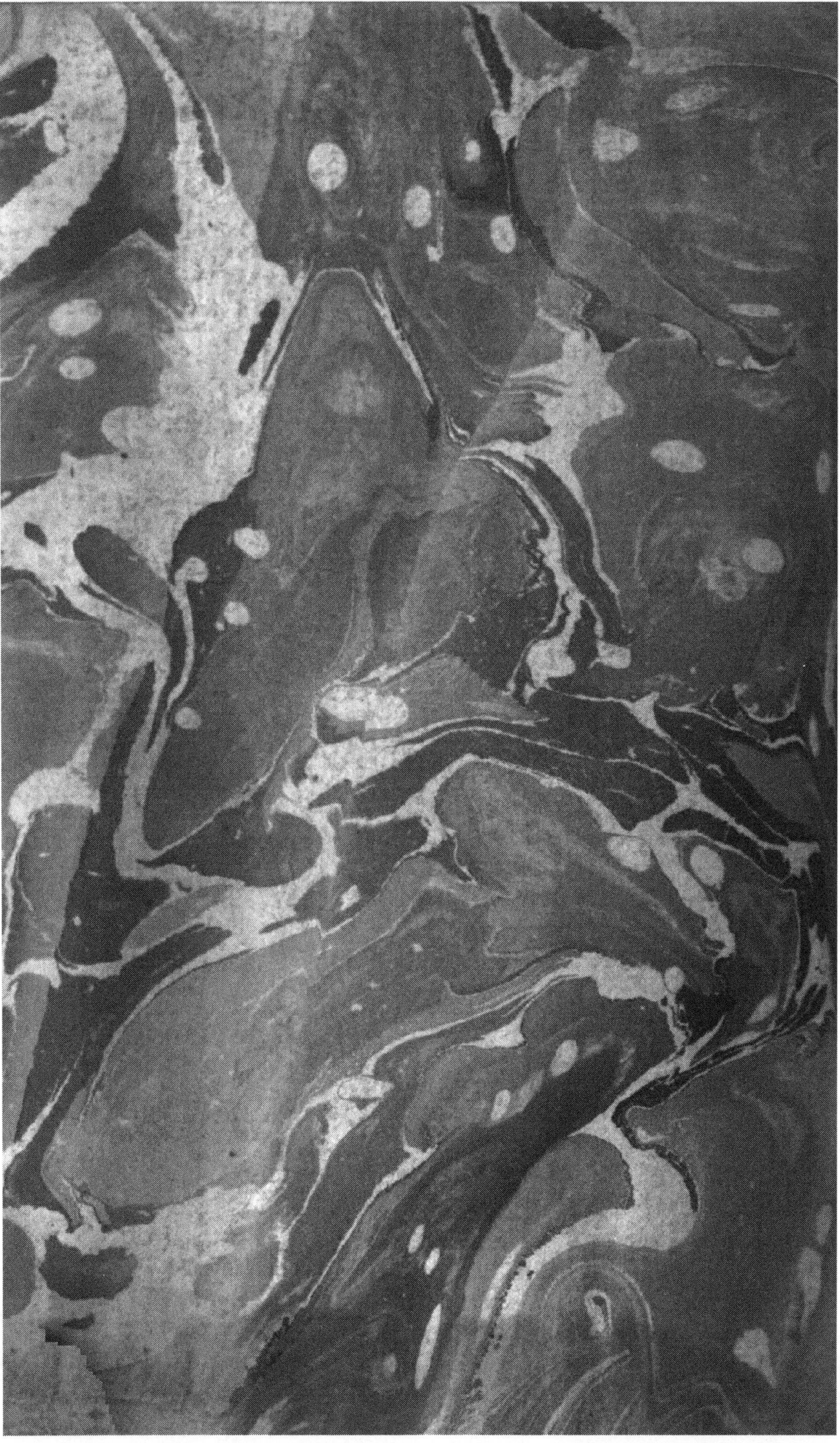

Lightning Source UK Ltd.
Milton Keynes UK
UKHW051808080919
349428UK00003B/21/P